다문화 사회 교수방법론

이성희 · 정현정

머리말

세계는 점점 좁아지고 노마드적 삶이 일상이 되었다. 우리는 오늘은 여기, 내일은 저기에서 다양한 사람들과 만나고 일하고 소통하면서 살아간다. 마음을 다한 환대와 소통이 모두를 살리는 단 하나의 방법임을, 그 길 외에 다른 길이 없음을 천천히, 그리고 기꺼이 깨달아가며 살아간다.

2024년 8월 기준 한국에 체류하는 외국인은 약 260만 명으로 이 중 장기체류외국인이 약 200만 명에 이른다. 차이를 존중하고 다양성의 문화적 배경을 이해하는 교육과 실천이 절실한 때이다.

일찍이 네이선 글레이저(Nathan Glazer)가 설파한 것처럼 '우리는 모두 다문화인'이다. 이주, 노동, 이동, SNS 등을 통해 세계는 그 어느 때보다 가까워졌다. 아들러(P. S. Adler)는 다문화 사회가 요구하는 인간상을 '다문화인'이라고 했다. 다문화인은 문화 간 감수성 발달에 있어 자문화와 타문화를 이상적으로 통합시키는 존재이다. 자신과 관계 맺게 되는 다양한 경험들을 재구성하고, 정체성의 변화를 지속시키며 타문화를 유연하게 수용한다.

정주민이든지, 이주민이든지 우리는 모두 다문화인이다. 내가 만나는 사람들을 같은 인간으로서 존중하고 환대하며 의미 있는 소통을 할 수 있는 사람, 자문화뿐 아니라 타문화를 이해하고 있는 사람, 그가 다문화인이다. 우리 모두가 다문화인이 되는 일은 이미 우리 앞에 와 있는 중대한 과제이다. 어렵지만 이 일을 위한 도전은 무엇보다 교육에서부터 시작할 수 있다.

이 책은 먼저 다문화 이론과 현황을, 다음으로 교수·학습의 실제를 제시했다. 이론과 현장적용의 문제를 함께 다루어 앞으로 진행될 다문화 교수방법 논의에 작은 발판이 되고자 했다. 오늘도 척박한 다문화 교육 현장에서 애쓰시는 다문화 교수자뿐만 아니라 예비 다문화 교수자들에게 작은 도움이 되었으면 한다.

원고를 기다려 주시고 흔쾌히 출판해 주신 박영사에 감사의 말씀을 드린다.

2024년 9월

이성희, 정현정

목차

제1장 다문화 사회의 이해 1

제2장 세계 여러 나라의 다문화 통합정책 13

제3장 문화 학습의 원리와 다문화 교육 21

제4장 다문화 교육의 쟁점 29

제5장 상호문화능력의 이해 41

제6장 문화 차이에서 시작하기 1 - 고맥락 문화/저맥락 문화 49

제7장 문화 차이에서 시작하기 2 - 문화적 가변성 차원 63

제8장 세계 여러 나라의 다문화 교육 75

제9장 한국의 다문화 교육 정책 85

제10장 한국의 다문화 교육 현황과 쟁점 103

제11장 사회통합프로그램 분석과 운영 현황 117

제12장 사회통합프로그램 교재 소개 129

제13장 교수·학습 패러다임 143

제14장 교수·학습 방법의 유형 155
제15장 다문화 교육과정 모형 165
제16장 다문화 수업 개발과 설계 175
제17장 교사의 다문화 역량 185
제18장 다문화 교수·학습 프로그램 197
제19장 상호문화 교수·학습의 실제 209
제20장 외국 학생들의 자문화 소개하기 활동 219
제21장 외국 학생들이 바라본 K-일상 229
제22장 민속을 통한 다문화 교수·학습의 실제 241
제23장 교육연극을 통한 다문화 상황 이해 253
제24장 PBL을 통한 한·중 단오 여행 프로그램 만들기 261
제25장 북한이탈주민 이해하기 271
제26장 이주노동자의 삶 이해하기 289

제1장

다문화 사회의 이해

들어가기

- 다문화 사회란 무엇인가?
- 다문화주의의 가치란 무엇인가?

1 다문화 사회란?

1) 인구학적 정의

OECD(경제협력개발기구)의 기준에 의하면 한 나라의 인구에서 체류 외국인[1]이 차지하는 비중이 5% 이상인 경우 다문화 사회로 정의한다. 법무부에 따르면 2024년 1월 현재 245만여 명의 체류 외국인이 한국에 거주하고 있다. 2024년 1월 기준 대한민국 인구는 5,131여만 명[2]으로, 이주민 비율이 인구의 5%에 근접하고 있다. 아직 공식적으로 '다문화 사회'에 진입한 것은 아니지만 2007년 100만 명이었던 국내 체류 외국인 숫자가 16년 사이에 두 배 이상으로 늘어난 증가 추세를 볼 때 머지않은 시기에 우리나라는 아시아 최초로 OECD 기준 '다인종 · 다문화 사회'로 진입할 것으로 예상한다.

1 대한민국에서 91일 이상 체류하게 되는 자로서 외국인등록을 한 자

2 행정안전부 주민등록인구통계 (https://jumin.mois.go.kr/)

3 출입국 · 외국인 정책 통계월보 (2024년 1월호)

그림 1-1 체류 외국인 증감 추이[3]

(단위: 만 명)

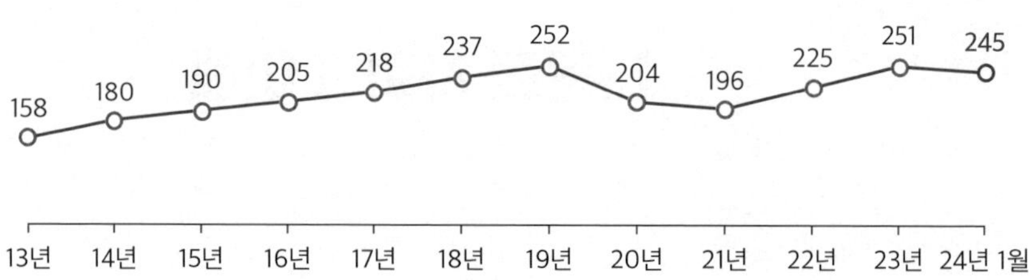

2) 용어

'다문화주의(multiculturalism)'라는 용어는 1940년대 초반 미국에서 처음 쓰였다. 미국은 기존의 동화주의가 실패하자 다문화주의를 대안으로 제시했다. 다문화주의를 표방하는 나라는 캐나다, 오스트레일리아, 스웨덴 등이다.[4]

정책으로서의 다문화주의는 복수 시민권, 소수 언어 지원, 소수민 미디어 지원, 학교·군대·사회 일반에서 전통적 복장이나 종교적 복장 인정, 소수민의 음식·미술 지원, 교육 일반에서 소수민의 대표성을 증대시키는 프로그램을 수행하는 것이다.[5]

다문화주의(multiculturalism)는 1960년대 말 서구의 시민권 운동을 기폭제로 1970년대 미국, 캐나다, 스웨덴 등의 전형적인 다인종 국가들에서 활발한 논쟁이 개시됨으로써 공론장에 본격적으로 등장했다.

1971년 캐나다 이민정책에 공식 정책으로 채택되었으며 호주, 미국 사회도 그 이전까지 추구했던 동화모형을 포기하고 다문화주의 모형으로 이민자 통합 방식을 변경하였다.[6] 다문화 사회 통합정책은 주 대상이 이민자이기 때문에 일부 학자들은 이민자 통합정책이라는 용어로도 사용하고 있다.

4 장한업(2016). 이제는 상호문화교육이다, 교육과학사, 112-113.

5 한경구(2008). 다문화 사회란 무엇인가?, 다문화 사회의 이해, 동녘, 107-108.

6 오경석 외(2007). 한국에서의 다문화주의, 한울아카데미, 25.

▷ 다문화주의 선언

1971년 캐나다를 통합할 새로운 이념으로 다문화주의 선언이 채택되었다. 캐나다의 수상 트뤼도(Trudeau, Pierre Eliott, 1919~2000)는 "캐나다에 공식 언어는 두 가지가 존재하지만 공식 문화는 존재하지 않는다."라고 선언하며 에스닉(ethnic) 그룹 간의 문화적 평등을 강조하였다.

1972년 11월에 다문화주의 담당 장관을 임명하였고 1973년에는 국무부 내 다문화주의국을 설치하였으며 에스닉 관련 지원이 개시되었다. 다문화주의 선언은 외국의 우수한 인력을 확보하고 다양한 사회적 균열을 극복하고 통합하려는 목적이었다. 이렇게 정책 목적에서 시작된 다문화주의가 이후에 철학적 논의가 더해지면서 사상으로 자리 잡게 되었다.

▷ **멀티컬처럴리즘(multiculturalism)**

민족중심주의의 반대 개념으로, 한 국가(사회) 내에 존재하는 서로 다른 문화의 존재를 인정하고 독자성을 인정하자는 개념이다.

3) 용어 정리

① 단문화주의(monoculturalism)

18세기 말 독일의 철학자 헤르더(Johann Gottfried Herder, 1744~1803)는 단일문화를 가진 단일민족 개념으로서의 단일 문화(전통적 문화 개념)를 주장하였다. 사회적인 동질화는 인종적인 동질화를 기반으로 하며 문화적 경계를 설정하는 분리주의를 지향하였다. 단문화주의는 하나의 국가나 민족이 하나의 문화를 가진다는 19세기적 가정에 입각한 것으로 이는 국가나 민족의 강력한 동질성을 전제로 한다. 단문화주의는 문화의 다양성을 인정하지 않고 자국의 문화를 우월하게 여기는 경향이 강하다. 단문화주의는 문화적 갈등이나 차별을 일으킬 수 있으며 문화적 다양성을 바탕으로 하는 문화의 발전을 저해하는 요소가 될 수 있다.[7]

7 한경구(2008). 다문화 사회란 무엇인가?, 다문화 사회의 이해, 동녘, 89-91.

② 확장된 개념의 문화

영국의 문화 이론가 레이먼드 윌리엄스(Raymond Williams, 1921~1988)는 다수에게는 접근하기 어렵게 축소해서 사용되었던 문화의 개념을 평범하면서도 보편적이며 일상적인 것으로 정의했다. 고급문화는 지적·정신적·미학적이며, 인류학적 문화는 시대와 집단적 생활 방식에서 찾을 수 있다고 하였다. 또한 생산이란 지적, 예술적 결과물로 보았다. 그는 문화란 "의미를 나타내는 모든 실천 행위"이며 "우리가 살아가는 일상적 삶의 방식"이라고 하였다. 이는 문화를 포괄적으로 설명하는 가장 유효한 문화 개념이다.

③ 동화주의와 문화상대주의

동화주의는 각 문화를 존중하고 고유한 가치를 인정하여 문화 간의 우열 관계를 부정하는 것이 아니라 강한 문화가 약한 문화를 흡수하려는 이론이다. 이와 반대로 문화상대주의는 사회와 문화가 1대1의 대응 관계를 전제로 하고, 각 사회가 가진 각 문화는 고유한 가치를 가지고 있다는 점을 강조하며, 문화 간의 상하관계가 존재하지 않는다는 이론이다.

④ 문화적 다원주의/문화복수주의(cultural pluralism)

다문화주의 논의가 활성화되기 이전에 미국에서 널리 사용되던 개념이다. 여러 집단이 고유한 문화를 유지하면서 전체 사회에 참여하는 것을 지칭한다. 문화적으로 다원주의적인 사회에서는 문화의 다양성을 존중하고 다양한 문화를 포용하고 타문화 간의 상호 작용을 장려한다.[8] 타 집단에 대해 관대하며 소수 집단일지라도 그들의 문화를 유지하도록 존중해 준다. 이는 사회적 갈등과 분열을 예방하고 다양한 문화의 공존을 위한 중요한 원리로 작용한다.

8 한경구(2008). 다문화 사회란 무엇인가?, 다문화 사회의 이해, 동녘, 89-91.

4) 다문화주의 개념

다문화주의는 하나의 사회 내부에서 복수문화의 공존을 인정하고 문화의 공존이 유발하는 긍정적인 면을 적극적으로 평가하는 것이다. 정책적 정비를 포함하는 개념이라는 점에서 문화상대주의와 구별된다. 한 사회의 문화 체계를 획일적으로 통제하기보다 다양한 문화들이 존중되는 개방적이고 유연한 체계가 되어야 하며, 타 문화에 대한 승인, 존중하는 태도를 요구한다.

다문화주의에는 정책적 제안, 정치 철학, 이데올로기, 규범적 선호 등 다양한 관점이 얽혀 있으며, 이러한 다양성에 대한 이해가 필요하다.

다문화주의는 다양한 문화적 주체들 혹은 소수자들(subaltern)의 특별한 삶의 자유와 권리 보장을 위한 '정체성 정치(politics of identity)'라고도 한다. 캐나다의 철학자 타일러(Tylor)는 다문화주의를 문화적 다수 집단이 소수 집단을 동등한 가치를 지닌 집단으로 인정하는 '승인의 정치(politics of recognition)'로 정의하였다.[9]

다문화주의는 "모든 인간이 인간으로서의 보편적 권리를 향유하고, 각각의 특수한 삶의 방식을 존중하며 공존할 수 있는, 다원주의적인 사회·문화·제도·정서적 인프라를 만들어내기 위한 집합적인 노력"[10]이라고 할 수 있다. 그래서 한 사회가 인종, 성별, 성적 취향 등에 따라 구별되는 이질적인 주변 문화로 이루어져야 하며, 그렇지 않으면 적어도 이들을 포용해야 함을 옹호하는 입장이다.[11]

다문화적 상황은 한국문화와 세계문화를 이해하는 중요한 코드가 되었다. 다문화적 사고방식과 다문화 교육에 대한 새로운 인식이 필요하며, 단일민족국가의 우월성에 기초한 자민족중심주의에서 벗어나 다문화적 역량을 키워야 하는 시대가 되었다.

다문화주의는 크게 세 가지로 구분할 수 있다. 첫째, 가벼운(light) 다문화주의는 마르티니엘로(Marco Martiniello)의 정의로는 온건한(soft) 다문화주의라고도 부른다. 소수민족 집단의 문화와 정체성을 인정하면서도, 주류 사회의 문화, 언어, 관습을 따르는 것을 요구하는 다문화주의 유형이다. 외국의 요리나 음악, 패션 등의 소비 양식에서 나타나는 문화적 다양성과 다양한 정체성을 수용하는 것이다. 둘째, 강경(hard) 다문화주의는 가벼운 다문화주의 내에 존재하는 피상적 다원주의를 극복하면서 민족 정체성 개념 자체에 문제를 제기하는 정치적 논의이다. 셋째, 시장 다문화주의는 상품의 판매나 이윤을 획득하는 데에 도움이 되거나 노동자를 관리하는 데 도움이 된다는 이유에서 기업에서 추진하는 것이다. 이는 상업적인 목적으로 다양성을 받아들이며 다문화적 상호작용을 경제적인 이익과 연결시키는 것이다.[12]

9 한경구(2008). 다문화 사회란 무엇인가?, 다문화 사회의 이해, 동녘, 90.

10 사단법인 국경 없는 마을 리플릿(2006). 사단법인 국경 없는 마을.

11 최충옥(2009). 다문화 사회와 다문화교육정책, 경기도 다문화센터편, 다문화교육의 이론과 실제, 양서원, 51-52.

12 한경구(2008). 다문화 사회란 무엇인가?, 다문화 사회의 이해, 동녘, 89-91.

2 다문화주의 이론가

① 스튜어트 홀(Stuart McPhail Hall, 1932~2014, 자마이카/영국)

스튜어트 홀(Stuart McPhail Hall, 1932~2014, 자마이카/영국)은 자마이카에서 출생한 영국의 사회학자이자 문화 이론가다. 그의 이론에 의하면 문화적 정체성은 주위 환경에 의해 규정되는 자아로, 정치, 경제 등 다양한 조건에 영향을 받

는다. 문화적 정체성의 차이에 바탕을 둔 인종 차별은 소수를 배제하기 위한 담론이라고 하였다. 소수는 다수의 배타적인 시선에서 벗어나 다른 집단과 소통하기를 원한다. 지속적인 주변화를 원하는 집단은 없다. 그러므로 소수의 사회적 존재에 대한 인정 여부가 중요하다.

② 비쿠 파레크(BhikhuParekh, 1935~, 인도/영국)

영국의 사회학자이자 문화 이론가, 정치가로서 문화적 다원주의와 다문화주의에 관심을 가지며 이러한 이념들이 현대 사회에서 중요한 원칙으로 작용한다고 주장하였다. 그리고 문화의 주체로서 집단이 존재하며, 이는 존중받아야 한다고 하였다. 또한 소수 집단의 문화적 권리를 인정하여 사회적 화합, 문화적 다원성, 공동의 귀속감을 추구해야 한다고 하였다.

③ 킴리카(Will Kymlicka, 1962~, 캐나다)[13]

캐나다의 정치철학자로 다문화주의 분야에서 주목받는 인물이다.

그는 '인정의 정치(politics of recognition)'를 내세우며 관용(선의의 무관심)에서 더 나아가 소수민족의 문화적 다양성과 차이점을 적극적으로 고려해서 정책에 반영하는 것이 바람직하다고 하였다. 다인종 국가에서 소외되었던 소수자들의 문화적·종교적·인종적·언어적·민족적 정체성을 포함시키려는 시도의 일환으로 다문화주의를 주장하였다. 또한 자유주의의 관점에서 전체로서의 공동체와 그 구성원으로서 소수자들의 권리 사이의 관계를 깊이 있게 고찰하였다.

13 윌 킴리카 지음, 황민혁 옮김(2010). 다문화주의 시민권, 동명사.

③ 다문화주의의 유형

다문화주의는 문화의 다양성을 존중하면서 다양한 방식으로 접근할 수 있다. 여기에서는 다문화주의의 유형을 자유주의적 다문화주의, 조합적 다문화주의, 급진적 다문화주의로 구분한다.[14]

14 이용승(2007). 호주 다문화주의의 역진, 민족연구 30, 한국민족연구원, 26-50, 15; 신재한·김재광·김현진·윤영식 공저(2014). 다양성과 차이를 존중하는 다문화 수업 설계의 이론과 실제, 교육과학사, 15에서 재인용.

표 1-1 다문화주의의 유형

구분	특징
자유주의적 다문화주의	• 사회통합을 위해 문화적 다양성을 허용하여 민족 집단의 존재를 인정하지만 시민 생활과 공적 생활에서 주류 사회의 문화, 언어, 관습을 따를 것을 요구한다. • 차별금지, 기회균등이 지속적으로 보장되며 주류와 비주류 사이의 불평등 구조가 점차 소멸할 것이라고 가정한다. • 최종적인 문화융합 사회로 가기 위한 일시적, 과도기적 방편이다.
조합적 다문화주의	• 차별금지, 기회균등 외에도 사회적 소수자가 구조적으로 경쟁에서 불리한 위치에 있다는 것을 인정하고 이들의 사회참여를 위한 재정적, 법적 지원을 통한 결과의 평등을 추구한다. • 공적 생활에서도 다문화 방송, 다언어 문서 활용, 다언어교육, 다언어 통역 등을 시행한다. • 소수민족 학교나 소수자 공동체에 대한 지원은 소수 문화의 영속성을 보장하기 위한 수단으로 활용한다. • 적극적 차별 시정 조치나 쿼터제를 통해 사회적 소수자에게도 인구비에 따라 교육 및 직장에서의 일정한 몫을 보장해 주는 것이다.
급진적 다문화주의	• 소수자 집단의 자기 결정권을 인정한다. • 문화적 공존을 넘어 소수민족 집단만의 공동체를 지향하는 것을 허용한다. • 사회적 분쟁과 갈등이 발생할 소지를 사전에 방지한다. • 이질적 문화들 사이의 분쟁을 방지하면서 하나의 국가를 유지하기 위한 방법인 연방제의 활용이 가능하다.

4 다문화 사회의 진행 과정

다문화 사회로의 진행은 여러 단계를 거쳐 이루어진다. 아래의 그림은 세계 여러 나라의 다문화 사회 진행 과정을 나타낸 것이다.

▌그림 1-2 다문화 사회의 진행과정과 사회적 갈등 비용[15]

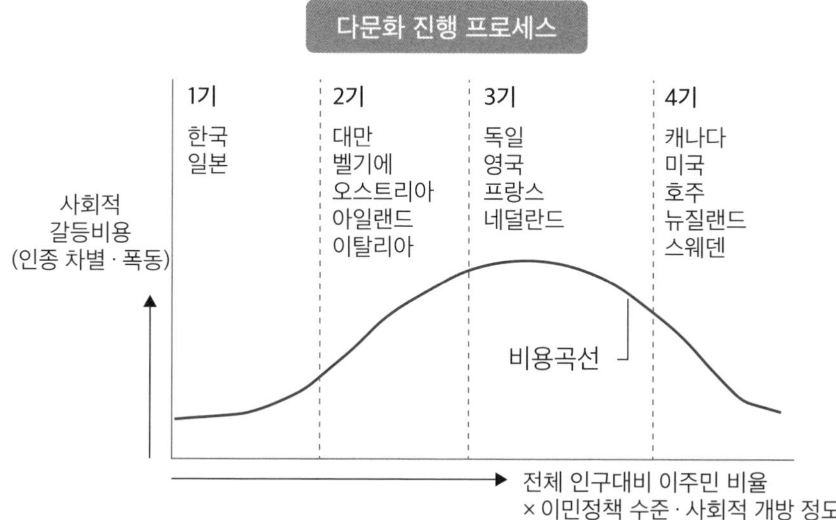

15 매일경제, 2008. 2. 10. 천호성 · 이경한(2010). 다문화 사회 도래와 다문화 교육, 다문화 사회와 다문화 교육, 교육과학사, 23-24.

1기는 도입단계(이주민 5% 이내)로 이주민의 비율이 낮고 초보적인 이민정책을 실행하는 수준이다. 그래서 사회적 개방 수준이 미미하여 갈등이 비교적 미약하고 그에 따른 비용지출도 많이 발생하지 않는다.

2기는 이주민 유입이 본격화되는 단계(5~10%)로 제도적 정비가 이를 따라가지 못해 사회적 비용이 급속히 증가한다.

3기는 다문화 정책 기반이 미흡한 상태에서 이주민만 계속 밀려 들어와 인종 차별과 폭동 사태 등 사회적 혼란이 큰 시기이다.

4기는 다문화주의가 사회적으로 정착되어 차별금지 및 평등 제도화, 사회적 인식 변화, 소수자 지원과 참정권 인정, 기회 평등에서 조건 · 과정 · 결과의 평등이 요구되는 시기이다.[16]

16 최충옥(2009). 외국 다문화교육의 동향, 경기도 다문화센터 편, 다문화교육의 이론과 실제, 양서원, 114.

그러나 모든 나라가 위와 같이 4단계의 과정을 통해 다문화 사회로 진행되는 것은 아니다. 아일랜드는 애초 2기에 해당하였으나 10년 동안 외국인 이주민에게 참정권을 인정하는 등 삶의 만족도가 매우 높은 4기의 다문화주의 국가로 변신하였다. 지난 20년 동안 다문화 사회정책을 적극 추진하여 3기에서 발생하는 사회적 비용을 최소화하면서 이주민의 뒷받침 하에 경제적으로 매년 8% 이상 성장하여 높은 소득 수준을 달성하기도 하였다.[17]

17 최충옥(2009). 위의 논문, 같은 쪽.

우리나라는 아직 1기에 해당한다. 이에 효율적인 다문화 정책을 시행하여 2기와 3기에 지불해야 하는 사회적 비용을 최소화하고 4기로 도약해야 하는 과제에 당면해 있다.

5 한국에서 이주 문제의 동향과 다문화주의

한국에서는 압축적 근대화의 결과물로서의 이주 문제가 발생하였다. 1988년 이후 이주 외국인들이 증가하면서 이주노동자들이 3D업종에 종사하게 되었지만 만족할 만한 제도적 장치는 없는 실정이다.

한국은 전 세계 184개국 가운데 아이슬란드와 함께 유일하게 단일문화를 고수하고 있는 국가로 분류되는 '한 핏줄-한 민족-한 문화' 신화를 대표하는 나라이다. 이러한 단일민족주의, 순혈주의는 국제적 고립과 약화를 초래할 것이므로 다양성과 개방성을 추구해야 한다. 단일민족의 신화는 외세에 대항하기 위한 민족적 에너지의 결집 전략으로 태어난 것이다. 우리에게 처음으로 민족이라는 의식을 심어 준 것은 몽골의 침략이었다. 그 당시 많은 역사서들이 집필된 이유도 몽골의 침략으로 인한 아픔을 치유하고 민족의 자존심을 회복하기 위해서였다.

근대 한국의 단일민족주의는 일본 식민 통치를 경험하고 주권을 빼앗긴 뼈아픈 경험에서 만들어진 것이다. 사실 근대에 이르기까지 '민족'이라는 용어는 우리 선조의 담론에 나타나지 않았다.[18]

18 김연권(2009). 다문화 사회와 다문화주의, 경기도 다문화센터 편, 다문화교육의 이론과 실제, 양서원, 21.

나가기

- 다문화주의는 '모든 인간이 인간으로서의 보편적 권리를 향유하고, 각각의 특수한 삶의 방식을 존중하며 공존할 수 있는 다원주의적인 사회·문화·제도·정서적 인프라를 만들어내기 위한 집합적인 노력'이다.
- 단일민족국가의 우월성에 기초한 자민족중심주의에서 벗어나 다문화적 역량을 키워야 하는 시대가 되었다.

[뉴욕다이어리] 여전한 '메리 크리스마스' 논쟁

미국에서 '메리 크리스마스'라는 인사말이 사라지고 있다는 뉴스를 처음 본 지도 벌써 10여 년이 훨씬 넘은 듯하다. 12월에 접어들며 맨해튼 곳곳에 크리스마스 트리와 장식이 가득하건만, 뉴요커들은 웬만해선 메리 크리스마스라는 표현을 쓰지 않는다. 기독교인이 아닌 무신론자나 타신교자가 거부감을 느낄 수 있는 만큼, 종교색이 짙은 표현인 메리 크리스마스 대신 '해피 홀리데이(Happy holidays)'같은 가치중립적 표현을 써야 한다는 목소리가 거세서다. 이는 성, 인종, 약자에 대한 차별적 언어를 자제해야 한다는 '정치적 올바름(PC)' 운동의 여파기도 하다. 연말 홀리데이 시즌에는 크리스마스 외에도 유대교 축제인 하누카, 아프리카계 미국인들의 축제인 콴자 등이 있다.

대통령의 카드에 어떤 문구가 담겼는지도 매번 이슈다. 버락 오바마 전 대통령은 임기 내내 해피 홀리데이 문구만 사용했다. 반면 보수 기독교층의 표심 집결을 노린 도널드 트럼프 전 대통령은 과거부터 "메리 크리스마스를 되찾겠다."라면서 인사말 갈등을 한층 가열시키는 행보를 보여왔다. 조 바이든 현 대통령은 메리 크리스마스와 해피 홀리데이를 병용하고 있다. 올해도 내년 대선을 노리는 정치인들의 카드 문구는 확연히 나뉠 것이다.

아시아경제 오피니언 칼럼, 조슬기나 특파원, 2023.12.24.

(https://v.daum.net/v/20231224080036227)

제2장

세계 여러 나라의 다문화 통합정책

들어가기

- 세계 여러 나라의 다문화 문제에 대해 알고 있는가?
- 세계 여러 나라의 다문화 정책에 대해 알고 있는가?

1 다문화적 통합의 문제

다문화적 통합은 많은 문제를 가지고 있다. 다문화 사회에서 발생할 수 있는 문제에 적극적으로 대응하고 다양한 문화가 그 사회에서 바람직한 방향으로 공존하도록 노력해야 한다. 다음은 나라별 다문화 문제 양상이다.[1]

1 최충옥(2009). 다문화사회와 다문화교육정책, 경기도 다문화센터편, 다문화교육의 이론과 실제, 양서원, 52.

▷ **독일** - 터키 노동자(손님 노동자) 문제
▷ **일본** - 재일 한국인 및 일본 원주민(아이누족) 문제
▷ **프랑스** - 아프리카 마그랩(모로코, 튀니지, 알제리) 및 이슬람계 이주자 문제
▷ **영국** - 영연방 유색인 노동자 문제
▷ **미국** - 흑백차별과 아시아, 히스패닉 등 소수 인종 문제

1) 독일

터키계가 다른 이민자 집단에 비해 독일 사회에서의 통합 성과가 훨씬 떨어지고 있다고 한다. 이들이 독일에 얼마나 거주했느냐에 상관없이 교육 수준이 떨어지고 임금수준도 낮은 반면, 실업률은 높은 것으로 나타났다.[2] 독일 정부는 손님 노동자를 한시적으로 활용하는 노동력으로 간주했기 때문에 이들의 사회적 수요에 적극적으로 대응하지 않았다. 독일 사회에서 손님 노동자와 그 가족은 독일에서 생활하면서 언젠가는 떠나갈 수 있는 사람으로 비쳤고, 손님 노동자 스스로 돈을 벌기 위해서 독일에 거주한다는 생각이 컸기에 독일어 학습을 하는 등 독일 사회구성원이 되기 위한 노력을 등한시하였다.

2 최낙준, 최서리(2018). 독일 손님노동자 제도와 터기 이민자 수용방식의 교훈, 이슈브리프, IOM 이민정책연구원, 1-8.

2005년 이민자의 통합 노력을 강조하기 위해 이민법을 제정하여 비EU회원국 신규 이민자가 의무적으로 통합강의를 듣도록 하였다. 이 통합강의는 독일어 강의 600시간과 오리엔테이션 30시간으로 구성되어 있으며 이 강의에 참여하지 않으면 법적이 제재가 가해져 독일에서 거주 연장이 불가능하게 되었다. 현재 한국에서 실시하고 있는 사회통합프로그램도 일부분 독일의 방식을 빌려온 것으로 한국에서도 사회통합프로그램이 필수 과정으로 자리 잡는 것이 정주민과 이민자를 위해서 도움이 될 것이라고 생각한다. 독일 사회는 오랫동안 이민자를 '손님'으로 바라보다 수십 년이 지난 후에야 이들과 함께 사는 문제를 고민하게 된 것이다. 한국 정부도 비전문취업(E-9) 혹은 특정활동(E-7) 자격 이민자들에 대한 정책을 다시 한번 생각해봐야 할 시점이다.

2) 일본

2022년 말 기준 통계에 따르면 등록 재일한국인은 43만 6,670명[3]으로 재일외국인 가운데 3번째로 많다. 1965년 한일기본조약을 체결하면서 재일한국인의 「법적지위 및 대우에 관한 협정」이 체결되었다. 그러나 법적지위 협정은 시행 과정을 통해 문제점이 드러났지만 개선되지 않았다. 재일한국인의 법적지위 개선에 있어서 궁극적인 목표는 재일한국인이 일본 사회에 거주하기를 희망하는 한 재일한국인들이 정체성을 지키고 살아갈 수 있도록 제도적인 시스템을 마련하는 것이다.[4]

일본 사회의 인종차별 문제 중 또 하나는 원주민인 아이누족의 권리를 인정해 주는 것이다. 아이누족은 아주 오래전부터 19세기 중반까지 일본 북부 홋카이도를 비롯해 러시아 사할린 등의 커다람 섬 곳곳에 독립적으로 살았다. 1899년 홋카이도 전역을 점령한 일본 정부는 '구 원주민 보호법'을 제정해 아이누족을 '외국인'이 아닌 '옛 원주민'으로 규정함으로써, 아이누족이 외국인도 국민도 아님을 공식화했다. 20세기 초 내내 아이누족의 강제 이주가 이뤄지면서 차별이 계속되었다. 일본의 패전 이후에도 아이누족의 발언권은 제한되었고 보수적인 일본 사회에서 아이누족의 정체성을 밝힐 경우 온갖 차별을 당했다. 2019년 4월 아이누정책추진법이 통과되면서 법에 의해 '원주민'으로 인정됐다. 식민지화 150년 만에 원주민으로서 권리를 존중받은 것이다.[5]

3 위키백과, 재일 한국인, 2024. 03. 03 검색. https://ko.wikipedia.org/wiki/%EC%9E%AC%EC%9D%BC_%ED%95%9C%EA%B5%AD%EC%9D%B8

4 이경규(2022), 재일한국인의 법적지위협정 시행에 따른 영주권 문제 고찰, 일본근대학연구, 한국일본근대학회, 75집, 319-334.

5 한겨레, 홍명교의 이상동몽, "일본 아이누 테마파크의 슬픔, 「식민지 조선 이전에 아이누족이 있었다」", 2022.10.15.

3) 프랑스

프랑스는 2차 세계대전 이후 '영광의 30년'이라고 불리는 폭발적인 경제 성장 시기가 있었다. 이 시기에 프랑스는 인근 저소득 유럽 국가로부터 이민자를 받아들이기 시작했고 과거 식민지였던 북아프리카 마그렙 지역의 알제리, 튀니지, 모로코 이민자들도 수용하였다. 이들 외국인들은 대부분의 프랑스인들이 기피하는 3D 업종에 종사하면서 프랑스 경제 발전에 큰 기여를 하였다. 오일쇼크가 촉발되고 극심한 경기침체를 겪게 되자 1974년 프랑스는 노동 이민을 중단하였다. 그러나 이미 상당수 유입된 외국인 근로자들은 자신들의 가족을 프랑스로 불러들였고 현재 프랑스 전체 인구 중 10%에 해당하는 600만 정도가 북아프리카 출신 무슬림 이민자들이다. 이들은 사회적 차별을 받아왔고 특히 이민 2세대, 3세대의 불만은 고조되었다. 2005년 아프리카계 10대 청소년 2명이 사망하는 사고를 계기로 파리 전역에서 이민자들의 폭력적인 시위가 일어났고 비상사태가 선포되었다.

다문화 자녀들이 많은 차별과 편견 속에서 성장하고 있는 한국 사회에서도 프랑스와 비슷한 갈등이 일어나지 않으리라는 법이 없다.[6] 프랑스 내 이슬람 공동체와 관련한 갈등도 끊임없이 일어난다. 2020년 중학교 역사 교사가 이슬람 극단주의 테러범에게 참수당하는 사건이 일어났다. 프랑스 정부는 이슬람 극단주의에 대한 전쟁을 선포하며 단속을 강화하였고 이슬람 국가에서는 프랑스산 제품에 대한 불매운동이 확산되었다. 이러한 갈등은 프랑스 사회와 이슬람 단체 간의 긴장을 더욱 심화시키고 있다.[7]

6 한국일보, "한국이 이민자 갈등 폭발한 프랑스에 주목해야 하는 이유", 글로벌 경제유람, 2020.12.26.

7 주 오이시디 대한민국 대표부, "프랑스 내 이슬람 공동체, 끊이지 않는 갈등", 2020.10 26.

4) 영국

영국은 유색인 노동자 문제가 다양한 측면에서 논란이 되고 있다. 영국 왕실이 1960년대까지 유색인종을 왕실 사무직에 채용하지 않는 관행을 유지한 것으로 드러났다. 또한 1970년대 제정된 각종 차별금지법에도 불구하고 왕실은 현재까지 법 적용에 있어 예외를 인정 받고 있는 것으로 드러났다.[8] 그래서 제도적 인종 차별이 없다는 내용의 보고서를 발표한 영국 정부가 '현실을 직시하지 못하고 있다'라는 비판을 받았다. 이 논란은 영국 정부 산하 인종과 민족 차

8 연합뉴스, "영국 왕실, 유색인종 채용 안하고 차별금지법도 적용 예외", 2021.6.3.

별 위원회가 250여 쪽 분량의 보고서를 내놓으면서 시작됐다.

위원회는 영국 내 삶의 질의 차이가 있는 것은 사실이지만 인종보다는 가족 구조 및 관계, 사회계층에 더 큰 영향을 받는다는 결론을 내렸다. 또한 "영국이 백인이 주류인 나라들의 모델 국가가 될 만하다"라고 주장하기도 하였다. 이 보고서가 발표되자 영국 정치권, 학계, 노동계 등 사회 각계각층에선 거센 비판이 쏟아져 나왔다. 영국의 일반노동조합은 무책임하고 부도덕한 보고서라며 '흑인과 소수민족 노동자들의 우려를 무시한 것'이라고 비판하였다.[9] 영국에서는 주로 아랍인, 파키스탄인, 흑인, 인도인, 동양인 등이 인종 차별의 대상이 되고 있다.

9 BBC NEWS 코리아, "영국 '인종차별 없다' 보고서에 '인종차별' 역풍", 2021.4.2.

5) 미국

미국의 인종 차별은 초기 식민지 시대부터 존재했으며, 아프리카계 미국인, 아메리카 원주민, 태평양 섬 주민, 히스패닉, 중동 및 아시아계 미국인 등 다양한 소수민족이 차별당했다. 한 조사 결과에 의하면 전 세계 많은 사람들이 미국 내 인종·민족 차별이 심각하다고 인식하는 것으로 나타났다. 다른 나라 사람들이 본 미국 내 인종·민족 차별의 심각성은 미국인 스스로가 인식하는 심각성 정도보다 더 높았다.

미국을 포함한 17개국을 대상으로 실시한 조사에서 미국을 제외한 조사 대상국의 평균 89%가 미국 내 인종·민족 차별이 심각하다고 답했다. 반면 미국인의 74%가 미국 내 인종·민족 차별이 심각하다고 답변해 다른 나라와 차이를 보이고 있다. 미국의 인종·민족 차별에 대해 심각하다고 답변한 사람이 90%가 넘은 국가는 7개국으로 뉴질랜드, 한국, 캐나다, 일본, 스웨덴, 네덜란드, 스페인 순이었다.[10] 유엔에서는 미국 정부에 인종차별을 종식하기 위한 즉각적인 개혁을 실시할 것을 촉구했다. 유엔 인종차별철폐위원회(CERD)는 미국 정부가 구조적인 인종차별이 존재하고 있음을 공개적으로 인정해야 한다고 지적했다.[11]

위에서 살펴본 것과 같이 각 나라마다 이주민과의 마찰이 발생하고 있는데 이는 다문화적 변화의 흐름으로 봐야 한다. 다문화적 변화의 흐름을 불편하게 생각하거나 거부하기 보다는 자연스러운 것으로 인식할 수 있어야 한다. 문화적 측면과 아울러 우리 사회의 경제적, 사회적 발전에도 다문화적 변화가 긍정적으로 이바지할 수 있다는 점을 고려할 필요가 있다.

10 중앙일보, "전세계 사람들 "미국 내 인종차별 심각하다", 2021.11.3.

11 VOA, 유엔 "미국, 인종차별 철폐 위한 즉각적인 개혁해야", 2020.6.16.

2 이민자 통합 정책 유형

다문화 사회에서 이민자 통합 정책은 매우 중요하다. 이민자 통합 정책은 이주민들이 한국 사회에서 적극적으로 참여할 수 있도록 지원하고, 한국 사회에서 함께 공존할 수 있도록 돕는다. 또한 이주민들의 삶의 질을 향상시키는 데 큰 역할을 한다. 과거 이민자 통합 정책의 유형은 다음과 같다.[12]

12 설동훈 외(2006). 국제 결혼 이주여성 실태조사 및 보건복지 지원정책 방안, 보건복지부; 최충옥, 다문화사회와 다문화교육정책, 경기도 다문화센터편, 다문화교육의 이론과 실제, 52에서 재인용.

▷ **차별배제모형** - 독일, 한국, 일본
▷ **동화모형** - 프랑스, 영국, 이탈리아
▷ **다문화주의 모형** - 미국, 캐나다, 호주

차별배제모형은 유입국 사회가 이민자를 3D 직종의 노동시장과 같은 특정 경제적 영역에만 외국인을 받아들이는 것이다. 그리고 복지혜택, 국적 및 시민권, 선거권 및 피선거권 부여와 같은 사회적·정치적 영역에서는 이민을 받아들이지 않아 원치 않는 외국인의 정착을 원칙적으로 차단하는 것이다. 대부분의 이주민은 손님으로 여겨질 뿐 정책의 대상으로 통합되지 않는다. 반면 엄격한 조건을 통과해 공식적인 권한을 부여받은 이민자들이 자국의 제도와 문화에 적응, 동화되어 가는 것을 당연한 과정으로 받아들임으로써 문화적 단일성을 유지하는 데 초점을 두게 된다. 한국, 일본, 독일 등 단일민족을 강조해온 국가들이 취하는 유형이다.

동화모형은 이민자가 출신국의 언어·문화·사회적 특징을 완전히 포기하여 주류 사회의 일원이 되는 것을 목표로 한다. 유입국 정부는 이민자들이 주류 사회의 언어를 습득할 수 있도록 돕고, 이민자 자녀의 정규 학교 취학을 지원함으로써 동화가 순조롭게 이루어지도록 한다. 즉, 동화는 이민자를 일방적으로 유입국 사회에 통합시키는 정책이다.

다문화 모형은 이민자가 그들만의 문화를 지켜나가는 것을 인정하여 장려하며, 정책 목표를 소수민족의 주류 사회로의 동화가 아닌 공존에 둔다. 1970년대 이후 캐나다, 오스트레일리아, 미국 사회는 이전까지 추구했던 동화모형을 포기하고 다문화 모형으로 이민자 통합방식을 변경하였다. 다문화 모형은 다양한 문화의 가치, 다양한 민족 집단과 그들의 개별적인 언어와 습관들을 그대로 한 나라 속에 공존시키는 정책이다.[13]

13 김미나(2009). 다문화 사회의 진행 단계와 정책의 관점: 주요국과 한국의 다문화정책 비교 연구, 행정논총, 제47권 4호, 서울대학교 행정대학원, 193-223.

나가기

- 현재 전 세계적으로 다문화적 통합문제가 나타나고 있다. 다문화 사회에서 발생할 수 있는 문제에 적극적으로 대응하고 다양한 문화가 그 사회에서 바람직한 방향으로 공존하도록 노력해야 한다.
- 이 장에서는 독일, 일본, 프랑스, 영국, 미국의 문제를 살펴보았다.

이주여성을 바라보는 시각

이주여성들은 자신의 정체성에 대해서 '영원한 한국인'으로 규정하고 있지 않다는 연구 결과가 있다. 이주여성들은 결혼으로 인해서 한국에 거주하게 되었지만, 10년 후 살고 싶은 나라가 모국인 경우가 36.1%, 은퇴 후 살고 싶은 나라가 모국인 경우가 46.7%로 상당히 많은 수가 미래에 거주하고 싶은 나라로 모국을 꼽았다.[14] 이주여성들은 한국을 자신들이 계속 거주해야 할 곳으로 생각하지 않고 있다.

이주여성들이 현재 한국에 거주하고 있다고 해서 이들을 대상으로 '한국인 만들기'를 목표로 하는 동화주의 정책으로서의 문화교육은 실효를 거둘 수 없다는 것을 보여준다. 다문화 가정 구성원들이 한국 사회의 구성원으로서 당당한 지위를 누리고 살아갈 수 있는 각종 지원과 정책 마련이 시급하다.

14 정갑영 외(2010), <표 23> 모국 생활과 비교: 소득, 행복도, 스트레스/살고 싶은 나라, 2010 이주민 문화향수실태조사, 한국문화관광연구원, xviii.

제3장

문화 학습의 원리와 다문화 교육

들어가기

- 문화 학습의 의미를 알고 있는가?
- 다문화 교육의 원리는 무엇인가?

1 문화 학습[1]

1 패트릭모란(Patrick R. Moran) 지음, 정동빈 외 옮김(2004). 문화교육, 경문사, 180-182.

① 문화 학습이란 의식적이고 의도적인 과정일 수 있다.

고흐너와 제인웨이(Gochenour& Janeway)는 문화 학습은 학습자들이 자문화 학습에서 겪어야 할 일련의 일들과 마찬가지로, 관찰과 의사소통에서부터 의식적으로 변화를 선택하게 되는 모든 과정에 이르는 의도적인 것이라고 했다.

② 문화 학습은 감정 관리를 요구한다.

문화적 차이를 자주 직면하는 사람들은 감정적 반응을 일으킨다. 이러한 감정들은 도취감에서부터 불안까지, 새로운 문화를 대했을 때의 흥분감에서부터 부적응과 충격, 아노미(주체성 상실)에 이르기까지 다양하게 나타난다. 감정은 쉽게 인지되기는 하지만 언제나 쉽게 다룰 수 있는 것은 아니다.

③ 문화 학습은 문화적 비교에 의존한다.

문화 학습 과정은 학습자의 문화와 학습하고 있는 문화 사이를 오가는 것이다. 문화 산물, 관행, 관점, 공동체와 사람들 사이의 차이점을 계속적으로 직면하게 된다. 유사성도 그렇지만 차이점은 학습자의 문화나 세계관을 일깨운다. 새로운 문화를 배우기 위해서 학습자는 의도적으로 다른 세계관, 말하자면 분리된 현실에 대한 이해를 구축할 필요가 있다. 그들은 의식적으로 에믹(내부자적 관점)과 에틱(외부자적 관점)을 오간다. 그리고 결국 그들은 다른 사람들의 시각으로 세계를 볼 수 있는 지점에 이르게 된다.

▌그림 3-1 에믹과 에틱

④ **문화학습은 드러나지 않은 것이 표현되도록 요구한다.**

학습자들 안에 드러나지 않은 것이 있다. 여기에서 해야 할 일은 학습자들이 자신의 의견과 생각, 감정, 의문, 관심과 의도들을 표현하도록 돕는 것이다. 학습자들의 문화와 경험은 그들이 참여, 서술, 해석, 반응의 주기를 통해 학습함에 따라 말로 나타나고 일깨워진다.

⑤ **학습자의 성격은 문화 학습에 영향을 준다.**

학습자는 그들 자신의 문화 학습 과정에 방향 설정을 가져온다. 학습자의 목표와 의도 그리고 이전의 경험과 더불어, 그들 자신과 다른 사람들에 대한 학습자의 태도와 관련된 다른 요인들이 있다.

⑥ **학습자의 문화와 목표 문화 사이의 관계가 문화 학습에 영향을 미친다.**

목표 문화의 유사점과 차이점에 대한 지각 등 목표 문화에 대한 인식은 문화 학습 과정에 반영될 수 있다.

⑦ **교육적인 상황이 문화 학습에 영향을 준다.**

교육적인 환경들(학교, 교과 과정, 의도된 문화 학습 결과들, 교재들, 교육학, 교사들) 모두가 문화 학습의 본질에 커다란 영향을 끼친다. 또한 그 문화에 직접적으로 관여하는 정도(문화, 산물, 실행, 공동체, 사람들)도 중요하다.

⑧ **교사와 학생의 관계가 문화 학습에 영향을 준다.**

교사들이 문화적인 경험을 구조화하고 체험적인 학습 주기의 단계를 따라 학습자들을 인도하기에 교사와 학생의 관계는 중요하다.

2 문화 학습 모형

1) 핸비(Hanvey)의 교차 문화 인식 단계[2]

핸비의 문화 학습 모형은 학습자의 인식이 증가하는 것과 문화 구성원의 관점에서 주관적인 관점으로 문화 이해를 쌓아가는 과정을 보여준다. 핸비의 교차 문화 인식 단계는 다음과 같다.

2 Hanvey, Robert (1979), Level of Cross-Cultural Awareness, *In Toward Internationalism: Readings in Cross-Cultural Communications*, eds. Elise C. Smith and Louise F. Luce. Rowley, MA: Newbury House, 46-56; 패트릭모란(Patrick R. Moran)지음, 정동빈 외 옮김(2004). 문화교육, 경문사. 224-226에서 재인용.

표 3-1 핸비(Hanvey)의 교차 문화 인식 단계

교차 문화 인식 단계	양식	판단
I 피상적이거나 명백하게 드러난 문화 특성 인식	여행자 단계: 관광, 여행, 교제	믿을 수 없음, 외래의, 색다른
II 자신의 것과 뚜렷하게 대조되는 문화 특성을 의미 있게, 그리고 모르는 사이에 인식	문화 갈등 단계: 문화 갈등 상황	믿을 수 없음, 좌절, 불합리한
III 자신의 것과 뚜렷하게 대조되는 문화 특성을 의미 있게, 그리고 의식적으로 인식	지적 분석 단계: 지적인 분석	믿을 만한, 인지력 있는
IV 내부자의 입장에서 다른 문화를 어떻게 느끼는가에 대한 인식	문화적 몰입 단계: 문화 속에서 살기	개인적 친밀함 때문에 믿을 만한

핸비는 인식에 대한 주관적인 성향을 중요한 것으로 파악하였다. 이 모형은 행동과 인지, 그리고 영향력의 융합을 반영하고 있다는 점에서 중요하다.

2) 후프스(Hoppes)의 문화 간 학습 과정[3]

그림 3-2 후프스(Hoppes)의 문화 간 학습 과정

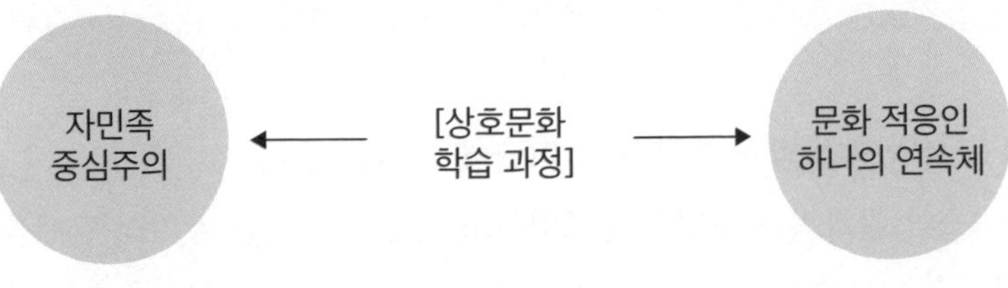

3 Hoopes, David. S.(1979), Intercultural Communication Concepts and Psychologyof Intercultural Experience, In Multicultural Education: A Cross Cultural Training Approach, ed. Margaret Pusch. Yarmouth, ME: Intercultural Press, 9-39; 패트릭모란(Patrick R. Moran) 지음, 정동빈 외 옮김(2004). 문화교육, 경문사, 226-227에서 재인용.

후프스는 상호 문화 학습 과정을 한쪽 끝은 자민족 중심주의이며, 다른 한쪽 끝은 문화 적응인 하나의 연속체로 설명했다. 과정은 타문화에 대한 이해와 태도에서 변화된 모양을 갖게 되며, 학습자가 적응의 네 가지 개념에 대한 결정을 내리는 동안 행동의 중요성을 덧붙이게 된다.

▌표 3-2 후프스(Hoppes)의 문화 간 학습 과정

자민족 중심주의 ↓		자민족 중심주의: 타문화를 비하하거나 다른 방식으로 개인이나 문화에 대한 우월성을 비교적 노골적으로 표명
인식 ↓		인식: 타문화를 적이 아닌 다른 것으로 인식
이해 ↓		이해: 문화란 "그들"에 대한 어떤 사람의 반응이라기보다는 좀 더 합리적인 용어로 이해되어야 하는 복잡한 과정이라고 인정
수용/존중 ↓		수용/존중 : 자신의 문화와 비교하거나 판단하지 않고 접하는 문화 차이에 대한 타당성을 인정하며 수용
감식력 있는/가치 평가하는 ↓		동화: 제2문화와 언어, 그리고 행동을 우선으로 여겨 자신의 제1문화를 거부
선택적 적응 동화 적응		적응: 몰입하거나 편입되지 않고 그 안에서 편안하게 느끼며 효과적으로 기능할 수 있는 행동 양식에 적응, 역할 놀이
이중 문화주의	다중 문화주의	이중 문화주의: 두 가지 문화 인격의 개발
		다중 문화주의 문화 간 학습 과정, 의사소통, 인간관계 등, 문화 간 어떤 상황에서도 적응할 수 있는 개인의 능력 개발

후프스는 문화 학습의 최종 결과물은 동화, 적응, 이중 문화주의, 다중 문화주의 등의 네 가지 선택 사항이라고 제안한다. 이들은 목표와 개별 학습자들의 상황을 반영한다.

3) 렌츠크(Rentzsch)의 문화 습득의 4단계[4]

① **열광 단계:** 낯설음, 즉 외모가 다른 사람들, 새로운 환경, 새로운 음식을 흥분과 깊은 인상으로 경험하고 이를 매우 긍정적으로 받아들이게 된다.

② **문화 충격의 단계:** 불안, 혼란, 적절하지 않은 사회적 행동 등의 반응이 나타나 인간관계가 어려워지거나 두려움, 우울증, 무력감, 고립된 감정까지 나타날 수 있다.

▷ **문화충격(Culture shock)**

1960년 오베르그(K. Oberg)에 의해 정립된 문화 충격이론에서 처음 사용된 용어이다. 자신이 속한 문화와 이질적인 문화 속에 있을 때 느끼는 심리적 불안이다.

③ **적응 단계:** 새로운 문화에 적응하는 단계이다. 문화 충격에서 겪었던 위기감은 적어지면서 회복기에 진입한다. 상대국의 가치관을 받아들이고 새로운 환경과 조건 속에서 인간관계를 넓혀 나간다. 상대국에 대한 환상을 버리고 상대국에 동화되었다는 느낌을 갖게 된다.

▷ **적응이란 개인의 내적, 심리적인 욕구와 외적, 사회적 환경 사이에 조화를 이루며 일상생활에서 좌절감이나 불안감 없이 만족을 느끼는 상태이다.**

- 물질적 적응: 한국 사회에서 독립된 생활을 하는 데에 필요한 소득, 기술, 직업 등을 획득하는 것이다.
- 정신적 적응: 한국 사회의 구성원으로서 사회로부터 동등한 대우를 받고 있다고 인식하는 것이다.

④ **안정화 단계:** 적응의 정도가 극대화되는 시기이다. 모국과 상대국을 객관적으로 비교하면서 각국의 문화적인 차이점, 장점, 단점을 자유로이 판단하여 즐기는 단계이다.

4 Rentzsch(1999). 33-40; 유수연(2008). 문화간 의사소통의 이해, 한국문화사에서 재인용; 더글라스브라운(H. Douglas Brown) 지음, 이흥수 외 옮김(2010). 외국어 학습·교수의 원리, (주)피어슨에듀케이션코리아, 208-209.

▌그림 3-3　렌츠크(Rentzsch)의 문화 습득의 4단계 - 탈문화 과정을 통한 문화 적인 적응

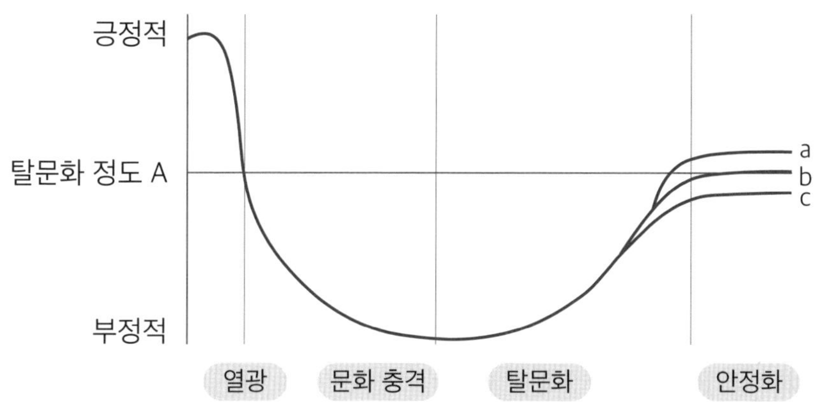

나가기

- 문화 학습에는 학습자의 문화와 목표 문화 사이의 관계, 교육적인 상황, 교육적인, 환경들, 교사와 학생의 관계가 영향을 미친다.
- 문화학습모형에는 핸비, 후프스, 렌츠크의 모형이 있다. 핸비의 문화 학습 모형은 학습자의 인식이 증가하는 것과 문화 구성원의 관점에서 주관적인 관점으로 문화 이해를 쌓아가는 과정을 보여준다. 후프스는 상호 문화 학습 과정을 한 쪽 끝은 자민족 중심주의이며, 다른 한 쪽 끝은 문화 적응인 하나의 연속체로 설명했다. 렌츠크의 문화습득 4단계는 열광, 문화충격, 탈문화, 안정화 단계로 나뉜다.

"독일·프랑스, 이주배경학생만 아닌 모든 학생에 상호문화 교육 [인구 절벽 시대, 다문화가 미래다]"

미국과 유럽의 다문화 선진국 교육엔 공통점이 있다. '다문화(multiculture)'보다 '상호문화(interculture)'란 단어를 선호한다는 점이다. 이주배경학생만 받는 교육이 아닌, 모든 학생이 서로의 문화를 이해·교류하는 데 방점을 뒀다. 대표적인 곳이 독일과 프랑스다. 인구 4명 중 1명이 이민자 출신인 독일은 '상호문화교육'으로 실행하고 있고, 프랑스는 1970년 초 '상호문화'란 용어를 도입해 누구나 갖춰야 하는 시민교육 형태로 다문화 교육을 하고 있다. 특히 프랑스는 이주민의 문화 정체성을 존중하는 차원에서 이주민 자국 언어-문화교육 프로그램 '엘코'를 운영하고, 이민자 자녀의 학교 적응을 위한 정보센터 '쎄피젬'을 설치해 초등·중학교 내에 적응반을 운영토록 했다. 쎄피젬은 현재 '꺄스나브'로 대체됐다.

다문화 교육에서 중심을 이루는 건 '언어'와 '사회통합'이다. 언어 실력이 부족해도 대개 특별반을 따로 만들기보다 일반학급에서 교육받게 한다. 특별반이 되레 언어 교류의 기회를 감소시킨다는 이유에서다. 영국에선 이주배경학생에게 일반수업을 듣게 하고 일부 시간을 할애해 보충수업을 한다. 대신 입학 전 장치를 뒀다. 4~6주간 특별영어 수업(EAL) 교육을 진행해 국가 공인 커리큘럼 체크리스트로 언어능력을 평가·관리한다. 인구의 7%가 이민자인 핀란드는 핀란드어가 제2언어인 교사가 주교과를 핀란드어로 가르치고 예체능은 일반학급에 맡긴다.

중앙SUNDAY 스페셜리포트, 신수민 기자, 2023.11.11.

(https://www.joongang.co.kr/article/25206441)

제4장

다문화 교육의 쟁점

들어가기

- 다문화 교육이란 무엇인가?
- 다문화 교육의 구성요소에는 무엇이 있는가?

1 다문화 교육의 필요성

1) 다문화주의의 실패

서구의 다문화주의 정책은 실패했다는 주장이 제기되고 있다.

1991년 3월 한국인 상점 주인 두순자가 흑인 소녀를 강도로 오인해 살해하는 사건이 일어났다. 이는 1992년 4월 L.A 인종폭동의 원인이 되었다. 옆에 소개한 책[1]은 '두순자 사건'을 모티브로 한 소설로 아시아인을 상대로 한 편견과 범죄에 대해 다루고 있다.

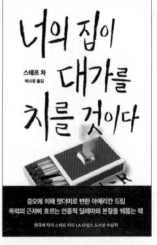

L.A 폭동 사건은 미국 사회에서 나타난 한국인과 흑인의 차별적 구도의 문제이다. 백인 중심 미국 사회에서 소수자인 한국계와 흑인들의 화해 가능성을 모색해야 한다.

이 외에 인종 갈등으로 인한 폭동으로는 2005년 10월 프랑스 이슬람 폭동, 영국의 로젤스 인종 폭동, 2005년 12월 호주의 인종 폭동 등이 있다. 이들 사건은 다문화주의 정책과 개방적 이주 정책에 대해 반성적 계기로 작용하게 되었다.

다문화주의에 대해 사회민주주의자들은 부의 재분배라는 본질적인 정치사회적 과제를 도외시한 채 문화라는 추상적이고 심리적인 인정에 주력한다고 지적하였다. 인류학자들은 집단 정체성의 형성과 유지라는 측면에서 민족국가 건

1 스태프 차(2021). 이나경 번역, 황금가지.

설과정에서 등장한 민족주의보다 더 결정론적이라며 비난하였고 자유주의적 평등주의자들은 집단주의로 인한 개인성의 파괴를 우려하였다. 사회적 결속을 위한 보편적 이념으로 민족주의를 내세우는 보수주의자들의 비판이 가속화되고 있다.[2]

2 곽준혁(2007). 다문화 공존과 사회적 통합, 대한정치학보 15-2, 23-43.

2) 실패한 다문화주의를 위한 상호문화 교육

독일의 사회학자 벡(U. Beck, 1944~2015)은 세계화에 대한 중요한 정치적 응답 가운데 하나는 교육의 확대라고 하였다. "협동 능력, 갈등 조정 능력, 문화에 대한 이해력"(벡, 2000: 259)은 교육을 통해 얻을 수 있다고 하였다.

인간과 인간 그리고 문화와 문화의 사이 잇기에 초점을 맞춘 교육의 분야가 다문화 교육, 상호문화교육이다.

사센(Sassen, 1996)은 소수집단 이주자를 문제를 가진 사람이 아니라 "기대되는 참여자", "소홀히 취급된 창조적 자본" 또는 "문화적 교량 건설자"로 보아야 한다고 하였다. 그리고 그들을 수동적이고 소망이 없는 희생자로서 무력화시키지 않는 자세가 필요하다고 하였다.[3]

3 Sassen, S.(1996). Analytic Borderlands: Race, Gender and Representation in the New City. in A. King(ed.). Representing the City: Ethnicity. *Capital and Culture in the Twenty-First Century Metropolis.* London: Macmillan. 183-202.

2 다문화 교육의 개념 목표

1) 정의[4]

① 뱅크스(Banks, 1993)

뱅크스는 "다문화 교육은 교육 철학이자 교육 개혁운동으로 교육기관의 구조를 바꾸어 학생들에게 평등한 교육 기회를 제공하는 것이 중요한 목표다."라고 하였다. 교육기관의 구조는 사람들의 인식 구조를 반영하기 때문이다. 뱅크스는 커리큘럼과 교육제도의 재구성을 주요 골자로 하는 개혁운동을 추진하였다. 그리하여 다양한 성별, 언어, 사회 계층, 인종 집단에 속하는 사람들이 동등한 교육적 기회를 가질 수 있도록 노력하였다.

4 장인실 외(2012). 다문화교육의 이해와 실천, 학지사, 89-92.

② 그랜트(Grant, 1993)

그랜트는 "다문화 교육은 철학 개념이고 교육 과정으로, 모든 학생이 미국의 조직과 기관에서 구조적으로 평등하게 일하도록 준비시키는 과정이다."라고 하였다. 평등한 교육 기회를 제공하기 위해서는 다양한 성별, 언어, 사회 계층, 인종 집단에 속하는 사람들이 동등한 교육적 기회를 갖도록 하는 노력이 필요하다고 강조하였다.

③ 골닉과 친(Gollnick & Chinn, 2009)

골닉과 친은 "다문화 교육은 교육에 평등성과 다양성을 포함한 개념"이라고 정의하였다. 이때 평등성은 모든 학생이 그들이 속한 집단에 상관없이 동등한 혜택을 보장받는 것을 말한다. 이들은 다문화 교육을 통해 학생들이 서로 다른 문화를 이해하고 존중할 줄 알고 이를 통해 사회적 통합과 상호 이해를 증진할 수 있다고 강조하였다.

④ 존슨과 존슨(Johnson & Johnson)

존슨과 존슨은 "다문화 교육은 모든 학생이 인지적·사회적·인격적 측면에서 본인의 잠재력을 최대한 발휘할 수 있도록 동등한 학습 기회를 제공하는 것"이라고 하였다. 다문화 교육은 교육 철학이자 교육개혁 운동으로 교육기관의 구조를 바꿔 학생들에게 동등한 교육 기회를 제공하는 것이 중요한 목표라고 말했다.

이렇듯 대부분의 다문화 학자는 다문화 교육의 개념을 평등 교육을 실현하기 위한 교육 과정 개혁을 통한 학교 및 사회개혁으로 정의한다.

2) 보수적 다문화교육과 비판적 다문화 교육[5]

다문화주의는 크게 두 가지 입장으로 나뉜다. 보수적 다문화주의는 미국 사회의 가치와 전통을 보존하고 강화하는 수단으로 보는 입장이다. 비판적 다문화주의는 다문화주의가 주류 문화와 다른 문화 간의 불평등을 초래할 수 있다고 주장한다.

5 모경환, 황혜원(2007). 중등교사들의 다문화적 인식에 대한 연구, 시민교육연구 39(13), 79-100.

■ 표 4-1 보수적 다문화 교육과 비판적 다문화 교육

구분	다문화의 개념
보수적 다문화 교육	자기 문화에 대한 성찰 없이 문화적 다양성이나 타 문화에 대한 이해를 부가적으로 추구
	기존 문화 체제는 손상하지 않는 범위 내에서 문화적 다양성 인정
	소수 문화가 지배 문화에 동화, 포섭되는 것 전제
	용광로 이데올로기
비판적 다문화 교육	다른 문화들이 가지고 있는 상대적 가치를 인정하면서 자기 문화의 가치와 전통에 대한 비판적 성찰
	다양한 구성 요소들이 상호 공존하며 고유의 특성을 유지하면서 서로 조화되어 또 다른 통합성을 이루어 내는 것
	다양한 문화 간의 이해, 존중, 관용, 대화, 신뢰 등을 바탕으로 다문화적 정체성 수립
	샐러드볼 이데올로기/모자이크 다문화주의

3) 다문화 교육과 국제 이해 교육의 비교[6]

다문화 교육은 다양한 문화와 인종, 성별, 종교 등의 다양성을 존중하는 교육이다. 국제 이해 교육은 다른 나라의 문화와 역사, 사회 등을 인정하고 존중하는 교육을 말한다. 두 가지의 공통점과 차이점을 정리하면 다음과 같다.

6 장인실 외(2012). 다문화 교육의 이해와 실천, 학지사, 92-98.

■ 표 4-2 다문화 교육과 국제 이해 교육의 비교

구분	다문화 교육	국제 이해 교육
목표	평등 교육	평화교육
강조점	비판적 사고력 신장	문화 이해 강조
방법	교육 과정 개혁	국제관계 이해
		지구적 문제의 평화적 해결을 위한 적극적 참여
대상	소수자, 다수자	다수자

문화를 보는 시각	인식 전환 수단	문화 이해 교육
발생배경	사회 내의 인종과 민족 간 불평등 해결	문화 이해 교육
공통점	문화 이해, 문화적 다양성, 인권, 환경	

3 다문화 교육의 목표

7 Banks. J. A. (1993). The cannon debates, knowledge construction, and multicultural education, *Educational Researcher*, 22, 4-14.

뱅크스가 제시한 다문화 교육의 목표 (Banks 1993)[7]는 다음과 같다.

① **자기 이해의 심화 추구**: 이해와 지식을 통해 존경이 나올 수 있다고 가정하는 다문화 교육은 다른 문화의 관점을 통해 자신의 문화를 바라보게 함으로써 자기 이해를 증진시키고자 한다.

② **주류 교육 과정에 대안 제시**: 권력과 영향력을 소유하고 있는 주류 백인 집단 위주의 교육에서 등한시했던 소수민족 문화의 풍부함에 대해 가르친다.

③ **모든 학생들이 다문화 사회에서 요구되는 지식과 기능, 태도 습득**: 백인 학생들은 흑인 영어의 독특함을 이해하고, 흑인 학생들은 소외감과 이질감을 느끼지 않으면서 주류 사회에서 성공할 수 있도록 표준 영어를 말하고 쓸 수 있어야 한다.

④ **인종적·신체적·문화적 특성으로 인한 차별 감소**

⑤ **전 지구적(global)인 테크놀로지 세계에서 살아가는 데 필요한 읽기, 쓰기, 그리고 수리적 능력을 습득하도록 돕는 것**

⑥ **자신의 공동체에서 자기 역할을 하고 살아가는 데 필요한 지식, 태도, 기능을 습득하도록 도와주는 것**

④ 다문화 교육의 구성 요소[8]

1) 뱅크스(2002)의 '다문화 교육의 다섯 가지 차원'

▌그림 4-1 뱅크스(2002)의 '다문화 교육의 다섯 가지 차원'

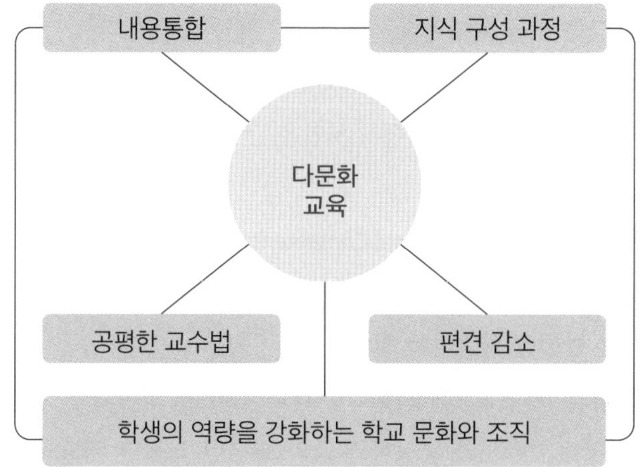

① **내용통합**: 교사들이 자신의 교과나 학문 영역에 등장하는 주요 개념, 원칙, 일반화, 이론 등을 설명하기 위해 다양한 문화 및 집단에서 온 사례와 내용을 활용하는 것이다.

② **지식 구성 과정**: 다양한 문화적 관점이나 편견들이 지식을 구성하는 과정에 영향을 미친다는 것을 학습자들에게 이해시키고 지식에 대한 비판적 해석 능력을 함양하도록 하는 것이다.

③ **공평한 교수법**: 교사가 다양한 인종, 민족, 사회 계층 집단에서 온 학생들의 학업 성취도를 향상시키기 위하여 적합한 교수법을 사용하는 것이다. 또한 다양한 문화적 배경을 가진 학습자들의 학업 성취를 위한 교수법을 개발해야 한다.

④ **편견 감소**: 학습자에게 적합한 자료와 교수법을 활용하여 다른 문화 집단에 대한 긍정적인 태도와 가치를 기를 수 있도록 하는 것이다.

⑤ **기회를 제공하는 학교 문화와 조직**: 다양한 문화와 인종, 민족 등을 포용하는 문화를 조성하고 이에 적합한 학교 조직을 만드는 것이다.

8 뱅크스(Banks. J. A.) 지음, 모경환 외 역(2008). 다문화교육입문, 아카데미프레스, 44-51.

9 Bennett, C. I. (2011). *Comprehensive multicultural education: Theory and practice*(7th ed). Boston: Allyn & Bacon.

2) 베넷(Bennett, 2011)의 다문화 교육의 구성 요소[9]

① **평등 교육**(Equity Pedagogy): 소수민족이나 경제적으로 불리한 조건에 있는 아동에게 공평하고 동등한 교육의 기회를 부여해 주는 것으로 잠재력을 계발할 수 있도록 잠재력의 차이에 따라 교육적 개입이 달라져야 한다는 것을 의미한다. 즉 '과정의 평등'을 말한다.

② **교육 과정 개혁**(Curriculum Reform): 다민족적이고 전 지구적인 관점을 포함하여 다른 사람의 입장에서 사안을 판단할 수 있도록 교육 과정이 개편되는 것이다.

③ **다문화적 역량**(Multicultural Competency): 다양한 방식으로 인식하고 생각하고 평가하고 행동할 수 있는 역량과 문화적 다양성을 이해하고 조율하는 방법을 학습하는 것이다.

④ **사회정의 교육**(Teaching toward Social Justice): 인종차별, 계급차별, 성차별에 대한 이해력을 향상하고 그와 관련된 적절한 태도와 행동 기술을 제고함으로써 차별에 대한 투쟁과 문제해결 과정에 직접적으로 참여하게 하는 교육이다.

▌그림 4-2 베넷(2011)의 다문화 교육의 구성 요소

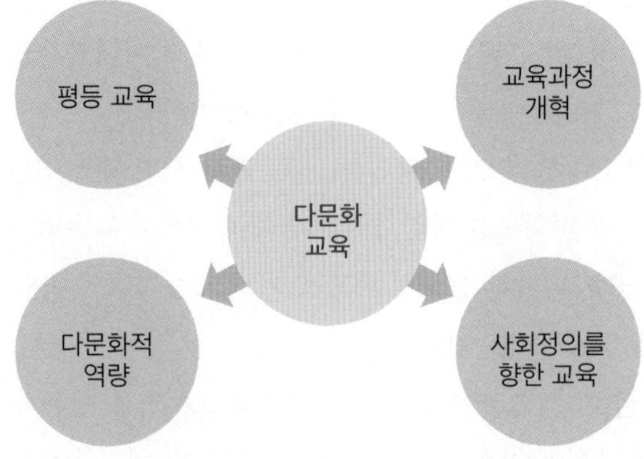

5 다문화 교육의 내용[10]

현재 실시되고 있는 다문화 교육의 내용은 아래의 7가지로 정리할 수 있다. 다문화 교육은 학교뿐만 아니라 가정, 사회에서도 함께 이루어져야 한다.

10 정정희(2009), 결혼 이주여성 자녀 교육 프로그램 개발과 교육지원 방안. 경북대학교 연구보고서.

▌표 4-3 다문화 교육의 주요 내용

구분	교육 과정 주요 내용
문화	각 문화 간의 유사점과 차이점의 특징 알기
	각 문화에 대한 이해 및 존중심 기르기
	문화 간 긍정적 태도 발달시키기
협력	다양한 사람들과 상호작용 및 협동 능력 증진하기
반편견	선입견, 편견, 고정관념에 비판적 사고 형성하기
	문제 상황에 대처 능력 기르기
정체성 형성	긍정적 개념 기르기
	정체감 및 집단 정체감 형성하기
평등성	국가, 민족, 성, 능력, 계층에 대한 긍정적 태도 가지기
	인간이 평등하다는 가치 기르기
다양성	다양한 개인과 집단의 존재 인정하기
	다양성 존중하는 마음 가지기

6 다문화 교육의 접근 방향[11]

다문화 교육은 크게 세 가지 방향에서 접근할 수 있다. 다수자와 소수자를 모두 포함하는 통합교육, 다수자를 위한 교육, 소수자를 위한 교육으로 나뉜다.

11 한국사회과교육연구회(2011). 다문화교육의 이론과 실제, 이담북스, 91.

▌표 4-4　다문화 교육의 접근 방향

다수자와 소수자 모두를 포함하는 다문화 교육 (통합교육)	다문화적 사회 현실을 이해하기 위한 지식을 제공한다.
	평등과 정의의 가치에 대해 재확인한다.
	함께 살기 위한 새로운 능력과 문화 상대주의적 태도의 발전을 위한 교육 기회를 제공한다.
다수자를 위한 다문화 교육	상호의존적 세계 현실에 대한 이해를 증진시키고 이런 현실 속에서 통합적인 행동 양식을 북돋운다.
	부정적 편견과 민족적 상투성을 극복해야 한다.
	차이와 다양성에 대한 긍정적 평가를 고무시킨다.
	다문화 간 공통점을 찾고 강조한다.
	다른 사회와 문화, 개인들의 시선에 긍정적인 태도, 양식을 갖는다.
	사회적 연대의 원리와 시민의식에 기초한 행동 양식을 인지시킨다.
소수자를 위한 다문화 교육	다수자를 위한 다문화 교육의 방향을 포함한다.
	자신의 문화적 정체성을 잃지 않으면서 주류적 삶의 양식에 대한 배움을 포괄한다.
	다문화가정과 학생의 다양한 배경을 인정하고 삶의 질 향상 및 인간의 존엄성을 유지한다.

나가기

- 다문화 교육은 교육 철학이자 교육 개혁운동으로 교육기관의 구조를 바꾸어 학생들에게 평등한 교육 기회를 제공하는 것이 중요한 목표다(뱅크스, 1993).
- 베넷이 제시한 다문화 교육의 구성요소는 평등 교육(Equity Pedagogy), 교육과정 개혁(Curriculum Reform), 다문화적 역량(Multicultural Competency), 사회정의 교육(Teaching toward Social Justice)이다.
- 다문화 교육의 내용은 문화, 협력, 반편견, 정체성 형성, 평등성, 다양성 등으로 설정될 수 있다.

더 읽을거리

유네스코 문화다양성 선언

유네스코 문화다양성 선언은 2001년 11월 2일 프랑스 파리에서 열린 제31차 유네스코 총회에서 채택된 국제 규약이다. 문화적 다양성을 인류의 공동 유산으로 인정하고 그것을 보존한다는 내용이 담겨져 있다. 선언문은 아래와 같은 조항으로 구성되어 있다.

1) 유네스코 문화다양성 선언문(UNESCO Universal Declaration on Cultural Diversity)

- 제1조 문화다양성: 인류의 공동 유산

  문화다양성은 인류의 공동 유산이며 현재와 미래 세대를 위한 혜택으로서 인식되고 보장되어야 한다.
- 제2조 문화다양성에서 문화다원주의로

  그 성격상 민주주의와 밀접한 관련을 맺고 있는 문화다원주의는 문화교류와 공공의 삶을 유지하는 창조적인 역량을 풍성하게 하는 데 이바지할 수 있다.
- 제3조 발전을 위한 요소로서의 문화다양성

  단지 경제성장의 관점이 아니라 좀 더 충분한 지적 · 감성적 · 윤리적 · 정신적 존재를 위한 수단으로 이해되어야 한다.
- 제4조 문화다양성을 위한 조건으로서의 인권

  누구도 국제법으로 보장하는 인권을 침해하거나 그 영역을 제한하는데 문화다양성을 이용할 수 없다.
- 제5조 문화다양성을 가능하게 하는 기반으로서의 문화권(權)

  인권과 기본 자유를 보장받으면서 자신의 선택 하에 문화적 생활에 참여하고 문화적 활동을 영위할 수 있어야 한다.
- 제6조 모든 이를 위한 문화다양성

  문자와 이미지로 된 아이디어의 자유로운 흐름을 보장하는 동시에, 모든 문화가 자신을 표현하고 알릴 수 있도록 하는 조치가 마련되어야 한다.
- 제7조 창의성의 원천으로서의 문화유산

  인간의 경험과 염원의 기록인 모든 형태의 유산을 보존 및 강화하고 미래 세대에게 전달함으로써, 다양성을 지닌 창의성을 고양하고 문화간 진정한 대화를 고무할 수 있다.

• 제8조 문화상품과 서비스의 특수성

창작품의 공급을 다양화하고, 작가와 예술가의 권리를 적절히 인식하며 정체성 · 가치 · 의미의 척도로 작용하는 문화상품과 서비스의 특수성에 대한 인식의 증대 등이 필요하다.

• 제9조 창의성의 촉매로서의 문화정책

문화정책은 사상과 작품의 자유로운 흐름을 보장하고, 다양한 상품과 서비스의 생산 및 보급에 기여할 수 있는 지역 및 지구적 차원의 문화산업의 발전을 도와야 한다.

• 제10조 범지구적 창조 및 보급 역량의 강화
• 제11조 공공분야, 민간분야, 시민사회와의 협력 강화
• 제12조 유네스코의 역할

제5장

상호문화능력의 이해

들어가기

- 상호문화능력이란 무엇인가?
- 상호문화 모델에는 무엇이 있는가?

1 상호문화교육의 정의, 방법, 구성요소

다문화 사회에서 다문화 교육은 일종의 사회 적응훈련이다. 대다수의 다문화 교육이 다른 사회의 언어와 풍습, 문화를 배우는 것에 초점이 맞춰져 있다. 이와 다르게 상호문화교육은 문화 간 상호작용과 이해를 촉진하는 교육이다. 지금은 '다문화'가 아니라 '상호문화'에 초점을 맞춰야 할 때이다.

1) 행동조정 유형

두 개의 다른 문화가 만나 관계를 형성할 때, 이 둘 사이에는 의사소통이 이루어질 수 있다. 서로 다른 문화에서 온 사람들의 만남이 있고, 그들이 의사소통 파트너가 되면 '자기 것'과 '낯선 것'이 존재할 뿐만 아니라, '제3의 것'이 나타난다. 고유문화, 이방 문화, 문화 중첩 상황이 나타나는 것이다. 이때 문화 간 상황을 네 가지로 나누면 다음과 같다.

- 지배 유형은 고유의 가치와 규범을 이방 문화에 강요하고 이를 통해 지배하는 것이다.
- 동화 유형은 지배 유형의 반대로 이방 문화의 가치를 수용하고 자기 고유의 행위를 융합시키는 것이다.
- 발산 유형은 두 문화의 가치가 조화되지 못하고, 부딪히는 것이다.
- 통합 유형은 두 문화의 요소들이 새로운 질적 총화를 만들어 문화적 시너지 효과 창출하는 것이다.[1]

1 김순임(2005). 이문화간 의사소통능력의 개념에 대한 고찰, 독일언어문학 제 29집, 한국독일언어문화학회, 97-129.

2) 상호문화능력(Intercultural Competence)이란?

상호문화주의는 1960년대 중반 이후 북미를 중심으로 시작된 다문화주의가 민족집단 간의 상호작용이 거의 없어 상호적 소통이 어렵다는 비판이 제기되면서 1970년대 독일과 프랑스 등 서유럽에서 시작되었다.

유네스코는 2006년 유네스코 상호문화지침서(UNESCO Guidelines on Intercultural Education)를 통해 다문화교육과 상호문화교육을 구분하였다. 이 지침서에 따르면 '다문화적'이라는 용어는 '문화적으로 다양한 인간 사회의 특성을 기술'하는 것이고 상호문화적이라는 용어는 '다양한 문화들의 공존과 공정한 상호작용, 대화, 상호존중을 통해 공유된 문화적 표현을 만들어 낼 가능성'을 전제로 한다고 밝혔다.[2]

2 장한업(2016). 이제는 상호문화교육이다, 교육과학사. 41.

▷ 유네스코 상호문화교육 가이드라인(2006)

유네스코는 2006년에 상호문화교육 가이드라인(UNESCO Guidelines on Intercultural Education)을 발표하였고 2013년에 개정안을 발표하였다. 유네스코의 가이드라인에는 세 가지 대원칙이 제시되었다. 첫째, 학습자의 문화적 정체성을 존중한다. 둘째, 사회생활에 필요한 문화적 지식·태도·능력을 신장시킨다. 셋째, 개인 및 다양한 집단 간의 존중·이해·연대에 기여하는 데 필요한 지식·태도·기술을 제공한다(UNESCO Guidelines on Intercultural Education(2006), 31-39).

다문화주의가 다양한 인종 간의 특징을 인정하는 것이라면, 상호문화주의는 타자와의 만남을 통해 차이를 발견하고 이를 수용하여 소통하는 역동적인 관계를 전제로 한다.

상호문화능력은 문화 간 갈등을 예방하고 해소하는 데에 중요한 역할을 한다. 그러므로 상호문화능력은 다문화주의를 실천하는 데에 필요한 필수적인 능력이라고 할 수 있다. 상호문화교육의 목표는 열린 마음으로 문화의 다양성을 인정하고 존중하는 태도이다. 또한 문화 간 차이에 대한 이해를 기반으로 타문화에 대한 편견과 차별을 지양하고 이해하고 공감하는 능력을 함양하는 것이다. 즉 상호문화능력은 타문화를 비판적으로 이해하면서 인정하는 능력이며 다른 문화 출신의 동료나 이웃들과 협동하며 사회공동체를 이루는 능력이다.[3]

3 정영근(2007). '사이'의 세기와 '상호문화교육', 교육의 이론과 실천 제12권 제1호, 한독교육학회, 257-272; 이종하(2006). 독일의 문화간 이해교육의 실천과 시사점, 한국교육문제연구 17, 동국대학교 교육연구원, 105-120.

3) 상호문화교육의 방법

상호문화교육의 방법에는 일찍이 상호문화교육을 실시해 온 국가들의 경우를 참고할 수 있다. 장한업(2023)은 몇몇 국가들의 상호문화교육 교실 운영 지침을 정리했다. 아일랜드, 캐나다, 오스트레일리아 같은 다문화 선진국의 상호문화 교실 운영 지침에는 몇 가지 공통점이 있다. 첫째, 중앙정부나 지방정부와 같이 교육 주권을 가진 기관이 주도한다. 둘째, 상호문화적 접근을 권장한다. 셋째, 이주배경학생의 언어, 학업, 학부모, 상호문화교육 등에 대해 포괄적이면서 구체적인 지침을 제시한다. 특히 상호문화교육 세부 지침에는 우호적 학습 환경조성, 교사 대상 다양성 연수 시행, 이주배경교사 채용이라는 세 가지 하위기준이 포함된다.[4] 우리 사회에서도 상호문화교육은 정부 차원에서 지침을 제시해야 하며 사회 구성원 모두가 참여할 수 있는 적극적이면서 우호적인 분위기를 조성해야 한다.

찰스 테일러(Charles Taylor)는 다문화주의를 두 겹의 의미 층위를 가진 것으로 본다. 그는 다문화주의를 다양성의 인정과 통합을 목표로 삼는 포괄적 의미의 다문화주의와 그것의 하위 범주인 제한적 의미의 다문화주의로 구분한다. 이 제한적 의미의 다문화주의는 상호문화주의와 대조된다. 다문화주의가 차이의 인정을 강조한다면 상호문화주의는 통합을 강조한다.[5] 사회의 다양한 요소들과의 상호작용을 통해 공통적인 요소로 통합하고 조화롭게 공존하는 접근 방법이 중요하다.

또한 상호문화교육의 방법은 자신의 개별성과 정체성을 유지하면서도 타자와 낯섦에 개방성을 지닐 때 나타나는 결과이다. 인간의 자기 동일성이란 타자와의 얽힘 속에서만 유지되는 것이기 때문이다(리쾨르, 2006). 상호문화교육에서 교육학의 핵심은 자신의 고유함을 전제로 타인들과 상호성을 유지해 가며 사이 잇기를 하는 개별적 인간들에 관한 내용이다.[6]

4 장한업(2023). 다문화 선진국의 '상호문화교실 만들기' 비교 연구 및 시사점, 문화교류와 다문화교육 제12권 제5호, 한국국제문화교류학회, 1-23.

5 김정현(2017). 다문화주의와 상호문화주의의 차이에 대한 한 해석-찰스 테일러의 견해를 중심으로, 코키토 82권, 부산대학교 인문학연구소, 70-99.

6 정영근(2007). '사이'의 세기와 '상호문화교육', 교육의 이론과 실천 제12권 제1호, 한독교육학회, 257-272; 폴 리쾨르(2006), 타자로서의 자기 자신, 동문선.

4) 상호문화능력의 구성 요소

INCA(InterculturalCompetenceAssessment)는 문화 간 능력을 평가하고 개선하기 위한 유용한 도구를 제공하고 있다. 유럽연합이 2004년에 발표한 레오나르도다빈치 프로젝트는 M. Byram과 T. Kühlmann의 이론을 기반으로 하고 있는데 상호문화능력을 구성하는 요소로 여섯 가지를 제시하고 있다.

① **모호함 수용성**: 모호함을 받아들이고 효율적으로 처리할 수 있는 능력이다.

② **행동의 유연성**: 자신의 행동을 서로 다른 요구와 다른 상황에 맞추는 능력이다.

③ **의사소통적 인식**: 상호문화적 상황에서 언어 표현과 문화 상황 간의 관계를 설정하고, 식별하는 능력이다.

④ **지식의 발견**: 문화와 문화적 관습에 대한 새로운 지식을 획득하는 능력이다.

⑤ **이질성 존중**: 자문화에 대한 믿음과 타문화에 대한 불신을 멈추고 호기심과 개방적 태도를 갖는 능력이다.

⑥ **공감**: 타인의 생각이 무언인지, 그들이 구체적인 상황에서 어떻게 느끼는지 직관적으로 이해하는 능력이다.[7]

2 마가(H. Maga)의 상호문화교육절차[8]

① **자문화 인식**: 학습자들이 자신의 문화에 대해 살펴보고 자신의 문화를 비판적으로 바라보도록 지도한다.

② **타문화 발견**: 학습자들이 자문화와 다른 문화가 있음을 인식하고 그 문화의 특징적인 것을 찾아 가르치라고 교사들에게 제안한다.

③ **문화적 행동 분석**: 학습자들이 의사소통 속에서 나타나는 문화적 사실을 찾아내고 분석한다. 학생들로 하여금 거리를 두고 '비스듬하게 비껴' 보게 한다.

④ **고정관념(fixed idea)에 대한 성찰**: 학생들로 하여금 왜 그런 고정관념이 생겼는지 생각해 보게 한다.

7 서영지(2015). 상호문화접근법을 적용한 고등학교 프랑스어 수업지도안 개발 연구, 「외국어교육연구」, 18, 97-116.

8 장한업(2006). 이제는 상호문화교육이다, 교육과학사, 151-154.

⑤ **자문화-타문화 관계 설정**: 자문화와 타문화 사이에 나타나는 여러 가지 관점을 통해 다양한 문화를 이해하고 상대성을 인식하도록 하게 한다.

⑥ **타문화 인정 및 존중**: 문화를 내면화하여 자문화와 타문화 모두 중요하게 생각하고 수용하도록 하게 한다.

나가기

- 상호문화능력은 열린 마음으로 문화의 다양성을 인정하고 존중하는 태도와 타문화에 대한 편견과 차별을 지양하고 이해하고 공감하는 능력이다. 상호문화능력은 문화 간 갈등을 예방하고 해소하는 데에 중요한 역할을 한다. 그러므로 상호문화능력은 다문화주의를 실천하는 데에 필요한 필수적인 능력이라고 할 수 있다.

더 읽을거리

"'다문화'가 아니라 '상호문화'다"
자기 문화 낯설게 보고 상대 문화 이해하고 수용 상호문화 교육이 필요한 때

필리핀 출신으로는 처음으로 대한민국 19대 국회에 입성했던 이자스민 전 의원이 털어놓은 이야기다.

"제 아들이 쓴 글을 읽은 적이 있습니다. '저는 한국에서 태어나 살면서 군대도 다녀왔습니다. 20년 넘게 한국인이라고 생각하고 있었는데 어느 순간 생겨난 '다문화'라는 말이 저를 다른 사람과 구분 짓게 만들었습니다.' 읽고 나서 조금 충격을 받았습니다. 아들은 다른 모든 한국 사람이 그렇듯이 자신을 '그냥 한국인'이라고 생각하고 살았습니다. 그런데 다문화라는 말이 생기면서 아들은 그냥 한국인이 아니라 '다문화인'이 됐습니다. 여러 이주자를 포용하자는 의미에서 생겨난 다문화라는 단어가 오히려 이주자를 구별 짓기 해버린 것입니다."

한국에서도 2000년대 초반부터 '다문화'라는 말이 여기저기서 등장했다. 2000년부터 2008년까지 국내 거주 외국인 수의 연평균 증가율은 19.9%로 OECD 가입국의 평균(5.9%)보다 세 배나 높았다. 체류 외국인 인구가 급증하면서 변화가 시작됐다. 소수자로서 열악한 환경에 놓여 있는 이주민들의 권리를 보장해주자는 주장, 언어와 문화가 달라 적응하기 어려운 이주민에게 도움을 주자는 주장 등이 얽히면서 다문화는 지켜져야 하고 추구해야 할 것으로 여겨졌다.

한국은 이미 다문화사회다. DNA 차원에서든 문화 요소를 따져보든 한국 사회가 단일문화라고 생각하는 것은 일종의 신화에 불과하다. 다문화사회에서 다시 '다문화'를 얘기하다 보면 자연히 부작용이 따르기 마련이다. 임선일 경기교육연구원 연구위원은 다문화주의가 가져오는 몇 가지 부작용을 지적했다. 임 연구위원에 따르면 다문화는 모든 문화를 존중하려는 경향이 있기 때문에 오히려 사회통합에 부정적인 영향을 줄 수 있다. 특히 지배집단이 앞장서 다문화주의를 이끌 때는 개인의 자율성이 무시되곤 한다. 이자스민 전 의원의 아들이 '한국인'으로 살고 있다가 어느 날 갑자기 '다문화인'으로 분류되면서 자신의 의지와는 상관없이 소수자로 분류된 것과 마찬가지다.

더구나 한국식의 '다문화'는 모든 문화를 존중하라는 기존의 다문화주의와는 또 다르게 진행되고 있다. 소수자에게 배려와 시혜를 베푸는 것이 다문화라고 여겨지기도 한다. '다문화'라는 말을 들었을 때 대개 떠오르는 이미지란 이주민의 빈곤한 삶, 적응하기 어려운 현실 같은 부정적인 것들이다.

"예를 들어 이슬람 문화권의 명예살인 같은 것은 여성 인권을 심각하게 침해하는 행위로서 비판받을 수 있습니다. 상호문화주의에서는 그런 문화가 왜 존재하는지를 배우면서 동시에 그 문화를 어떻게 받아들일지에 대해서도 배웁니다."

결국 상호문화주의에서는 상대방의 문화를 긍정적으로 받아들이는 것을 목표로 한다. 다문화주의처럼 이해하기 어려운 문화마저도 무작정 수용하는 것이 아니라, 이해함으로써 긍정적인 자세로 받아들이자는 것이다.

그러려면 다른 문화를 이해하는 것만큼이나 필요한 일이 있다. 자기 문화를 '낯설게 보기'이다. 장한업 교수는 "내 문화를 비판적으로 보게 될 때 다른 문화를 긍정적으로 받아들일 여지가 생긴다."라고 설명했다.

다양한 이주배경가정이 존재하는 유럽에서는 이미 다문화주의 대신 상호문화주의를 채택한 지 오래다. 유럽연합의 유럽의회는 2008년에 '상호문화 대화 백서'를 발행하고 상호문화라는 개념을 적극적으로 알리고 있다. 독일에서도 예전에는 한국에서처럼 독일어를 가르치고 독일 문화를 익히게 하는 '다문화 교육'이 이뤄졌지만 1970년대 후반부터 상호문화 교육으로 발전시켰다. 영국에서는 시민성 교육이라는 이름으로 문화적 차이와 관계에 대해 가르치고 있다.

올해부터는 서울시 교육청에서도 '다문화 교육' 대신 '상호문화 교육'을 실시할 예정이다. 지금껏 다문화 교육이 그때그때 제기됐던 문제점을 고쳐나가는, 말하자면 눈에 보이는 환부만 제거하는 수술 방식이었다면, 상호문화 교육이 근본적인 해결책을 내놓을 수 있을지 함께 주목해야 할 때다.

주간조선, 김효정 기자, 2019.3.15.

(https://weekly.chosun.com/news/articleView.html?idxno=14125)

제6장

문화 차이에서 시작하기 1

고맥락 문화 / 저맥락 문화

들어가기

- 동양 문화와 서구 문화의 차이를 알고 있는가?
- 문화권별 글쓰기 방식의 차이를 통하여 문화 간 차이를 이해할 수 있는가?
- 홀(Stuart Hall)의 고맥락 문화와 저맥락 문화 인식 방식을 이해할 수 있는가?

다문화 교육 현장에는 두 가지 이상의 문화가 존재한다. 다양한 배경의 문화를 가진 학습자와 교수자의 문화가 다르기 때문에 문화 차이가 존재하기 마련이다. 다문화 교실에서는 이러한 문화 차이를 인정하고 수용할 수 있는 학습 환경을 만드는 것이 무엇보다 우선되어야 한다. 문화 차이를 인정하는 가운데 다문화 교수·학습이 이루어져야 바람직한 학습 결과를 도출할 수 있다. 다문화 교육 현장에서 다양한 국적과 문화권의 학생들의 문화를 좀 더 적극적으로 이해하기 위한 문화 간 차이의 이해가 필요하다.

1 서구 문화와 동양 문화 비교

서구 문화와 동양 문화는 세계관과 실제 생활면에서 많은 차이를 가지고 있다. 서구 문화와 동양 문화를 비교해보면 다음과 같다.

1 김영숙(1999). 영어과 교육론: 이론과 실제, 한국문화사, 545.

표 6-1 영미 문화와 한국 문화 비교[1]

서구 문화	동양 문화
과학적 합리주의적 사고	추상적 사고
개인주의(individualism)	전체주의(totalitarianism)
다양성(diversity), 개방성(openness)	획일성(ticky-tacky), 폐쇄성(closing)
기독교 사상(thought of Christian)	유교사상(thought of Confucianism)
지적(intellectual)	정적(passive=statical)

노동 중시	노동 경시
여성 존중	남성 위주
물리적(physical)	정신적(mental)
편의주의(opportunism)	관습 존중(routinism)

서구 문화는 합리주의적 사고를 바탕으로 하며, 개인주의적 정서가 주를 이룬다. 다양성을 인정하는 바탕 위에 타문화에 대해서는 개방적인 방향으로 발전되었다. 서구 문화는 기독교 사상을 적극적으로 수용하면서 다양한 기독교 문화를 창출하게 되었다. 합리적인 사고를 중시하기 때문에 지적이며 분석적이다. 지적이며 분석적인 성향 때문에 괄목할 만한 과학적, 철학적 성과를 생산시켰다. 노동을 중시하는 전통이 있으며 동양권이나 한국에 비해 여성을 존중하는 편이다. 과학적 사고를 바탕으로 현실적, 실질적인 것을 중시하기에 물리적이라 할 수 있으며, 다분히 실용적인 경향으로 편의주의를 좇아 왔다.

동양 문화는 분석적으로 나눠서 사고하기보다 총체적이며 추상적으로 사고하는 경향이 있다. 또한 개인보다는 집단을 중시하는 전체주의이며, 전체에서 개인이 튀지 않고 융합되는 것을 더 중요한 가치로 여기므로 획일성, 폐쇄성이 강조된다. 오랜 시간 동안 유교의 영향을 받아 가정이나 직장 등 집단을 이루는 곳에서 다양하고 뿌리 깊은 유교적 성향을 드러낸다. 정적이면서 수동적이고, 사회 전체적으로 몸으로 하는 노동에 대해서는 경시하는 경향이 있다. 여성보다는 남성 위주, 가부장적 질서를 옹호하는 사회 체제가 오랫동안 지속되었다. 정신적인 것에 더 높은 가치를 두며 유교적 질서하에 오랜 관습을 존중하는 경향이 있다.

서구 문화와 동양 문화를 단순하게 비교하는 것은 사실상 어려운 일이다. 사회와 생활 환경의 변화에 따라 많은 변화가 일어나고 있다. 또한 개인 간, 지역 간, 세대 간 차이를 간과할 수도 없다. 서구 문화권에 거주하다가 동양 문화권에 거주하게 된 사람의 가치관이 과연 어디에 속하게 될지도 모를 일이며, 그 반대의 경우도 마찬가지이다. 위의 분석은 다만 두 문화의 차이를 큰 줄기를 따라 단순하게 비교한 것이다.

이제 다음의 내용을 좇아가면서 다양한 문화권의 차이에 대해 생각해 보자.

2 문화권에 따른 글쓰기 방식[2]

2 R. B. Kaplan(1998). Based on Culture, Communication and Conflict: *Readings in Intercultural Relations*, 2d ed., by, in G. R. Weaver, Needham Heights, MA: Simon and Schus-ter, 47.

▌그림 6-1 문화권별 글쓰기 방식

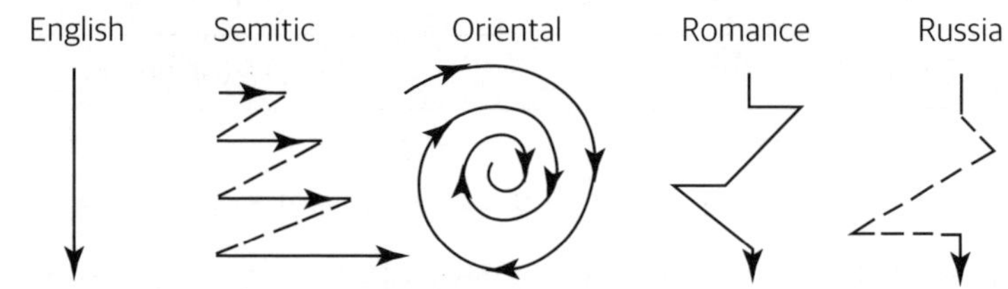

카플란(R. B. Kaplan)은 다양한 문화권에 속하는 이들이 글을 쓸 때 글을 구성하는 방식이 다르다는 사실에 주목했다. 영어권(English) 화자들은 서론, 본론, 결론을 직선적으로 구성한다. 이러한 글쓰기 방식은 논리적 글쓰기에 적합하다. 서론은 본론에 대해 주의를 환기시키며, 본론에서는 명확히 주장하고, 결론에서는 이들을 요약하고 전망을 제시한다.

아랍어권(Semitic) 화자들은 점층적으로 논지를 전개한다. 내용을 전개하는 데 있어서 이전에 했던 내용을 부연하면서 확장해 나간다.

동양어권(Oriental) 화자들은 변죽을 두드린다. 이들은 자신이 하고 싶은 내용을 직접적으로 제시하기보다 큰 주제에 대해서 말하고 점점 하고 싶은 내용으로 축소해 나간다. 결국 이들이 하고 싶은 이야기는 마지막에 있기 때문에 처음에 한 내용으로 주제를 찾기는 어렵다.

라틴어권(Romance) 화자들은 직접적인 논지를 전개하는 가운데 재미있는 이야기들을 삽입하는 퓨전 양식을 보인다.

러시아어권(Russia) 화자들은 라틴어권 화자들과 비슷한 패턴을 보이지만 중간에 유실되는 부분이 있다.

문화권에 따른 다양한 글쓰기 방식은 각 문화권에서 글을 쓸 때 나타나는 내용 전개 방식, 구성이 얼마나 다양한지를 보여준다. 주제에 대해 직접적으로 접근하는 영어권 화자들과 다르게 대부분의 문화권에서는 주제를 나중에 표출하는 간접적 내용 전개 방식을 택하고 있다. 이러한 방식은 각 문화권의 말하기 방식과도 연관된다. 동양인들은 자신이 하고 싶은 말을 직접적으로 하지 않고 돌려 말하거나 눈치로 알게 하는 경우가 많다. 특히 하기 어려운 말일수록 간접적 의사소통을 진행하는데, 이러한 경향은 글쓰기 방식에서도 직접적인 방식보다 간적접인 방식으로 자신이 말하고자 하는 내용에 대한 '암시'를 주는 방향으로 진행된다고 볼 수 있다.

3 홀(Stuart Hall)의 고맥락 문화와 저맥락 문화[3]

3 김숙현 외(2001). 한국인과 문화 간 커뮤니케이션, 커뮤니케이션북스, 77-85.

눈치로 때려 잡다.
감이 오다.
이심전심
알아서 기다.
척하면 삼천리
이런 말들 많이 들어 보셨죠?

홀(E. T. Hall)은 문화를 고맥락 문화(Higher-Context Culture)와 저맥락 문화(Lower-Context Culture)로 구분한다. 고맥락 문화는 상황을 중시하는 문화인 반면 저맥락 문화는 상황보다 메시지를 중시하는 문화이다. 맥락이란 상황과 비슷한 의미로 사용된다.

고맥락 문화권에서 커뮤니케이션의 핵심 내용을 파악하려면 메시지보다 상황에 관심을 가져야 한다. 한국, 일본, 중국 등에서는 모두 '눈치', '감', '기분' 같은 것에 민감해야 한다. 이에 비해 저맥락 문화권에서는 언어 메시지에 중요한 커뮤니케이션 내용이 담겨 있다.

① 상황 대 메시지

고맥락 커뮤니케이션이나 메시지는 대부분의 정보가 물리적 상황에 있거나 사람들에게 내면화된 것인 반면 명확하게 부호화된 메시지 정보는 없다. 저맥락 커뮤니케이션은 정반대로 많은 정보가 명확하게 부호화되어 있다.

의사소통 방식에서 보면, 고맥락 문화권에서는 상황을 알려주는 정보를 중요시하며, 상대의 안부를 묻고, 자신의 근황을 설명한 다음 용건은 맨 마지막에 간단히 언급하는 경향이 있다. 반면에 저맥락 문화권은 메시지의 요지를 중시하며, 자신의 중요한 용건부터 언급하는 경향이 있다.

② 선형 대 나선형 논리

저맥락 문화권의 논리는 결론을 직접적으로 제시하는 선형 논리이다. 반면에 고맥락 문화권의 논리는 끝에 가서 결론을 내리는 나선형 논리이다.

나선형 논리에서는 결론은 말하는 사람이 내리는 것이 아니라 듣는 사람의 몫으로 남겨 두기도 한다. 대립이 무성한 정치 협상이 마지막에 극적 타결을 이루는 것을 나선형 논리의 일환으로 볼 수 있다.

선형 논리는 서론, 본론, 결론의 구조로 이루어져 있다. 글 내용에는 원인과 결과가 명확하게 제시되어 있다. 자신이 주장하고 싶은 대전제가 있고 이를 뒷받침하는 소전제, 그리고 소전제를 뒷받침하는 문장들로 구성되어 있다.

③ 장기적 대 일시적 인간관계

고맥락 문화권은 인간관계를 중시하며 한번 맺은 인간관계는 영구히 지속되기를 바란다. 따라서 기브 앤 테이크(give-and-take)도 장기적인 관점에서 생각하며 이런 인간관계는 사적 영역과 공적 영역을 넘나든다.

④ 고맥락 문화와 저맥락 문화의 비교[4]

4 김숙현 외(2001). 한국인과 문화 간 커뮤니케이션, 커뮤니케이션북스, 77-89.

표 6-2 저맥락 문화와 고맥락 문화 비교

저맥락 문화	고맥락 문화
직접적 커뮤니케이션 형태로 의미 표현	사회 문화적 맥락에 따라 암시적으로 의미 표현
개인주의 가치관	집단의식을 중시
일시적 인간 관계 형성	장기적이거나 영구적인 인간 관계 설립
선적인 논리 강조	나선형, 원형 논리 강조
직접적이고 언어적인 상호 작용 존중	간접적인 언어 상호 작용 존중
비언어적 표현을 덜 사용	비언어적 표현을 많이 사용
아이디어 표현에 논리 존중	아이디어 표현에 감정을 존중
고도로 구성된 메시지, 세부적 묘사	단순하고 모호한 메시지

저맥락 문화권 사람들은 언어적 메시지를 매우 중요하게 여겨서 메시지가 상세하고 명확하기를 기다린다. 요점이 분명하지 않을 때에는 모호성을 불쾌해하거나 질문을 던진다.

예시 1

무슨 말씀이세요? 간다는 거예요? 안 간다는 거예요?

?

내일 내가 시간 되면 가 보든지 할게.

고맥락 문화권 사람들은 언어적 메시지에 깊이 의존하는 저맥락 문화권 사람들에게 신뢰감을 적게 느끼는 경향이 있다.

예시 2

문화권의 갈등 처리 방법에서도 차이가 드러난다. 예를 들어 고맥락 문화권 사람들은 직접적이지 않기 때문에 갈등은 의사소통에서 손해를 끼친다고 여겨 잘 드러내지 않으려 한다.

고맥락 문화권 사람들은 의미를 전달할 때 언어 메시지보다는 배경에 담긴 미묘한 뉘앙스를 더 의식한다.

예시 3

- 301호 아이들이 밤 11시까지 떠들어서 시끄러워서 잠을 못 잤다.
- 201호 한국 할머니와 202호 독일 아주머니의 반응은 달랐다.

예시 4

부장: (미안한 표정으로) 내가 참, 이거, 할 말은 못 되는데, 이거 참, 뭐라고 말해야 되지? 우리 회사가 요즘 경영이 좀 어렵잖아. 그래서 하는 말인데…….

사원: (황당한 표정으로) ?

부장: 경영이 어려워서, 이번에 감원 조치가 내려졌어.

사원: (황당한 표정으로) ?

부장: 그래서 이번에 우리 부서에서도 몇 명이 감원될 것 같아. 그런데 차 과장은 아들이 대학에 가서 돈이 한창 많이 들 때고, 이 과장도 부인이 아파서 요즘 좀 힘들다네. 그래서 하는 말인데.

사원: (화난 표정으로) 네, 제가 그만두겠습니다.

부장: 그래, 꼭 그러라는 건 아닌데, 그래 주면 고맙고…….

5 고맥락 국가와 저맥락 국가

5 Donald W. Klopf (2001). *Intercultural Encounters-The Fundamentals of Intercultural Communication*, Morton Publishing Company, 167.

6 주현희, 채영희 (2024). 한·일 한국어 문화교재에 나타난 문화어휘 연구, 한국어 의미학 83권, 한국어 의미학회, 87-121.

7 Colin Hoskins, Rolf Mirus (1988). Reasons for the U.S. Dominance of the International Television Programmes, *Media Culture & Society*, 10(4), 499-504.

▌그림 6-2 고맥락 국가과 저맥락 국가 유형[5]

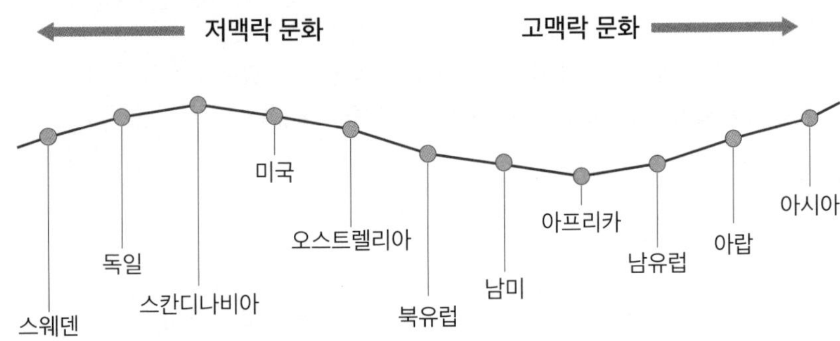

▷ 문화할인(Cultural Discount)이란?

문화할인이란 풍부한 정보를 담고 있는 고맥락 문화가 저맥락 문화로 전파되는 과정에서 타문화를 올바로 이해하지 못하는 현상을 의미한다. 주현의, 채영희(2024)[6]는 최근 몇 년 사이 한국에서 널리 유행한 수저론을 예로 들었다. '금수저, 흙수저'와 같은 문화어휘는 고맥락 문화의 산물이며 이를 단지 금으로 만든 수저, 흙으로 만든 수저로만 이해한다면 커뮤니케이션의 오류가 발생한다. 즉, 외국인 한국어 학습자가 고맥락 문화어휘를 저맥락 문화어휘의 의미로만 인지한다면 커뮤니케이션 상황에서 '문화할인'(Cultural Discount)이 발생하여 고맥락 문화 이해에 오류가 발생한다.[7] 전세계적으로 인기를 끌었던 드라마 <오징어 게임>은 영어로 번역되면서 문화할인을 감소시키기 위해 어휘 번역 전략을 7가지로 사용하였다고 한다. 예를 들어 비속어와 관용 표현은 번역 과정에서 최의 난제로 꼽히는 만큼 치환이나 변조 등의 전략을 사용하여 출발 언어의 어휘나 표현을 도착 문화권에 익숙하게 자국화하려는 경우가 많았다고 한다.[8]

8 정윤희(2023). 넷플릭스 K-드라마 <오징어 게임>의 한국 문화 관련 어휘 번역 양상, 문화와 융합 Vol,45 No.10, 한국문화융합학회, 65-80.

나가기

- 고맥락 문화와 저맥락 문화는 문화에 따라 다르게 나타나는 의사소통 유형으로 에드워드 홀은 다음과 같이 설명했다. 고맥락 문화는 의사소통 시에 직접적으로 오가는 말보다 문맥과 맥락이 상대적으로 더 큰 역할을 하는 문화를 말하고, 저맥락 문화는 대부분의 정보가 명시적인 형태로 전달되며 직접적인 대화에 의해 의사소통이 이루어지는 문화이다.

더 읽을거리

"문화 차이를 넘어 성공적 협상을 이끄는 법"

인류학에서 고맥락(High context) 문화와 저맥락(Low context) 문화는 사람들이 의사소통할 때 맥락을 얼마나 중요하게 여기는지, 소통하는 메시지가 얼마나 명시적인지에 따라 구분된다. 고맥락 문화권에서는 간접적이고 비언어적인 의사소통을 중시하는 반면 저맥락 문화는 직접적이고 명시적인 언어 기술에 의존한다. 예컨대 고맥락 문화권의 사람들은 눈을 마주치거나 심지어 어깨를 으쓱하는 것과 같은 신체적 행동과 특징을 활용해 많은 정보를 전달한다. 그래서 서로에 대한 배경지식이 없어도 의사소통을 원활하게 할 수 있다. 이런 문화적 특징은 언어 그룹, 국가, 지역 커뮤니티 등에 따라 다르게 나타난다.

고맥락과 저맥락의 문화적 차이는 협상 과정에서 의사소통의 오해를 불러일으키는 원인이 될 수 있다. 이런 문화적인 차이로 인한 오해가 비극으로 끝난 협상 사례가 있다. 1991년 1월 미 국무장관인 제임스 베이커는 이라크 외교장관인 타리크 아지즈와의 협상에서 전쟁이라는 최악의 상황을 피하기 위한 방법을 논의했다. 베이커 국무장관은 평소처럼 차분하게 "이라크가 쿠웨이트에서 철군하지 않으면 미국은 공격할 것이다"라고 전했다. 회의장에 있던 사담 후세인의 이복동생은 이를 듣고 회의가 끝나자 후세인에게 이렇게 보고했다. "미국은 공격하지 않을 것이다. 미국은 약하고, 차분하고, 화나지 않았다. 미국은 말만 그렇게 한다." 6일 후 그 유명한 미국의 '사막의 폭풍' 작전이 시작됐고 이라크 시민 17만 5,000명이 목숨을 잃었다. 저맥락 문화권인 미국과 달리 고맥락 문화권인 중동에서는 중요한 메시지를 단호하게 전달할 때 목소리의 크기와 톤, 얼굴의 표정, 책상을 내리치는 등의 제스처를 적절히 활용해야 한다.

문화적인 차이를 이해하는 것은 의사소통의 오해를 줄이는 데 도움이 된다. 하지만 협상의 목표를 달성하는 데는 한계가 있다. 문화적인 차이를 완전히 이해하기가 쉽지 않을 뿐 아니라 문화적 차이는 언어나 국가의 차이에서만 오는 것이 아니기 때문이다. 같은 미국이라도 다문화 도시인 뉴욕은 저맥락, 텍사스는 고맥락 사회로 분류되고, 같은 언어를 쓰는 사회에서도 과학기술 집단이 문화예술계보다 상대적으로 저맥락 문화에 속한다. 이처럼 맥락의 차이는 언어, 역사뿐 아니라 커뮤니티 구성원의 다양성과 업계의 특징 등의 차이에서도 발생할 수 있다.

동아일보 오피니언, 김의성 스캇워크 코리아 대표, 2021.11.16.
(https://www.donga.com/news/article/all/20211101/110005513/1)

제7장

문화 차이에서 시작하기 2

⋮

문화적 가변성 차원

들어가기

- 문화적 가변성이란 무엇인가?
- 호프스테드의 다섯 개의 문화적 가변성에 대해 알고 있는가?

1 호프스테드(Geert Hofstede)의 다섯 개의 문화적 가변성(cultural variability)의 차원[1]

"人"(사람, 인)
우리 남편?

집단주의는 상호 의존적인 자아를, 개인주의는 독립적인 자아를 존중함

네덜란드의 조직 심리학자인 호프스테드(Geert Hofstede)는 「문화의 결과(Culture's Consequence, 1981)」와 「세계의 문화와 조직(Culture and Organization, 1991)」에서 여러 나라의 문화와 가치관에 대해서 연구했다. 전 세계 50개 국가와 3개 문화권의 자료를 분석하여 그들이 일하는 방식, 문화, 조직 문화를 연구하였다.

① 개인주의-집단주의

개인주의는 집단의 정체성보다 개인적 정체성, 집단의 권리보다 개인의 권리, 집단의 욕구보다 개인 욕구의 중요성을 강조하는 문화의 가치 지향성을 일컫는다. 이와 대조적으로 집단주의는 '나'라는 정체성보다 '우리'라는 정체성, 개인의 권리보다 집단의 의무 그리고 개인적 필요와 소망보다 집단 지향적 욕구와 중요성을 강조하는 문화의 가치 지향성을 일컫는다.

개인주의 문화권의 사회나 무역 협상은 업무 위주로 이루어지는 반면에 집

1 Hofstede, G (1980). Culture's consequences. Beverly Hills, CA:Sage; Hofstede, G. Dimensions of national cultures in fifty countries and three regions. In J. Deregowski et al. (eds.), *Explications in Cross-cultural Psychology*. Lisse, Nethelands: Swets and Zeitlinger, 1983. 최윤희(2013). 문화 간 커뮤니케이션, 커뮤니케이션북스, 13-22; 유수연(2008). 문화 간 의사소통의 이해, 한국문화사, 18-30에서 재인용.

단주의 문화권의 사람들에게는 인간관계가 중요하다. 집단주의 문화권의 인간관계는 영구적이며 비대칭 상호교환 개념을 내포한다. 집단주의 문화가 중시하는 '의리'는 영구적으로 지속되는 관계 속에서 이번에 진 신세를 훗날 다른 형태로 갚는다는 대전제를 깔고 있다. 또한 "고향이 어디인가?", "어느 학교를 나왔는가?" 등 지연 및 학연이 중요시된다.

예시 1

집단주의 문화권은 집단 내의 조화와 체면을 중시하는 반면 개인주의 문화권은 갈등 및 경쟁을 통해 자신의 목적을 달성하는 것을 중요시한다.

예시 2

말레이시아에 있는 한 일본 회사는 말레이시아에서 8천 달러에 구입할 수 있는 기자재를 일본으로부터 2만 달러에 구입하였다. 운송료는 별도로 지불하였다.

예시 3

미국의 제너럴 일렉트릭(General Electrics: GE)사의 한 간부가 수출 제품 가격 인상 건으로 일본의 고객과 협상을 했다. 일본 고객은 가격 인상에 대해 부정적 반응을 보였다. 결렬 상태에서 자리를 뜨며 집단주의 가치관을 잘 알고 있던 GE간부는 자신의 상관이 자신에 대해 대단히 실망할 것이라며 자신의 체면이 구겨졌음을 암시했다. 그 이유는 가격 인상을 관철시키지 못했기 때문이라는 설명을 덧붙였다. 그러자 일본 고객은 "OK, I accept."라고 종전의 태도를 바꾸었다. 일본 고객은 상대방의 체면을 살려주려고 배려한 것이다.

집단주의와 개인주의적인 가치는 의사소통에도 크게 영향을 끼친다. 개인주의적인 문화에서는 구체적이고 직접적으로 표현하는 의사소통이 중요하다. 반면 집단주의적인 문화권에서는 '아니오' 대신 '글쎄', '고려해 보겠다' 등의 간접적인 의사소통을 더 선호한다.

개인주의적인 문화권에서는 갈등이 야기된 문제에 대해 공개적으로 토론하며 자신의 입장을 밝히거나 방어한다. 말이 사회 통제의 수단이 되는 것이다. 반면 집단주의적인 문화권 사람들은 직접적인 표현보다는 간접적으로, 즉 침묵이나 미소로 자신의 불편한 입장을 나타내는 경우가 많다.

예시 4

미국 여성 김 린은 한국인의 '묘한 미소'가 완곡한 거절이라는 것을 알기까지 여러 해 동안 속을 부글부글 끓여야 했다.
"오늘 회의가 있으니 약속 있으신 분들은 취소하고 모두 참가하세요."라고 사회자가 말했을 때, 아무도 이의를 제기하지 않았으나, 회의가 시작되기 전 몇몇 사람들이 가방을 챙겨 떠나려 했다. 가지 말라고 하자 미소를 띠며 문 쪽으로 갔다. 서양의 시각으로 이해하기 어려운 한국인의 '예', '아니오', 그리고 '미소' 작전인 것이다.

▌그림 7-1 개인주의 지수[2]

순위	나라 이름	개인주의 지수	순위	나라 이름	개인주의 지수
1	미국	91	39/41	싱가포르	20
2	호주	90	42	엘살바도르	19
3	영국	89	43	한국	18
4/5	캐나다	80	50	베네수엘라	12
6	뉴질랜드	79	51	파나마	11
7	이탈리아	76	52	에쿠아도르	8
39/41	서아프리카	20	53	과테말라	6

2 geert-hofstede.com

개인주의적 가치가 높은 곳은 미국, 호주, 영국, 캐나다, 네덜란드와 뉴질랜드 같은 나라들이다. 반면 집단주의적 가치가 높은 곳은 주로 인도네시아, 콜롬비아, 파나마, 중국, 일본, 한국과 같은 나라들이다. 문화권에는 개인주의 경향과 집단주의 경향이 공존하지만 그중 하나가 지배적인 경향을 보일 때 이 지배적 경향을 개인주의 또는 집단주의로 일컫는다.

② 권력 차이(power distance)

권력 차이란 권력, 명성, 부가 한 문화권 내에 분배된 정도를 나타내는 것이다. 또한 한 나라의 기관이나 조직 내에서 더 적은 권력을 갖은 구성원이 그 권력의 불평등한 분포를 기대하고 받아들이는 정도를 말한다.

'위계질서'는 권력 차이가 큰 문화권, '권력 견제'는 권력 차이가 작은 문화권의 특징을 드러내 주는 말이다. 보통 동남아시아의 국가들이 높은 권력 차이를 갖고 유럽 국가들이 낮은 지수를 갖는다.

권력 차이가 큰 나라는 권위적 사회, 수직 사회이고 '경험'을 중시한다. 주로 농경사회와 연관된다. 권위주의, 전제 정치의 전통을 가진 나라이다. 연장자에 대한 존경을 나타내며, 연장자에게 사용하는 언어가 다르다. 지위, 권위를 중시한다는 점에서 '-임의 문화(being culture)'라 할 수 있다. 권력 차이가 큰 나라는 말레이시아, 과테말라, 파나마, 필리핀, 멕시코 등이다. 한국은 53개 나라·집단

중 27/28위이고, 일본은 33위, 미국 38위이다.

권력 차이가 작은 나라는 동등 사회, 수평 사회이며, '창의력'을 중시한다. 산업사회와 연관되며 민주 정치 전통을 가진 나라가 많다. 역할 및 능력을 중시한다는 점에서 '-함의 문화(doing culture)'라 할 수 있다. 권력 차이가 작은 문화권의 조직이나 기관 내에서도 위계질서가 있지만 이는 주로 역할 구분을 뜻한다. 권력 견제, 불만에 대한 공식 채널이 존재한다. 권력 차이가 작은 문화권에서는 권력 남용에 대한 견제가 심하다. 권력 차이가 작은 나라는 오스트리아, 이스라엘, 덴마크, 뉴질랜드 등이다.

다음은 권력 차이에 대한 개념이 다른 문화가 서로 충돌한 사례이다.

▷ 예

미국 기업인들이 대만을 방문했다. 대만 주최 측은 CEO급의 교통편을 위해 리무진을 준비했고 다른 대표들에게는 밴을 제공했다. 이런 불평등한 대우에 대해 불만을 가진 대표단은 자체적으로 조정하여 모든 대표가 리무진도 타고 밴도 탈 기회를 만들었다.

③ 불확실성 회피(uncertainty avoidance)

불확실성의 회피는 어떤 문화권 사람들이 일정한 체계가 없어 불명확하거나 예측 불가능한 상황을 감지했을 때 불안해하는 정도를 말한다. 불확실성 회피가 높은 문화권에서 자신과 남의 공격적인 행위가 허용되는 경우가 흔하다. 하지만 사람들은 갈등과 경쟁을 피해 공격성을 견제하려고 한다.

불확실성의 회피가 높은 문화권의 사람들은 사회생활이나 조직 생활에서 불확실한 것을 감소시키려 한다. 안전을 추구하고 위험을 감수하는 것을 피하며 실패를 두려워하고 변화에 저항한다. 관료적 규칙이 많고 의사결정 체계가 복잡해 결정 속도가 매우 느리다.

불확실성 회피가 높은 나라는 그리스, 포르투갈, 벨기에, 일본, 페루, 프랑스, 칠레, 스페인, 아르헨티나 등이며 한국도 53개 집단 중 16/17위로 높은 편이다.

불확실성 회피가 낮은 문화권의 사람들은 불확실하고 모호한 상황을 잘 견디려고 노력하고, 거기에서 나오는 스트레스도 잘 극복해낸다. 의사 결정 과정에서 소수의 사람들이 적은 정보를 가지고 신속히 결정을 내리고, 의사결정의 체계가 매우 짧아 신속하게 일을 처리하며, 위험을 피하기 보다는 감수하는 경향이 짙다. 불확실성 회피가 낮은 나라는 덴마크, 미국, 스웨덴, 노르웨이, 핀란드, 아일랜드, 영국, 네덜란드, 필리핀 등이다.

④ 남성성-여성성(masculinity-femininity)

남성성이 높은 문화권은 수입, 승진, 도전, 타인의 인정에 가치를 두고, 재산, 권력과 단호함에 높은 가치를 둔다. 여성성이 높은 문화권은 경영자와의 관계, 협동, 거주 지역, 고용 안정성, 삶의 질, 양육, 서비스와 상호 의존성에 가치를 둔다. 남성성과 여성성은 '자기 주장' 대 '겸손'의 개념으로 대치 가능하다.

남성성이 강한 나라는 일본, 오스트리아, 이탈리아, 스위스, 독일 순이다. 반대로 여성성이 강한 나라는 스웨덴, 노르웨이, 네덜란드, 덴마크이다.

⑤ 장기 지향성-단기 지향성

호프스테드는 23개국을 대상으로 유교적 사고의 장기적 관점을 단기적 관점에 대비한 조사를 실시하였다. 미국, 영국, 필리핀처럼 장기 지향성에서 수치가 낮은 문화는 사회적 지위에 우선권을 두지 않고 연로자를 뒷전에 모시는 경향이 있으며, 단기적 결과에 더 많은 관심을 둔다. 그래서 사람들은 당장 눈앞의 욕구 충족을 선호하는 경향을 보인다.

▷ 호프스테드 비판

시대적인 변화를 담아내지 못하였다. 혈연, 학연, 지연 등을 중시하는 집단의식은 후기 산업사회에 돌입한 한국, 일본, 중국 등에 남아 있으나, 세월이 변함에 따라 이러한 집단주의 문화권의 젊은이들에게서도 개인주의 성향이 많이 나타난다. 또한 이분법적 잣대를 좀 더 다각화할 필요성이 있다.

종합해보면 호프스테드(Hofstede)의 조사 결과 한국은 권력거리가 60점으로 권력거리가 큰 것으로 나타났다. 개인주의 대 집단주의 척도에서는 18점으로 집단주의 측면이 강한 것으로 나타났다. 남성성 대 여성성 점수는 39점으로 남성성보다 여성성이 조금 더 강하게 작용하는 것으로 나타났다. 남녀 차별적 가사 분담이나 강한 남성 중심적인 사회로 인식되는 것과는 다소 다른 결과였다.

호프스테드(Hofstede)의 조사에서 나타난 한국 문화의 여성적인 면모는 남성과 여성의 문화적인 우위가 조사에 반영되었다기보다는 권력거리와 집단주의적인 사회 문화가 반영된 결과로 볼 수 있다. 불확실성 회피 점수는 85점으로 불확실성 회피 문화가 강한 것으로 나타났다.[3]

3 홍루, 변웅걸(2018). 중국인 학습자 대상 한국어 수업에서 고려해야 할 문화 간 내용 연구: 홉스테드(Hofstede)의 문화차원 이론을 중심으로, 한글 제79권 제1호, 한글학회, 201-228.

나가기

- 문화적 가변성은 시간이 지날수록 문화가 지속적으로 변화한다는 것을 말한다. 호프스테드는 문화적 가변성을 개인주의-집단주의, 권력차이, 불확실성 회피, 남성성-여성성, 장기지향성-단기지향성의 다섯 가지 차원으로 분류하였다.

더 읽을거리

"CNN도 걱정하는 한국 MBTI 과몰입? 그게 어때서!"
나와 타인의 '불확실성' 간편하게 해소… '혈액형 성격론'과 차별점은 "가변성"

네덜란드 심리학자 홉스테드의 6가지 문화 차원 이론에 따르면, 대한민국은 개인주의 18, 집단주의 82의 집단주의적 문화 성향을 가졌다. 집단주의적 나라는 '우리'를 중시하며, 집단에 들어가 존중과 인정을 받으려는 욕구가 강하고 우회적으로 돌려 말해 상대방과의 관계를 고려한다.

▌Hofstede Insights 나라별 문화 비교(대한민국-미국)

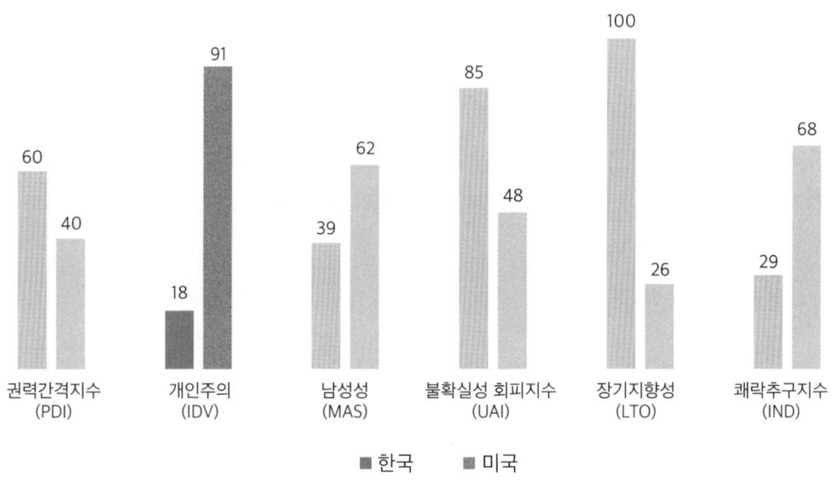

한국 사회는 타인과의 비교·관계 속에서 자신의 삶의 가치관을 확립하고, '우리'라는 감정을 통해 상호 영향을 받으며 행동하는 경향을 보여왔다. 자신이 어떤 집단에 안정적으로 소속되지 못하면 소외당할까 불안해하고, 그 틀에 맞추어 행동한다.

이것은 전형적인 집단주의적 공동체의 모습이다. 공통 특성으로 결속된 한정적인 사람들끼리 생각을 공유하고 정체성을 집단에 의존하게 된다. 자신과 타인을 같은 집단으로 분류한 후 '나만 그런 게 아니었어!' 하며 공감과 안정감을 얻는 것이다.

MBTI가 유행한 이후로는 '틀림'이 아닌 '다름'을 받아들일 수 있게 되었다. 자신의 MBTI를 밝힘으로써 서로의 성향을 미리 알고 이해하기에, 편안한 소통이 가능해진 것이다. '저 친구는 P니까 너무 빡빡한 일정은 싫어하겠구나', '저 사람은 I라고 했으니까 사람이 많은 시끄러운 곳은 안 좋아하겠구나' 하고 타인을 이해할 수 있는 소통의 수단이 되었다.

기본적으로 MBTI 분류는 스스로 인식하는 자신에 대한 설문을 토대로 나오는 결과이다. MBTI별 행동 양상 역시 '일반적이고 모호해서 누구나 보편적으로 갖는 심리적 특징을 자신만의 특성으로 인식'하는 바넘 효과가 반영되는 만큼 과몰입을 경계하는 전문가들도 있다.

홉스테드의 문화 차원 이론에 따르면, 대한민국의 불확실성 회피 지수(UAI, Uncertainty Avoidance)는 85로 예측 불가능한 상황을 위협적으로 느끼고 높은 불안감을 가지고 있다. 게다가 코로나19로 인해 소속감이 흐려짐과 동시에 자아 정체성도 모호해졌다. 사회적 동물인 인간은 타인과 교류하며 정체성을 확립해가는데, 이것조차 불가능했다. 그뿐만 아니라 빠르게 변화하는 21세기 사회는 삶을 낯선 상황으로 끌어들인다.

이런 '불확실성'을 피하는 도구로 MBTI는 좋은 대안이다. MBTI의 설명을 보며 '나 이런 사람이구나. 맞아, 나 이렇게 행동하고 생각하는 사람이야' 하며 정체성을 찾아가는 것이다. 나 자신에 대해 명확한 해석을 내려주는 MBTI를 기반으로 불확실성을 회피할 수 있게 된다.

The PR 더피알, 최희수 기자, 2023.8.21.

(https://www.the-pr.co.kr/news/articleView.html?idxno=50468)

제8장

세계 여러 나라의 다문화 교육

들어가기

- 해외 다문화 교육 상황은 어떠한가?
- 해외 다문화 교육 프로그램에는 무엇이 있는가?

1 캐나다

캐나다는 1971년 세계 최초로 다문화주의를 국가정책으로 표방하였다. 그 이후 1986년에는 평등 고용법(Employment Equity Act), 1988년에는 다문화주의 법을 발효하였다. 2017년 캐나다연구학회는 '캐나다 국민들은 점점 더 다양성(diversity)에 대하여 편안함을 느낀다.'라고 보고했을 만큼, 다문화 정책을 성공적으로 도입한 국가로 잘 알려져 있다.[1]

1 홍영숙(2019). 캐나다의 다문화주의(multiculturalism) 소고, Asia-Pacific Journal of Canadian Studies (APJCS) Vol.25 No.1, 한국캐나다학회, 23-39.

캐나다는 프랑스어와 영어를 공식 언어로 채택하였다. 소수집단의 언어와 문화를 국가정책으로 적극적으로 존중하는 모자이크 다문화주의를 채택하여 다양성 유지의 관점에서 '2언어 2문화주의'를 추구하고 있다.

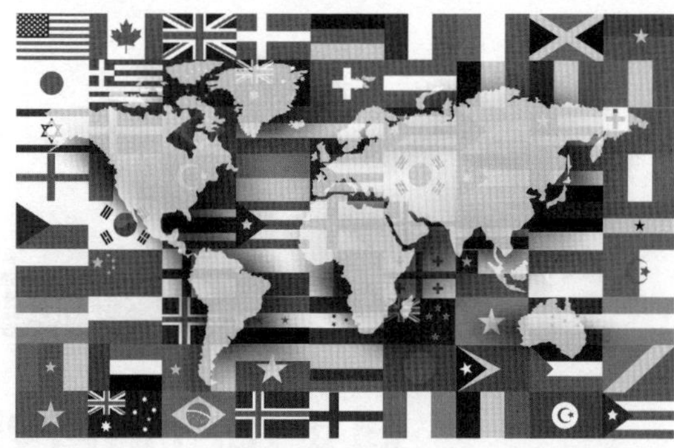

정규 교과 과정 속에 다문화주의의 이상을 담아내고 있다. 그래서 다문화 사회에서 다양성을 존중하면서 학생들 사이에 유대감과 일체감을 형성하는 것을 주요 과제로 삼고 있다.

캐나다는 다문화 프로그램으로 1992년부터 이민자 정착 및 통합 프로그램 LINC(Language Instruction for Newcomers to Canada)를 실시하고 있다. LINC에서는 언어교육(영어와 프랑스어)과 문화 수업을 병행하고 있다. 이민자의 적응 및 정착을 위한 프로그램 ISAP(Immigration Settlement Adaptation Program)도 있다. 이 프로그램은 이민자의 오리엔테이션, 통·번역서비스, 상담 및 취업 관련 서비스를 제공하고 있다. 호스트프로그램(Host Program)은 자원봉사자를 통한 적응 프로그램이다. 이 프로그램에 참여한 이민자는 지역사회와 친분을 쌓고 캐나다 문화를 경험하며 영어나 불어를 연습할 수 있다.

PLAR(Prior learning Assessment and Recognition)는 이민자의 학력과 경력을 캐나다 기준에 맞도록 평가·인정해 주는 기관이다. 학습자의 이전 학습 경험을 평가하고 인정해 주기 때문에 대학이나 기업에서 활용할 수 있는 데이터를 제공한다.

다양한 다문화 정책 중에서도 캐나다 온타리오주의 '다문화 교육'은 특히 고평가받는 정책이다. 온타리오 주정부 교육부는 2009년 「다양성 약속의 실현: 온타리오 평등과 통합교육 전략(Realizing the Promise of Diversity: Ontario's Equity and Inclusive Education Strategy)」을 교육 시책으로 삼았으며, 이후 2017년에는 평등과 다양성 교육에 대한 구체적인 실천 계획을 담은 「온타리오 교육 평등 시행 세칙(Ontario's Education Equity Action Plan)」을 발표하였다. 가장 최근 발표한 「온타리오 교육 평등 시행 세칙(Ontario's Education Equity Action Plan)」은 학생들의 성취와 복지에 부정적인 영향을 미치고 불공평한 결과를 낳는 제도적 문제점들과 차별적이고 비교육적 관행을 타파하기 위해 만들어졌으며, 총 4가지의 핵심 아이디어를 기반으로 두고 있다. 이는 ① 학교와 교실에서의 실천, ② 리더십, 공공경영(governance), 인재 양성의 실천, ③ 데이터 수집, 통합 및 보고, ④ 조직적 문화 변화의 네 영역으로 구분된다. 본 정책은 신설된 교육 평등 사무국(Education Equity Secretariat)에 의해 시행되며, "평등(형평성)"을 최우선 가치로 삼고 있다는 특징이 있다.[2]

2 미국

미국은 1960~1970년대에 걸쳐 인종차별 철폐 운동에서 시작되어 각종 차별과 불평등을 시정하고 시민의 평등한 인권 보장을 주창한 이른바 시민권 운동이 사회적 관심사로 대두되었다.[3] 이러한 배경 속에 미국은 1971년 다문화정

2 전미현 · 김대희(2019). 캐나다의 다문화 교육 정책에 대한 연구: 온타리오주의 평등과 다양성 교육을 중심으로, 현대사회와 다문화 Vol.9 No.2, 대구대학교 다문화사회정책연구소, 37-56.

3 은지용(2020). 한국과 미국의 다문화 교육 정책에 대한 비교 분석, 教員教育 Vol.36. No.1, 한국교원대학교 교육연구원, 205.

책을 도입하였다. 1990년대 미국의 다문화 정책은 샐러드볼(salad bowl)이나 무지개로 비유되었으나 L.A 폭동 이후 이민정책을 재고하게 되었다.

미국의 다문화 교육의 목적은 다양성으로 인해 야기되는 문제들은 최소화하고 민족, 인종, 문화 등으로 인해 차별받거나 결핍한 상태에 처하는 상황을 막기 위한 것이다. 그래서 다양성으로 인해 얻을 수 있는 가능성을 최대화하였다.[4] 민족, 인종, 문화적 다양성을 통해 시야와 경험의 폭을 넓히고 서로 다른 사람들과 어울리며 살아가는 능력을 높이고자 하였다. 그래서 문화상대주의적 시각에서 자신의 문화와 타국의 문화를 균형 있게 이해하는 노력을 강조하였다. 그리고 다문화 관련 주제를 교과서에 포함시켰다. 교사 연수 과정에 다문화 학습 자료 구성 방법과 인종 및 집단 사이에 긍정적 관계를 촉진하는 수업 방법을 많이 활용하였다.

4 이민경(2008). 한국 사회의 다문화 교육 방향성 고찰-서구 사례를 통한 시사점을 중심으로, 교육사회학 연구, 한국교육사회학회, 2008, 97.

미국의 다문화프로그램으로는 미국 연방 교육부 프로그램 지침(Guide to U.S. Department Education Programs, 2007)이 있다. 이 프로그램은 소수자의 정체성을 보호하고 미국 사회 적응을 지원한다. 영어습득국(OELA)에서는 ESL 교육이 이루어진다. ELS는 영어가 모국어가 아닌 사람들을 위한 교육과정으로 영어 학습을 도와준다. 고등교육국 주관(OPE)으로 인디언 자녀를 대상으로 하는 교육프로그램과 교사를 위한 이중언어교육도 시행하고 있다.

초·중등 교육국(OESE)에서는 Even Start 프로그램을 실시하여 가족 중심적 읽고 쓰기 능력 향상을 지원하고 있다. 현재 Even Start 프로그램은 미국 연방정부에서 지원하는 프로그램이지만, 그 시행 여부는 주별로 다를 수 있다. 예상하지 못한 이민자 학생 수의 급증으로 어려움을 겪고 있는 교육기관을 지원하는 긴급 이민자교육 프로그램도 있다.[5]

5 주와 지자체가 3세에서 21세까지의 외국 출생 학생을 수용한 학교를 지원하는 제도이다.

3 호주

호주는 1799년 영국의 식민지와 죄수 수형지로 이민이 시작되어 1830년대 이후 자유 이민자들의 이민이 시작되었다. 백호주의로 1960년대 중반까지 백인 위주로 인구가 구성되었다.

1973년 '차별금지 이민정책'을 제정하였고 1978년 백호주의를 폐지하고 다문화주의를 공식적으로 채택하면서 다민족·다인종 차별을 법으로 엄격하게 금지하고 있다. 그리하여 다인종, 다문화 사회로의 변화가 가속화되었다.[6]

1945~1972년에는 동화주의에 입각한 다문화 교육을 실시하였다. 이주민들에게 자신의 문화적 독특성(특히, 언어)을 포기하고 지배적인 문화에 따르도록 하는 것이었다. 1972~1986년에는 다문화주의에 입각한 다문화 교육을 실시하였다. 백호주의 정책을 폐지하고 대규모의 이민을 받아들여 호주 사회가 다인종·다문화 사회로 급격히 변화함에 따라 이전의 앵글로 일치주의를 지향하는 동화주의에 의한 교육 정책을 지속할 수 없었다.

노동당 정부의 초대 이민 장관이었던 Grassby(1979)는 이러한 새로운 풍조를 "우리는 이민 아이들이라고 말하지 않는다. 우리는 매우 다양한 배경을 가진 호주 아이들이라고 말한다. 이민자 교육이라고 말하는 것은 분명 적절하지 못하다. 우리가 정말 말하고자 하는 것은 모든 아이들이 다문화적 및 다인종적 사회에서 적합하게 살아가도록 하기 위한 교육이다."라고 요약하였다(Hill & Allan, 2004). 1986년부터는 경제적 합리주의에 입각한 다문화 교육을 실시하고 있다.

ESL(English as a Second Language) 교육은 복잡한 노동인구와 노동시장의 요구에 의해 중요한 것으로 인식되었다. 1세대 전만 하더라도 영어를 하지 못하는 이주자들은 공장의 하수인으로 취급되었지만, ESL 프로그램으로 이주자들의 자격이 향상되고 인정받게 되었다.[7]

호주 정부가 2003년 발표한 '다문화 호주: 다양성을 통한 통합'을 통해 호주의 다문화 정책의 원리를 알 수가 있다.

첫째 모든 호주인들은 호주 사회의 기본 질서를 지킬 의무를 가지고 있으면서 자유와 평등을 보장받는다.

둘째, 호주인들은 동일한 권리를 가지고 있으며 상호 존중해야 한다.

셋째, 모든 호주인들은 상호 공평성 아래 동등한 대우와 기회가 부여된다.

넷째, 중요한 경제적 이익은 공동의 이익 추구를 목표로 한다.

호주의 상호주의 다문화 교육 프로그램을 살펴보면 다음과 같다.

'Racism No Way'는 반인종차별 교육 프로그램으로 다양한 인종과 문화를 존중하고 차별을 방지하기 위해 만들어졌다.

'AMEP'는 성인 이민자 대상 무료 영어 교육 프로그램이다. 이민자들이 호

6 이용승(2004). 호주의 다문화주의, 동아시아연구 8권, 고려대학교 동아시아교육연구단, 178.

7 정종진(20011). 호주 학교에서의 다문화교육 전개 과정과 현황, 韓國敎育論壇, Vol.10 No.1, 한국교육포럼, 50.

주에 안정적으로 정착할 수 있도록 일상생활에 필요한 영어를 가르친다. 무료 통·번역 언어지원 서비스도 제공하고 있다.

LOTE(Language Other Than English)는 10학년까지 모든 아동이 중국어, 프랑스어, 독일어 등 9가지 언어 중 하나를 선택하여 배우도록 하는 것이다.

4 프랑스

프랑스는 유럽에서 이민 인구가 두 번째로 많은 나라이다. 프랑스는 이민자가 언제, 어디에서 왔는지에 대해 여러 가지 이견이 있다.

프랑스는 시민교육(Education civique)이라는 과목을 초등학교 1학년부터 고등학교 3학년까지 필수과목으로 가르친다. 소수 인종과 민족에 대한 차별과 편견의 문제를 중요하게 다루기 때문이다. 프랑스 사회를 살아가는 건강한 시민이 가져야 할 의식과 태도로서 강조한다.

이주민 교육은 프랑스어와 프랑스 문화에 기반을 두고 있다. 이주민의 문화적 다양성을 인정하되, 사적 영역에 한정하고 있다. 공화주의 원칙을 중심으로 연대하여 단일한 공화국을 유지하는 것이 사회적 소수자에게 더 나은 평등의 기회를 제공한다고 보고 있다.

공화주의에서 강조하는 사회적 평등과 정의를 위해 소외 계층을 위한 각종 수당 지원과 교육에서의 특혜 제도를 실시하고 있다. 현실에서는 사회적 소수자인 이주민들을 위한 광범위한 다문화 교육 정책 시행하고 있는데 다음과 같다.[8]

1970년부터 이주민을 위한 특별학급을 구성하였다. 언어교육, 프랑스 이해 교육 등이 이루어진다. 또한 프랑스어 교육센터를 설립하여 이민자들의 언어교육에 도움을 주고자 했다. 지역사회와 연계한 학교 밖 프로그램도 진행되었다. 청소년 지원센터에서 학습을 지원하고 학습 상담 및 진로 컨설팅, 아르바이트 주선 등을 해 주고 있다.

초등학교 교육과정에서는 이주민 자녀를 위한 모국어 교육을 실시하여 이주민 자녀들의 문화적 정체성 보호하고자 하였다. 또한 이주민 국가 출신의 교사를 임용하여 문화적 다양성을 존중하려고 하였다. 이민자 부모 모국어 교육 자료도 제공하고 있다.[9]

8 이민경(2008), 한국 사회의 다문화 교육 방향성 고찰-서구 사례를 통한 시사점을 중심으로, 교육사회학 연구, 한국교육사회학회, 92.

9 한승준(2008). 프랑스 동화주의 다문화정책의 위기와 재편에 관한 연구, 한국행정학보 42권 3호, 한국행정학회, 463-486.

5 영국

영국은 1960년대 초반까지 다문화 사회로의 진입에 대비해 다양한 정책을 마련하였다. 주요 목표는 이민자로 하여금 영국의 주류문화로 동화되게 하는 것이었다. 하지만 이민자의 수가 너무 많아 동화주의를 통해서 통합하기에 어려움이 있었다. 그래서 1960년 중반부터 다문화주의 정책을 채택하였다. 그러나 2005년 런던 테러 사건 이후 영국 사회는 큰 충격을 받게 되고 다문화주의는 일반 시민들의 다문화주의에 대한 인식 개선과 확장을 목표로 하는 방향으로 바뀌었다.

세계시민교육을 통해 다양한 문화에 대한 이해와 참여를 촉진하고 환경 문제와 관련하여 인류가 경각심을 가지도록 하고 있다. 유네스코는 2015년 '세계시민교육: 2030년을 향한 프레임워크'를 발표하면서 세계시민교육으로서의 다문화 교육의 목표와 내용을 다음과 같이 제시하였다.

첫째, 지식 · 이해 면에서 사회정의, 평등, 평화와 갈등, 다양성, 지속가능한 발전, 세계화와 상호의존성 등에 대한 지식 이해를 증진하는 것을 목표로 한다.

둘째, 기능면에서 비판적 사고, 효과적인 논쟁, 협력과 분쟁 해결, 불평등과 부정의에 대한 도전 등의 기능을 습득하는 것을 목표로 한다.

셋째, 가치 · 태도 면에서 사회정의와 평등에 대한 헌신, 다양성 존중, 정체성과 자존감, 변화에 대한 효능감 등의 가치와 태도를 함양하는 것을 목표로 한다.[10]

이를 위해 다문화 정책을 전담하는 정부 기구인 'Future of Multi-Ethnic Britain'에서는 모든 형태의 인종차별과 불평등을 해소하고 다문화에 대한 이해와 문화 간 공존을 위한 연구와 정책을 수립하고 있다.

10 이민경(2008). 한국 사회의 다문화 교육 방향성 고찰-서구 사례를 통한 시사점을 중심으로, 교육사회학 연구, 한국교육사회학회, 96.

6 독일

독일은 외국인 노동자들에 대한 '차별적 배제 정책'에서 탈피하려고 노력하였다. 독일의 다문화 프로그램을 보면 '상호문화교육 프로그램'이 발달하였다. 이는 사회문화적 다양성, 언어의 상이함, 보편성과 특수성 등을 적용할 수 있는 능력을 함양하기 위함이다. 독일 상호문화교육 프로그램의 특징을 살펴보면 다음과 같다.

첫째, 감정 이입 능력, 관용, 갈등 해결 능력, 협동심, 연대성 등에 대한 교육이다.

둘째, 문화적 차이 이해와 극복을 위한 교육이다.

셋째, 역사와 사회적 현실을 다양한 관점에서 파악하고 인식하는 교육, 인종과 문화적 차별을 극복하기 위한 정치 교육이다.[11]

독일 연방 정부는 1996년과 2013년 두 차례 일선 학교에 상호문화교육을 할 것을 권고했다. 이주민의 문화를 인정하고 포용함으로써 사회통합을 이루고자 하는 노력의 일환이었다. 이주민에게는 독일 문화를 가르쳤다. 대표적인 다문화 지역인 노이쾰른은 2009년부터 이민자를 대상으로 사회통합 프로그램을 의무적으로 이수하도록 했다. 이런 노력의 결과, 독일 국민들은 이민자에 대해 긍정적으로 인식하게 됐다고 한다. 독일은 다문화 가정 자녀들이 언어 문제로 부적응을 겪지 않도록 언어교육에도 공을 들이고 있다. 다문화 가정 자녀는 유치원 때부터 독일어 교육을 받을 수 있다.[12]

11 이민경(2008). 한국사회의 다문화교육 방향성 고찰-서구 사례를 통하 시사점을 중심으로, 교육사회학연구 제18권 제2호, 한국교육사회학회, 95.

12 연합뉴스, "다문화 학생 3% 시대 ③ 다문화 선진국, 교육에서 답 찾다". 2021.10.12.

7 일본

1980년대 이후 국제결혼이 증가하면서 다문화 사회의 특징을 띄게 되었다. 일본은 현재 우리나라와 비슷하게 다문화 사회로 이행되고 있다. 다문화 교육은 국제 이해 교육이라는 관점에서 추진되어 일본인 학생들의 국제화를 목표로 한다.[13]

2002년부터 초등학교와 중학교에 '종합학습시간'을 도입하여 국제 이해와 다문화 공생을 위한 교육 활동을 실시하고 있다.[14] 학교 수업으로는 빼내기 수업과 들어가기 수업이 있다.

'빼내기 수업'은 정규 수업 외에 이민 2, 3세대 학생들을 원래 학급에서 빼내어 일본어, 일본문화, 일본의 제도를 가르치는 것이다. '들어가기 수업'은 수업에서 팀티칭, 강의와 통역 지원을 하는 것이다.

일본의 다문화 정책의 특징은 지방정부가 주체가 된다는 점이다. 중앙정부를 중심으로 운영되는 한국과는 달리 지방정부를 중심으로 다문화 공생 정책을

13 박영준(2015). 일본의 다문화교육의 전개와 문제점, 다문화콘텐츠연구 Vol.0 No.19, 중앙대학교 문화콘텐츠기술연구원, 125-126.

14 채영희(2008). 한·일 다문화 교육 비교 연구, 동북아 문화연구 제17집, 동북아시아문화학회, 191.

수행하고, 중앙정부 차원에서는 이 정책을 수행하기 위한 업무 가이드라인 정도만 제공한다.[15] 특히 외국인 거주 비율이 높은 곳이나 혁신적인 자치단체의 경우 외국인의 요구에 따라 국제교류 활동에 더 적극적으로 임하며 중앙정부에 필요한 제도개선을 제안하기도 한다. 또한 다문화 가족 관련 비영리단체의 활동을 지원하기도 한다. 구체적으로 나고야시에서는 다문화 가족을 비영리단체와 연결시켜 일본어 교육지원 활동을 적극 지원하기도 했다. 이처럼 이주민의 입장에서 쉽게 도움을 받을 수 있는 비영리단체, 혹은 지역 주민에 대한 지원은 다문화 사회에 한 발 더 다가가는 데 큰 도움이 되고 있다.

15 조현미(2012). 일본의 다문화공생정책의 추진 경과와 현황, 전남대학교 세계한상문화연구단 국제학술회의, Vol.2012 No.5 전남대학교 글로벌디라스포라 연구소, 243-251.

나가기

- 캐나다의 다문화 프로그램에는 이민자 정착 및 통합 프로그램 LINC, 이민자적응 및 정착을 위한 프로그램 ISAP, 호스트프로그램(Host Program) 등이 있다.
- 미국에서는 영어습득국(OELA)에서 ESL 교육을 실시하고 있다.
- 호주의 LOTE(Language Other Than English)는 10학년까지 모든 아동이 중국어, 프랑스어, 독일어 등 9가지 언어 중 하나를 선택하여 배우도록 하는 프로그램이다.
- 프랑스, 영국, 독일 등 서유럽 국가들의 다문화 교육은 시민 교육의 범주 안에서 이루어진다.

"월드컵 2위 프랑스가 아프리카 팀이냐"… 부끄러운 다문화 감수성

'역대급 명승부'가 펼쳐진 아르헨티나와 프랑스의 2022 월드컵 결승전 이후 대부분 유색인종으로 구성된 프랑스 대표팀을 향한 인종차별적 발언이 온라인 공간에서 확산하고 있다.

프랑스는 유럽에서 이민 인구가 두 번째로 많을 정도로 다문화 사회에 진입한 지 오래지만 이에 대한 우리 사회의 이해가 부족하다는 지적이 나온다.

우리나라도 다문화 사회 진입이 임박했다는 분석이 나오고 있어 다양한 인종과 민족에 대한 감수성을 키우는 교육이 필요하다고 전문가들은 제언한다.

이번 월드컵의 프랑스 대표팀 25명 중 13명이 아프리카계 프랑스인인데 2018년 러시아 월드컵 우승 당시에도 프랑스 선수 23명 중 14명이 아프리카계였다.

이 같은 선수 구성에 한 누리꾼은 "이게 프랑스팀이냐 아프리카 연합팀이냐"라는 댓글을 달았다. "언제부터 프랑스가 흑인 국가였냐", "모르고 보면 아프리카팀인 줄 알겠다" 등의 댓글도 눈에 띄었다.

이에 몇몇 누리꾼은 "훌륭한 인재들이 인종 불문하고 국가대표로 뛸 수 있는 게 좋은 나라"라며 인종차별에 반대하는 댓글을 달기도 했다.

시민들도 비판의 목소리를 냈다. 직장인 최모씨(31)는 "만약 손흥민 선수에게 영국인들이 '너희 나라로 돌아가라'라고 하면 기분이 좋겠냐"라며 "낡은 인식을 버려야 한다"라고 지적했다.

전문가들은 우리 사회에 다문화에 대한 감수성이 부족하다며 더 성숙한 시민의식과 이를 위한 교육이 필요하다고 말했다.

설동훈 전북대 사회학과 교수는 "현재 인구가 줄고 있고 이주민이 늘고 있기 때문에 100년 후에는 우리나라 대표팀도 프랑스처럼 인종이 다양해질 수 있다."라며 "현재 학교에서 다문화 교육을 하고 있지만 사회적으로 좀 더 경각심을 가지고 감수성을 키울 필요가 있다."라고 설명했다.

동아일보 News1, 2022.12.20.

(https://www.donga.com/news/article/all/20221220/117074490/1)

제9장

한국의 다문화 교육 정책

들어가기

- 다문화 교육은 왜 필요한가?
- 한국의 다문화 교육 정책에는 무엇이 있는가?

1 다문화 교육의 필요성

1) 다문화인

다문화 체험활동 과정 중 청소년들은 발달과정에서 문화적 충격을 경험하게 될 수도 있다. 아들러(Pauls. S. Adler)는 다문화 사회가 요구하는 인간상은 다문화인(Multicultural Person)이라고 제시하였다. 여기서 다문화인은 문화간 감수성 발달의 마지막 단계인 통합단계에 있는 인간상을 지칭한다. 이러한 다문화인은 자신(self)과 관계를 맺게 되는 다양한 경험들을 재구성하고, 정체성의 변화를 지속시키며 여러 문화를 수용한다. 정체성이 불안정한 청소년들은 문화간 감수성 발달과정에서 정체성 혼란과 집중력 부족뿐만 아니라 심리적 불안정과 자존감의 결여로 문화 충격을 경험할 가능성이 크다.

2) 모두에게 필요한 다문화 교육

공동체의 안정을 위해서는 다양성 교육이 필요하다.[1] 다양성 교육은 다양한 문화와 인종, 성별, 종교 등을 존중하고 이해하는 것을 목적으로 한다. 다양성에 관한 교육은 교육 과정 전체를 통해 이루어져야 한다.

1 전자신문 [ET대학포럼] <23> 다양성 가치에 관한 교육이 필요하다. 2021.6.17. 26면.

다문화 교육의 세계적 권위자 제임스 뱅크스(J. A. Banks) 교수[2]는 다문화 교육에 대해 다음과 같은 의견을 제시했다.

2 https://en.wikipedia.org/wiki/James_A._Banks

미국의 9·11 테러를 보십시오. 점차 다문화 사회가 되어가는 한국도 다른 민족을 친구로 받아들이지 못하면 위험한 폭탄을 안고 있는 것이나 마찬가지입니다.

"한국같이 교육열이 높은 나라는 소수민족 집단과 주류 집단의 학업 성취도 수준이 차이가 날 수밖에 없어요. 어느 나라나 교육 수준의 차이는 나타나지만, 한국같이 교육열이 높은 사회에서는 그 격차가 더 벌어진다고 봐야지요. 따라서 한국에서는 소수민족 집단의 아이들이 언어장벽을 극복하고 학업 성취도 격차를 줄여나가고 함께 어울릴 수 있도록 다문화 교육을 더욱 강조해야 합니다."

뱅크스 교수를 다문화 교육 연구로 이끈 것은 흑인으로서의 경험이었다.

"어린 시절 흑인차별이 심했던 미국 남부 아칸소주에서 자랐습니다. 인종분리 제도 때문에 책을 읽고 싶어도 공공도서관에 들어갈 수 없었지요."

흑인인권운동 연구에 관심을 가지게 된 것은 어찌 보면 당연한 선택이었던 셈이다. 이후 흑인인권운동이 타민족을 모두 포함한 다문화 연구로 이어지면서 뱅크스 교수도 자연스럽게 다문화 연구를 하게 됐다. 여기에 초등학교 교사로서의 경험이 더해져 다문화 사회에서의 교육의 역할과 중요성에 대해 깊이 연구하게 됐다.

▷ **찬란했던 다문화 사회 – 고려시대**

우리나라 역사를 통틀어 귀화인이 가장 많았던 시대는 고려시대(918~1392년)다.
고려 건국 후 12세기 초까지 한족(漢族), 여진·거란·발해계 등 고려로 귀화한 외국인은 17만 명에 달했는데 당시 고려 인구의 8.5%를 차지하였다. 이는 다문화 사회를 꽃피웠던 고려의 귀화 권장 정책 덕분이었다. 고려는 개방적, 적극적, 진취적 태도로 문호를 열어 두었기 때문에 수많은 외국인이 귀화할 수 있었다.
고려 이전에는 사람들이 교류할 수 있는 여건이 미비해 정보가 부족했고, 조선시대에는 정책 자체가 고려에 비해 폐쇄적이었다.
고려는 귀화인들을 통해 새로운 제도, 문물, 기술 등을 수입해 적극적으로 활용하고자 하였다. 중국 지식인들이 활약하여 새로운 제도가 도입되었으며, 북방 민족들의 모직 기술과 군사, 국방 기술을 전수받았다. 일반 귀화인들에게는 집과 의복, 농토를 증여하였다. 이 당시 나라의 요직은 맡은 중국인이 40명 이상이었고 몽골·아랍인도 국정에 참여하였다.
고려는 이러한 개방·개혁 정책과 문화적 다양성을 통하여 고려청자·팔만대장경·금속활자·고려한지·고려불화 등 찬란한 문화를 꽃피울 수 있었다.

아주대학교 사학과 박옥걸 교수

2 체류 외국인 현황[3]

3 법무부 출입국·외국인정책본부(2024), 출입국·외국인정책월보.

2024년 1월 말 기준으로 체류 외국인은 2,448,401명으로 체류 외국인 중 등록외국인은 1,358,123명, 외국국적동포 국내거소신고자는 535,788명, 단기 체류 외국인은 554,490명이다.

▌그림 9-1 체류 외국인 증감 추이

(단위: 만 명)

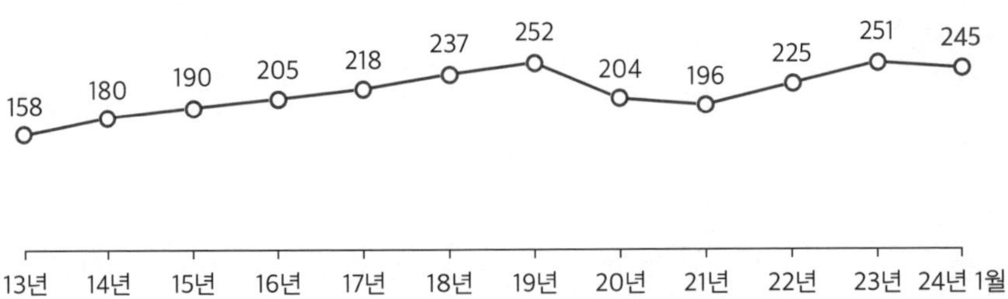

표 9-1 등록외국인 연도별 증감 추이

(2024.1.31. 기준, 단위: 명)

구분	2017년	2018년	2019년	2020년	2021년	2022년	2023년	2024년 1월
인원	1,171,762	1,246,626	1,271,807	1,145,540	1,093,891	1,189,585	1,348,626	1,358,123
전년대비 증감률	0.9%	6.4%	2.0%	-9.9%	-4.5%	8.7%	13.37%	0.7%

체류 외국인 중 장기체류 외국인과 단기체류 외국인을 나누어 보면 장기체류 외국인이 77.4%, 단기체류 외국인이 22.6%로 한국 사회에 정주하는 이민자가 많은 것으로 나타났다.

표 9-2 체류 외국인 장·단기 현황

(2024.1.31. 기준, 단위: 명)

구분	총계	장기체류			단기체류
		소계	등록	거소신고[4]	
2023년 1월	2,146,579	1,694,876	1,195,251	499,625	451,703
2024년 1월	2,448,401	1,893,911	1,358,123	535,788	554,490
전년대비 증감률	14.06%	11.74%	13.63%	7.24%	22.76%
구성비	100%	77.4%	55.5%	21.9%	22.6%

4 외국국적동포 거소신고 현황

등록외국인 권역별 현황은 수도권에 763,461명(56.2%)이 거주하고 있으며, 영남권 265,902명(19.6%), 충청권 164,211명(12.1%), 호남권 115,434명(8.5%) 순으로 거주하고 있다.

▌그림 9-2 등록외국인 거주지역별 현황

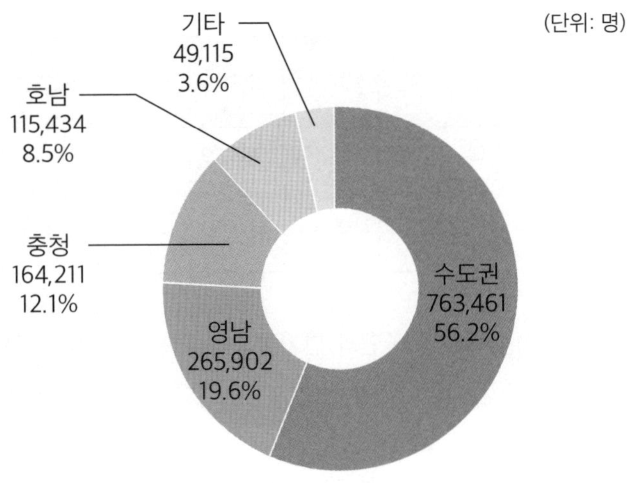

국적별 체류 외국인은 중국 945,639명(38.6%), 베트남 266,752명(10.9%), 태국 196,820(8%), 미국 156,486명(6.4%), 우즈베키스탄 87,931명(3.6%) 등의 순이다.

▌표 9-3 등록외국인 국적(지역)별 현황

(2024.1.31. 기준, 단위: 명)

국적별	계	중국[5]	베트남	네팔	우즈베키스탄	캄보디아	인도네시아	기타
인원	1,358,123	447,578	229,169	62,093	55,860	54,617	51,488	457,318
비율		33.0%	16.9%	4.6%	4.1%	4.0%	3.8%	33.7%

5 한국계 포함

국민의 배우자(결혼이민자)[6] 체류 현황을 보면 다음과 같다. 2021년과 2022년은 코로나19로 인한 외국인의 입국이 제한적이어서 증감 비율이 낮은 것으로 나타났다.

6 국민의 배우자: F-2-1, F-6, F-5-2 자격 체류 외국인

표 9-4　국민의 배우자 연도별 증감 추이

(단위: 명)

연도	2019년	2020년	2021년	2022년	2023년	23년 1월	24년 1월
인원	166,025	168,594	168,611	169,633	174,895	170,283	175,653
전년대비 증감률	4.3%	1.5%	0.01%	0.6%	3.1%		3.20%

국민의 배우자 중 국적별 비율은 중국이 34.2%, 베트남 22.90%, 일본 8.90% 등의 순으로 나타났다. 전체 결혼이민자 중 여성이 80.2%로 남성 19.7%를 크게 앞섰다.

표 9-5　국민의 배우자 국적별·성별 현황

(2024.1.31. 기준, 단위: 명)

구분 \ 국적		총계	중국[7]	한국계	베트남	일본	필리핀	태국	미국	캄보디아	기타
전체		175,653	60,113	21,341	40,242	15,694	12,571	8,762	5,122	4,823	28,326
		100.0%	34.2%		22.90%	8.90%	7.20%	5.00%	2.90%	2.70%	16.1%
남자		34,654 / 19.7%	14,040	(8,280)	4,525	1,323	609	142	3,494	803	9,718
여자		140,999 / 80.2%	46,073	(13,061)	35,717	14,371	11,962	8,620	1,628	4,020	18,608

7 한국계 포함

외국인 유학생은 2024년 1월 기준으로 224,006명이며, 외국인 유학생의 체류 현황을 보면 다음과 같다.

표 9-6　외국인 유학생 연도별 증감 추이

(단위: 명)

연도	2019년	2020년	2021년	2022년	2023년	23년 1월	24년 1월
총계	180,131	153,361	163,699	197,234	226,507	194,590	224,006
유학(D-2)	118,254	101,810	111,178	134,062	152,094	132,965	150,896

한국어연수 (D-4-1)	61,867	51,545	52,506	63,146	74,361	61,607	73,044
외국어연수 (D-4-7)	10	6	15	26	52	18	66
전년대비 증감률	12.1%	-14.9%	6.7%	20.5%	14.8%		15.1%

▌그림 9-3 외국인 유학생 유형

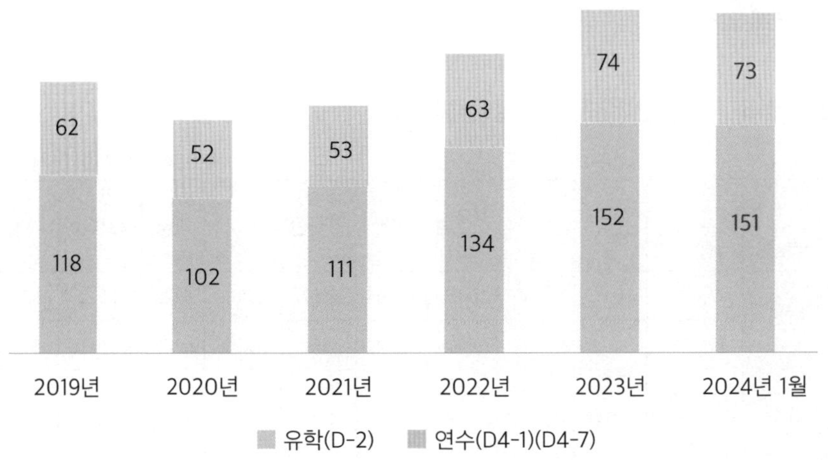

전체 외국 학생 중 베트남 학생은 36.1%, 중국 학생은 31.2% 순으로 주로 아시아 국가의 학생의 비율이 높다.

▌표 9-7 외국인 유학생 국적별 체류 현황

구분	총계	유학(D-2)	한국어연수 (D-4-1)	외국어연수 (D-4-7)
총계	224,006	150,896	73,044	66
베트남	81,073	34,605	46,466	2
중국[8]	69,923	62,965	6,958	-
(한국계)	(350)	(346)	(4)	-

8 한국계 포함

몽골	13,749	8,083	5,666	-
우즈베키스탄	12,546	10,567	1,979	-
미얀마	5,044	1,862	3,182	-
네팔	4,649	4,349	280	20
일본	4,345	2,719	1,626	-
인도네시아	2,392	2,064	328	-
러시아(연방)	2,107	1,079	1,028	-
방글라데시	2,074	1,962	70	42
인도	1,881	1,630	251	-
파키스탄	1,675	1,613	62	-
프랑스	1,664	1,405	259	-
미국	1,463	1,193	270	-
(타이완)	1,395	904	491	-
카자흐스탄	1,319	993	325	1
말레이시아	1,083	889	194	-
키르기즈	1,001	552	449	-
기타	14,623	11,462	3,160	1

3 다문화 교육의 현장

1) 다문화 학생 유형[9]

다문화 학생의 유형은 크게 국제결혼가정의 국내 출생 자녀, 중도입국자녀, 외국인 가정 자녀로 나눌 수 있다.

9 교육부(2023). 출발선 평등을 위한 2023년 다문화교육 계획(안).

▌표 9-8 다문화 학생 유형

국제결혼 가정	국내 출생 자녀	• 한국인과 결혼이민자 사이에서 태어나 한국에서 성장한 경우 • 한국어 구사에 어려움은 없으나, 학습에 필요한 문장이나 어휘를 이해하는 데 곤란을 겪는 경우 존재 • 사춘기에 진입하면서 다문화에 대한 고정관념에 불편함을 느끼며, 심리정서 지원 요구
	중도 입국 자녀	• 결혼이민자가 한국인과 재혼한 이후에 본국에서 데려온 경우, 한국인과 결혼이민자 사이에서 태어났으나 결혼이민자 본국에서 성장하다가 입국한 경우 등 • 새로운 가족과 한국문화에 적응하기 위한 스트레스가 발생하며, 정체성 혼란이나 무기력 등을 경험하는 경우 존재 • 한국어능력이 부족하여 공교육 진입과 적응에 어려움 발생
외국인 가정	외국인 가정 자녀	• 외국인 사이에서 태어난 경우(한국계 중국인-조선족, 중앙아시아 고려인, 시리아 난민 등 포함) • 정주여건이 불안정하여 학업을 지속하기 어려운 경우 존재 ※ 유엔아동권리협약에 따라 미등록 이주아동의 교육권 보장

4 다문화 학생 현황[10]

10 교육부·한국교육개발원. 2023 교육 기본통계.

급격한 다문화 사회로의 이행 과정에서 다문화 학생은 증가 추세에 있다. 다문화 학생 수의 증가에 따라 이들을 지원하는 정부와 시·도교육청, 학교 현장에서 많은 노력을 기울이고 있지만, 여전히 다문화 학생들을 위한 교육적 지원이 충분하다고 보기 어렵다. 이에 따른 체계적 대안 마련이 시급한 상황이다.

2023년 전체 학생 대비 다문화 학생은 약 3.5%(181,178명)까지 증가하였고 앞으로도 더 증가할 예정이다.

▌그림 9-4 다문화 학생 현황

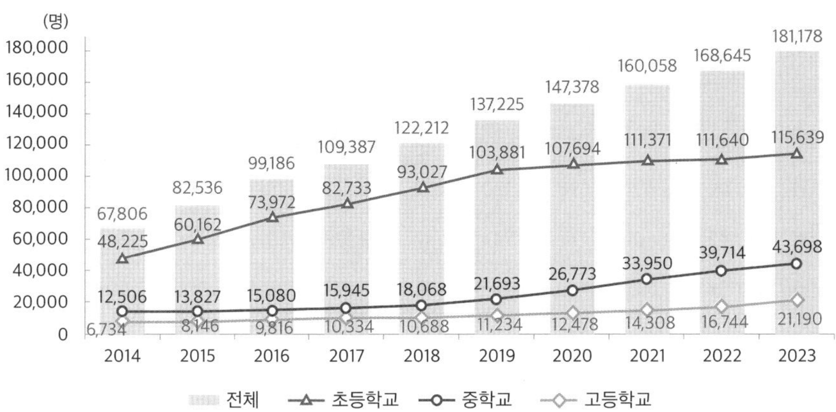

학교급별 다문화 학생 비율은 초등학교가 4.4%로 전년대비 0.2%p 상승, 중학교는 3.3%로 전년대비 0.4%p 상승, 고등학교는 1.7%로 전년대비 0.4%p 상승하였다.

유형별 다문화 학생 비율(수)은 국제결혼가정(국내출생)이 71.7%(129,910명)로 가장 많은 비율을 차지하고 있으며, 외국인가정 22.3%(40,372명), 국제결혼가정(중도 입국) 6.0%(10,896명) 순이다.

▌그림 9-5 10년간 이주배경 학생 구성별 증가(명)

▌그림 9-6 이주배경 학생 중 외국인 구성비(%)

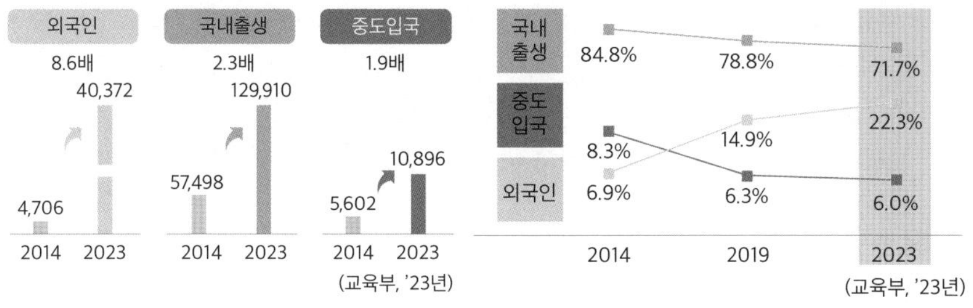

▌표 9-9 다문화 학생 유형별 비율

(단위: 명)

연도	전체					외국인가정				
	소계	초등학교	중학교	고등학교	각종학교	소계	초등학교	중학교	고등학교	각종학교
23년	181,178	115,639	43,698	21,190	651	40,372	27,531	8,380	4,199	262
22년	168,645	111,640	39,714	16,744	547	32,678	22,312	6,900	3,346	120
21년	160,058	111,371	33,950	14,308	429	28,536	20,019	5,809	2,606	102
20년	147,378	107,694	26,773	12,478	433	24,453	17,532	4,782	2,014	125

연도	국제결혼가정									
	국내출생					중도입국				
	소계	초등학교	중학교	고등학교	각종학교	소계	초등학교	중학교	고등학교	각종학교
23년	129,910	82,491	32,210	15,063	146	10,896	5,617	3,108	1,928	243
22년	126,029	84,241	29,940	11,614	234	9,938	5,087	2,874	1,784	193
21년	122,095	86,399	25,368	10,183	145	9,427	4,953	2,773	1,519	182
20년	113,774	85,089	19,532	9,049	104	9,151	5,073	2,459	1,415	204

- 다문화 학생수 = 국제결혼가정 자녀 + 외국인 가정 자녀
- 국제결혼가정 자녀 = 한국인 부(모)와 외국인 모(부) 사이에 태어난 자녀로 국내출생과 중도입국으로 분류됨
  - 국내출생자녀: 국제결혼가정 자녀 중 국내에서 출생한 자녀
  - 중도입국 자녀: 국제결혼가정 자녀 중 외국에서 태어나 부모와 함께 중도에 국내로 입국한 자녀
- 외국인가정 자녀: 외국인 사이에서 출생한 자녀

부모의 출신 국적별 다문화 학생 비율(수)은 베트남 32.1%(58,136명), 중국(한국계 제외) 24.6%(44,587명), 필리핀 9.1%(16,568명), 중국(한국계) 6.4%(11,561명), 일본 4.2%(7,633명) 순이다.

그림 9-7 다문화 학생 국적별 비율

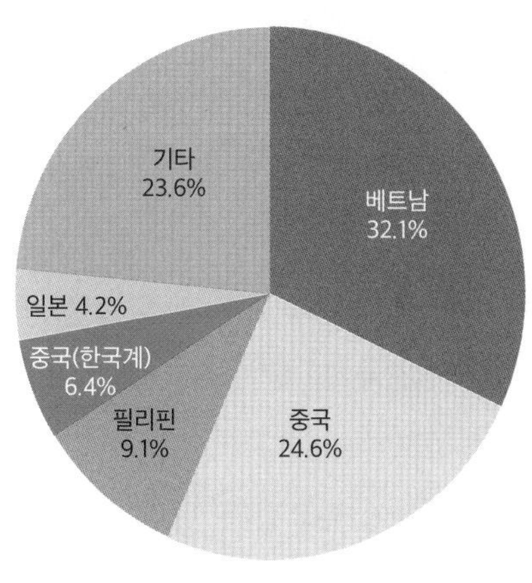

(단위: 명, %)

국가	다문화 학생 수	비율
계	181,178	100.0
베트남	58,136	32.1
중국(한국계 제외)	44,587	24.6
필리핀	16,568	9.1
중국(한국계)	11,561	6.4
일본	7,633	4.2
기타[11]	42,693	23.6

11 기타에는 태국, 몽골, 캄보디아, 러시아, 미국, 대만, 인도네시아, 유럽, 아프리카, 중앙아시아, 중동, 기타 국가가 포함됨

5 다문화 교육 관련 법령 검토[12]

1) 법적 근거

우리나라 헌법은 민족주의 가치를 강조하고 기본권의 주체를 원칙적으로 '국민'으로 한정한다.

제6조 제1항과 제2항을 통해 조약과 국제사회의 보편적인 국제법규에 대하여 국내법과 동일한 효력을 인정하여 외국인의 지위를 보장할 수 있는 근거를 둔다.

12 박성혁. 한국의 다문화교육 법령 및 정책; 장인실 외(2012). 다문화교육의 이해와 실천, 학지사, 128-130.

▷ 제6조(조약·국제법규의 효력·외국인의 법적 지위)

① 헌법에 의하여 체결·공포된 조약과 일반적으로 승인된 국제법규는 국내법과 같은 효력을 가진다.

② 외국인은 국제법과 조약이 정하는 바에 의하여 그 지위가 보장된다.

: 홍익인간, 인권의 개념에 비추어 해석의 폭을 넓혀 나가야 한다.

헌법 제10조의 인간 존엄성과 행복추구권처럼 성격상 '국민'의 권리로 한정하기보다는 '인간'의 권리로 인정할 수 있는 기본권에 대해서는 외국인의 기본권과 주체성을 인정하는 사례가 있다.

> ▷ 국제법적 기준 "교육상의 차별금지 협약"
>
> 1960년 12월 유네스코 총회에서 채택되어 1962년 5월 22일 발효되었다.
> "일반적으로 승인된 국제법규는 국내법과 같은 효력을 지닌다."

13 교육부(2023). 출발선 평등을 위한 2023년 다문화교육 계획(안).

2) 다문화 교육 관련 법령 제·개정 추진[13]

2023년 교육부 다문화 교육 지원 계획에 따르면 다문화 교육 관련 법령 제정이 추진되었다. 다문화 교육의 목적 및 정의, 추진체계, 제2언어로서의 한국어교육 등을 담아 다문화 교육 근거 법령을 마련하고자 하였다.

법령의 제·개정을 추진하기 위해 의견수렴 과정이 필요한데, 현장 의견 및 전문가 의견을 폭넓게 반영하기 위하여 다문화 교육 법안 관련 포럼을 개최하고, 전문가, 교원 및 시·도교육청 담당자, 다문화·외국인정책 관계기관 등을 초청하였다.

▌표 9-10 주요 관계 법령 현황

법령명	다문화 교육 관련 내용	한계
유엔 아동권리협약	모든 아동에게 교육권 보장 및 무상교육제공	협약의 내용을 뒷받침하는 국내법규 불충분
초·중등 교육법	다문화 학생이 체류자격과 관계없이 공교육에 진입할 수 있도록 서류요건 완화 등	학교에서의 다문화 교육 실시 근거, 구체적 교육지원내용 등 미비
다문화가족 지원법	다문화 가족 자녀를 위한 교육시책 마련 및 다문화 가족에 대한 편견 예방 교육 실시	다문화 가족 정의 제한적(부모 중 한국인 포함)
재한외국인 처우기본법	외국인의 사회적응 지원 및 다문화에 대한 이해 증진	미등록 이주아동 제외, 구체적 지원내용 미비

6 다문화 교육의 대상[14]

1) 다문화 가정의 정의

넓은 의미에서 보면 결혼이민자, 이주노동자, 북한이탈주민, 유학생, 재외동포 등 우리와 다른 문화적 배경을 가진 사람으로 구성된 가족을 말한다. 좁은 의미로 보면 「다문화가족지원법」에 규정된 법률적 의미로서 한국인과 외국인의 국제결혼으로 구성된 가정을 말한다.

14 박철희. 다문화 가정의 이해; 장인실 외(2012). 다문화교육의 이해와 실천, 학지사, 52-78, 서종남(2010). 다문화교육 이론과 실제, 학지사.

① 외국인 근로자와 자녀

지역 NGO, 외국인 근로자 센터, 시 · 도교육청, 종교 단체 등에서 지원하고 있다. 이들은 ① 노동 인권의 문제, ② 불법 체류의 문제, ③ 가족생활과 자녀 양육의 어려움, ④ 인종차별이나 편견 등의 사회 문제 등에 노출되어 있다.

외국인 근로자 가정의 가장 큰 문제점은 열악한 근무 요건에서 비롯된 노동 인권의 문제, 경제문제, 인종차별이나 편견 등과 같은 차별과 배제의 문제라 할 수 있다. 특히 임금, 직업 활동과 직접 관련이 되는 한국어 능력에 대한 요구도가 상당히 높게 나타나고 있었다. 이러한 요구에 대한 해결방안으로 현재 한국어교육을 하는 단체나 기관들이 늘고 있다. 이주근로자들이 이를 적극적으로 활용하기 위해서는 근무 시간 외에 학업을 위한 시간이 필요하기 때문에 정부와 업주의 배려가 요구된다.

② 결혼이민자와 자녀

결혼이민자 문제는 '여성'에 집중된 경향이 있다. 여성 결혼이민자들이 한국 남성과 혼인하는 이유는 본국에서의 경제적인 어려움이 가장 크다.

여성가족부, 법무부, 교육부, 시도교육청, 유네스코한국위원회 등 많은 기관에서 결혼이민자와 자녀에 대한 지원을 하고 있다.

외국인 어머니 가정과 외국인 아버지 가정이 여기에 속하는데 ① 언어와 문화 적응과정에서 오는 스트레스, ② 가족관계 및 사회적 관계의 문제, ③ 자녀 양육의 어려움 등이 문제점으로 나타나고 있다.

여성 결혼이민자들의 문제는 문화적 인식의 차이와 언어 문제로 인한 것으로 이는 주로 가정 내에서 발생하는 문제들이 가장 크다. 서로 다른 남성과 여성이 만나 한 가정을 이루는 것도 쉽지 않은 일인데, 여기에 문화적 괴리감이 더해지니 이주여성들의 스트레스는 가중될 수밖에 없다. 일부 시댁에서 결혼이주여성에게 일방적으로 한국 문화에 동화되기를 강요하며 문화 차이를 인정하지 않는 것이 갈등의 원인이 되기도 한다.

③ 북한이탈주민 가정

북한이탈주민은 북한에서 이탈하여 대한민국 국적을 취득한 사람이다. 일반적으로 탈북민인 북한이탈주민은 언어소통이 가능하기 때문에 별로 문제가 없을 것이라고 여긴다. 하지만 여러 가지 문제점이 나타나고 있다. 이들은 ① 탈북에서 비롯된 심리적 상처, ② 같은 민족이지만 이질적인 남한 문화의 괴리감, ③ 취업 및 경제적 어려움, ④ 핵가족화된 남한에서의 자녀교육의 어려움 등의 문제점을 토로하고 있다. 북한이탈주민은 대안학교, 종교 단체 등에서 지원하고 있다.

북한이탈주민들이 겪는 가장 심각한 문제점은 문화의 차이다. 남한의 개인주의적 소비생활, 소비 위주의 생활 패턴들은 사회주의 국가였던 북한과 많은 차이가 있다. 또한 북한이탈주민들은 직장에서도 문화 차이로 많은 어려움을 겪고 있다. 북한에서의 직장 개념과 남한에서의 직장 개념이 같을 수는 없다. 이에 적응하기 위해서는 많은 노력이 요구된다.

북한이탈주민들이 갖고 있는 문제 중 직업을 빼놓을 수 없다. 국내 정착한 북한이탈주민의 상당수는 실업자이거나 3D 업종 또는 비정규직에 취업하여 기초생활수급자로 살아가고 있다.

북한이탈주민 가정에서 일어나는 부모와 자녀 간의 문제도 적지 않다. 북한에서의 가부장적 체제를 지향하는 부모 세대와 남한에 와서 개인주의적 문화를 접한 자녀 세대 사이에서 일어나는 갈등이 심각하다. 또한 학습 공백기를 겪은 북한 출신 학생들이 남한 학교에서의 과도한 입시 경쟁 체제에 적응하기 위해서 겪는 스트레스도 상당하다.

④ 거주자 대상 교육

'우리는 이제 모두 다문화인이다(we are all multiculturalists now).' 이 말은 미국 하버드대 교수인 네이선 글레이저(Nathan Glazer)가 한 말로 한국 사회에도 큰 영향을 미쳤으며 현재 다문화 사회의 논의에서 중요한 역할을 하고 있다.

현대사회는 모든 사람들이 고향 아닌 타향에 사는 이방인과 같다. 많은 한국인들이 해외에 나가 있기도 하고 많은 외국인들이 한국에 들어와 있기도 하다. 우리나라에 거주하는 이방인들을 대하는 한국인들의 자세 역시 역지사지(易地思之)의 입장에서 고려되어야 한다. 다문화 교육은 모든 사람에게 요구되는 현대사회의 필수 요건이다. 따라서 다문화 이해 교육을 통해 거주자와 이주자가 상호 소통하며 이해할 수 있는 역량을 신장시키는 것이 중요하다. 다문화 교육의 궁극적 목표를 실현하기 위해서는 타문화 존중에 대한 훈련을 지속적으로 시행해야 한다. 다문화 교육은 일반 학생과 다문화가정 학생 모두의 정체성을 확립시키고 상호문화능력 신장을 통한 타문화 존중과 공존 교육으로 실현되어야 한다.

나가기

- 급격한 다문화 사회로의 이행 과정에서 다문화 학생은 증가 추세이며, 이에 따른 체계적 대안 마련이 시급한 상황이다.
- 다문화 교육 대상은 외국인 근로자와 자녀, 결혼이민자와 자녀, 북한이탈주민 가정, 거주자 등으로 나눌 수 있다.

“케이팝의 세계화… 이제는 익숙한 다국적 아이돌 그룹”

기획사에서 다국적 그룹을 위한 투자를 게을리할 수 없는 데에는 이들이 글로벌 시장에 진출하는 진입 장벽을 낮추는 역할을 하기 때문이다. 지난해 11월 블룸버그 통신은 ‘팝스타 파워랭킹’ 1위에 블랙핑크가 선정되었음을 발표하며 “영어와 태국어, 한국어, 중국어, 일본어 등 여러 언어를 할 수 있는 블랙핑크 멤버들의 능력이 인기 비결”이라고 보도했다. 실제로 블랙핑크는 팬들과의 소통을 위한 네이버 V라이브 방송에서 4개 국어 교실을 오픈하고 전 세계 팬들과 다양한 언어로 대화한 경험이 있다. 이처럼 현지 언어에 유창한 아이돌 멤버는 현지 팬들에게 보다 친근감 있는 모습으로 다가갈 수 있고 문화적 공감대를 쉽게 형성할 수 있다는 장점을 가진다.

그룹 내 외국인 멤버가 예능에서 독보적으로 활약하는 모습을 보이기도 하고, 이들이 풍기는 문화적 차이가 색다른 매력으로 작용하는 경우가 많다.

우리나라에서 등장한 다국적 그룹의 인기를 보면서 케이팝 스타의 꿈을 키워가고 있는 외국인 지망생도 꾸준히 늘어나고 있다. 케이팝 인기에 힘입어 자국에서도 자연스럽게 스타덤에 오를 수 있는 ‘케이팝 프리미엄’이 외국인 지망생들에게는 한국에서의 데뷔를 꿈꾸게 하는 원동력인 것이다.

외국인 멤버의 영입은 앞으로도 지속될 것으로 보인다. 앞서 살펴본 것처럼, 아이돌 성공 전략에 있어서 외국인 멤버의 국내외 셀링 포인트가 입증되었기 때문이다. 각 나라의 문화와 정서 차이를 세심하게 고려한 접근으로 국적이 다른 멤버 간의 시너지 효과를 빛나게 하는 다국적 그룹의 성공 사례가 늘어나기를 기대해본다.

한국연예스포츠신문, 조세령 기자, 2021.3.11.

(https://post.naver.com/viewer/postView.naver?volumeNo=30918134&memberNo=20638877&vType=VERTICAL)

제10장

한국의 다문화 교육 현황과 쟁점

들어가기

- 다문화 교육의 대상 및 내용에는 무엇이 있는가?
- 한국의 부처별 다문화 교육 현황에 대해 알고 있는가?

1 다문화 교육에 대한 오해

미국의 교육학자인 뱅크스 (J. A. Banks.2001)[1]는 다문화 교육에 대한 오해로 다음의 네 가지를 꼽았다.

첫째, 다문화교육이 소수자만을 위한 교육이라고 보는 점

둘째, 다문화교육이 국가를 분열한다고 인식되는 점

셋째, 다문화교육은 '다른 나라의 문화를 소개하는 교육'으로 인식되는 점

넷째, 다문화교육의 원리가 외국과 한국이 다르다고 인식하는 점

뱅크스는 이에 대해 다문화교육은 주류집단이 동화주의적 관점에서의 소수집단과의 통합을 지양하고, 소수집단의 다름을 인정하고 존중하는 대등한 관계 속에서 통합을 추구하며, 이를 실현하기 위해 교육 과정 개혁을 통한 인식의 전환과 실행을 추구하는 것이라고 하였다.

1 Banks, J. A. (2001). Handbook of research on multicultural education, San Francisco, CA: Jossey-Bass Publishers.

2 다문화 교육 대상 및 내용[2]

다문화 교육은 다양한 문화적 배경을 가진 사람들이 함께 살아가는 사회에서 꼭 필요한 교육이다. 이를 통해 다른 문화에 대한 이해와 존중을 배우고 소통과 협력을 통해 더 나은 사회로 나아갈 수 있다.

2 양영자(2008). 한국 다문화 교육의 개념 정립과 교육과정 개발 방향 탐색, 이화여자대학교 대학원 박사학위논문.

▌표 10-1 다문화 교육 대상 및 내용

차원	특징
소수자 적응 교육	동화주의자 관점에 기초함
	소수자의 주로 사회로의 동화에 초점을 둠
	기초 학습 능력, 한글 능력 향상, 한국 문화 이해에 관심
소수자 정체성 교육	다문화주의자의 관점에 기초함
	소수자의 정체성 함양에 초점을 둠
	소수자의 고유한 특성을 인정함
소수자 공동체 교육	소수자의 정서적 지지를 위한 정서적 지원망 확보에 초점을 둠
	소수 인종 문화 집단 간, 소수 집단 내의 갈등 발생 시 갈등을 경감, 사고의 지평 확대에 초점을 둠
다수자 대상의 소수자 이해 교육	다수자를 대상으로 소수자에 대한 차별과 편견 의식을 극복하는 데 초점을 둠

3 부처별 다문화교육 현황

1) 교육부

① 한국어(KSL) 교육과정

KSL(Korean as a second language)은 제2언어로서의 한국어를 의미하며, 교육부에서는 한국어 의사소통 능력이 없거나 현격히 부족한 학생을 대상으로 KSL 프로그램을 시행하고 있다.[3] 또한 한국어 교육과정과 교재를 개발하고 학교 현장에서 KSL 교육이 원활하기 이루어질 수 있도록 지원하고 있다. KSL 프로그램은 일차적으로는 일상생활에 필요한 기초 의사소통 능력부터 학교 교실 수업 상황에서 능동적인 학습자로서 참여할 수 있는 인지적, 학문적 한국어 능력까지 한국 사회에 적응하기 위한 일련의 모든 한국어를 지도한다. 2012년에 고시하였고 2017년에 개정 고시하였다.

3 학습자군 유형의 분류는 다음과 같다. ① 중도입국 학생, ② 외국인가정 자녀, ③ 국내 출생 국제결혼가정 자녀, ④ 탈북 학생, ⑤ 귀국가정 자녀

▌표 10-2 2017 개정 한국어 교육과정의 내용 체계(교육부, 2017)

구분		생활 한국어 교육	학습 한국어 교육	
		의사소통 한국어	학습 도구 한국어	교과 적응 한국어
언어기능		듣기, 말하기, 읽기, 쓰기		
언어 재료	주제	일상 기반	일상 및 학업 기반	교과 기반
	의사소통 기능	일상 기반	일상 및 학업 기반	교과 기반
	어휘	일생생활 어휘, 학교생활 어휘	교실 어휘, 사고 도구 어휘, 범용 지식 어휘	교과별 기반
	문법	학령적합형 교육 문법	학령적합형 문식력 강화 문법	교과별 특정 문형
	텍스트 유형	구어 중심	구어 및 문어	문어 중심
문화		• 학령적합형 한국문화 이해와 수용 • 학령적합형 학교생활문화의 이해와 적응		

② 다문화 대안학교

대안학교는 학업을 중단하거나 개인적 특성에 맞는 교육을 받으려는 학생을 대상으로 현장 실습 등 체험 위주의 교육, 인성 위주의 교육 또는 개인의 소질·적성개발 위주의 교육 등 다양한 교육을 하는 학교를 말한다. 이러한 취지의 대안학교 중 한 종류인 다문화 대안학교는 일반적인 대안학교가 전인교육을 목적으로 삼는 것과 달리 한국 사회에 적응하는 것을 가장 큰 목적으로 한다는 점에서 일반 대안학교와 다르다.[4]

- **한누리학교:** 전국 최초 초·중·고 통합 공립형 다문화 대안학교이다. 한누리학교는 다문화 대안학교의 성격을 가지고 있지만 디딤돌 학교로서의 성격이 강하기 때문에 공교육과의 호환성이 수월하고, 기초적인 체제는 공교육의 형태를 띄고 있다.[5]
- **다솜학교:** 다솜학교는 서울특별시 종로구에 위치한 다문화 청소년을 위한 고등학교 학력 인정 공립대안학교이다. 서울 다솜학교는 2012년에 개교하였으며 다문화 다솜공동체의 구성을 목표로 창의적인 다문화 공

4 남부현 외(2019). 다문화사회교육론, 양서원, 270.

5 남부현 외(2019). 다문화사회교육론, 양서원, 291.

동의 기능기술 습득과 문화 체험 중심의 인성교육으로 한국 시민의 자질 육성에 기여하고 있다. 2017년 서울다솜관광고등학교로 학교 이름을 바꿨다.

- **새날학교:** 새날학교는 광주시교육청이 지정한 위탁형 학력 인정 교육기관으로 고려인과 다문화가정 자녀 75명의 배움터이다.[6] 중도입국자 자녀, 국제결혼자 자녀, 새터민 등 다문화가정 자녀를 대상으로 교육하고 있으며 2015년부터 외국인 노동자 자녀, 고려인, 외국에 오래 거주한 한국인까지 입학 대상을 확대하고 있다.

6 광주일보. 2022. 9. 14. https://post.naver.com/viewer/postView.naver?volumeNo=34463188&memberNo=44604681&vType=VERTICAL

③ 출발선 평등을 위한 다문화 교육 지원 계획

교육부는 국제결혼·외국인가정 자녀의 증가에 따라 다문화 학생의 수요를 고려한 맞춤형 지원을 하고 다문화 친화적 교육환경을 조성하고자 다문화 교육 지원 계획을 발표하였다.

그림 10-1 비전 및 주요 과제

비전	함께 배우며 성장하는 학생, 다양하고 조화로운 학교

목표	▪ 다문화 학생 교육기회 보장 및 교육격차 해소 ▪ 다양한 문화가 공존하는 성숙한 교육환경 구축

추진과제	
1. 출발선 평등을 위한 교육기회 보장	1 다문화 학생 공교육 진입 지원 2 학교 교육 준비도 격차 해소
2. 학교 적응 및 안정적 성장 지원	1 맞춤형 한국어 교육 제공 2 학교 적응 및 인재양성 지원
3. 다양성이 공존하는 학교 환경 조성	1 전체 학교의 다문화 교육 확대 2 교원의 다문화 교육 역량 제고 3 가정 및 지역사회와의 연계
4. 다문화 교육지원 체제 내실화	1 다문화 교육 제도 개선 및 실태 파악 2 타 사업과의 연계 활성화 3 중앙-지역 및 부처 간 협력 강화

추진과제를 살펴보면 첫 번째 출발선 평등을 위한 교육 기회 보장을 제시하고 있다. 초등과정의 징검다리 과정과 한국어 학급을 늘리고 외국인 아동의 조기 입학 및 입학 연기 지침을 마련하였다.

그림 10-2　징검다리 과정 운영 개요

현재		개선
◇ 징검다리: 초 49교, 중 14교 ◇ 한국어 학급: 444학급 ◇ 외국인 아동 조기입학 및 입학 연기 근거 미흡	➡	◇ 징검다리: 초 56교, 중 11교 ◇ 한국어 학급: 527학급 ◇ 외국인 아동 조기입학 및 입학 연기 지침 마련

<참고: 징검다리 운영 개요>
◇ (대상) 초·중학교 (편)입학 예정 중도 입국·외국인가정 자녀 ◇ (구성방식) 학교 여건에 따라 4~40시간(2주 이내)까지 모듈형으로 구성 ◇ (교육내용) 학교급 전환기 및 학습자의 특성을 반영하여 학교 입학 후 경험하게 될 의사소통과 학교생활을 중심으로 학습요소 구성 ◇ (운영방식) 중도입국·외국인가정 자녀의 모국어 및 한국어 능력을 고려하여 담당 교사와 다문화 언어강사가 함께 지도(Co-teaching) ◇ (운영시기) 2학기에 편입학하는 다문화 학생을 고려하여 징검다리 과정 운영시기를 입학 전(1~2월) 및 2학기 시작 전(7~8월)으로 구분

두 번째 학교 적응 및 안정적 성장을 지원을 제시하고 있다. 한국어 학급에서는 입국 초기 중도입국·외국인 학생(유아 포함) 등을 대상으로 한국어 집중 교육을 위한 특별학급 운영을 지원한다. 또한 찾아가는 한국어 교실을 통해 한국어 학급 미운영 학교에 재학 중인 중도입국·외국인 학생의 한국어 교육을 지원한다.

표 10-3　유관기관별 주요 협업 현황

국립국어원	한국어학급 담당교사 연수(1회), 한국어강사 연수(2회), 원격연수 제작 등
중앙다문화교육센터	한국어학급 관리자 및 담당교원 대상 워크숍 등

중앙교육연수원	다문화교육 관련 원격연수과정 제공 및 제작 등
한국교육학술정원, 충남대	한국어능력 진단-보정시스템 활용 연수

세 번째 다양성이 공존하는 학교 환경을 조성한다. 학교 교육 과정 전반에 걸친 다문화 교육을 실시하고[7] 다문화 선도 모델을 개발하고 확산시킬 계획이다. 학교의 다문화 교육 활동에 대한 지원을 강화하고 현직 교원과 예비 교원의 다문화 역량을 강화시킨다.

7 (교육과정 편성·운영) 2015 교육과정 범교과 학습주제로 '다문화 교육'을 제시하고 연간 2시간 이상 교과·비교과 활동 실시 권고

표 10-4 다문화 교육 선도 모델 운영 내용

유형		운영 내용
정책 학교	유치원	다문화 유아의 언어 발달을 통합교육 형태로 지원하고 전체 유아 및 학부모 대상 다문화교육 운영
	초·중등	일반 교과수업에 다문화 교육 및 세계시민 교육 요소를 반영하고, 프로젝트 수업 형태로 지속성 있게 다문화 교육 실시
한국어학급 (유·초·중등)		중도입국·외국인학생이 다수 재학할 경우 한국어학급을 설치하여 맞춤형 한국어 교육 제공

또한 가정 및 지역사회와의 연계를 통해 학부모의 다문화 관련 교육활동의 참여 기회를 확대하고 다문화 학생 밀집 지역의 지원을 확대한다.

네 번째는 다문화 교육 지원체제 내실화이다. 다문화 교육의 근거를 「초·중등 교육법」으로 격상하고 다문화 교육에 대한 안정적인 지원 기반을 마련하였다.

현재		개선
◇ 법적 근거: 「초·중등교육법 시행령」	→	◇ 「초·중등교육법」으로 격상

마지막으로 학생맞춤통합지원 체계와 타 사업과의 연계를 활성화하고 다문화교육센터를 통한 긴밀한 추진체계를 구축하였다. 이로써 중앙과 지역 및 유관 부처 간 협력을 강화하게 되었다.

표 10-5 부처별 주요 협업 현황

법무부	중도입국·난민자녀 취학현황 파악을 위한 정보연계, 체류자격 및 외국인 인권 관련 협업
여성가족부	자녀 언어발달 서비스, 레인보우스쿨 등 사업 간 연계
문화체육관광부	국립국어원의 '한국어교수학습샘터' 활용, 교원연수 및 교재 개발 등 한국어교육 관련 협업

2) 법무부 출입국·외국인 정책[8]

① 조기적응프로그램

조기적응 프로그램은 법무부에서 주관하는 사회통합프로그램 중의 하나로 국내에 거주할 목적으로 최초 입국한 이민자들을 대상으로 한국 사회와 문화에 대한 이해를 높이고 한국 생활에 필요한 생활 정보와 지식, 기초법 습득 기회를 제공하는 프로그램이다.

참여 대상은 외국인 유학생, 외국인 밀집 지역에 거주하는 외국인, 외국인 연예인(E-6-2), 결혼이민자[9], 중도 입국 청소년(만 9세 이상~24세 미만), 외국 국적 동포(H-2), 계절 근로자(C-4 또는 E-8) 등으로 다양하다. 프로그램은 필수 생활 정보, 기초 법·질서와 문화, 출입국 및 체류 관련 제도 등을 공통과목으로 교육하며 2시간 과정으로 진행된다. 특수과목은 체류 유형별로 다른데 방문취업 동포(국적 정착), 결혼이민자(가족 간 상호 이해), 외국인 연예인(예술, 흥행 E6-2체류자격, 인권보호), 유학생(학교생활정보), 중도입국자녀(미래진로) 등으로 구분하여 1시간 강의가 이루어진다. 강의 언어는 한국어를 포함하여 총 18개 언어[10]로 강의를 제공하고 있다. 조기적응프로그램 이수자에 대한 혜택으로는 결혼이민자 체류 기간 2년 부여와 사회통합프로그램 참여 시 교육 이수 시간 2시간을 공제해 주는 것이 있다.

② 사회통합프로그램

사회통합프로그램은 재한외국인이 우리 사회 구성원으로서 살아가는 데 필요한 기본 소양(한국어, 한국 문화)의 함양 기회를 제공하는 것으로 국적, 영주 등 체류자격을 취득하려는 재한외국인, 국적취득 후 3년 이내인 사람을 대상으로

8 https://www.socinet.go.kr/soci/contents/PgmHappStar.jsp?q_global_menu_id=S_HS_SUB01

9 고시 7개국: 중국, 베트남, 필리핀, 캄보디아, 몽골, 우즈베키스탄, 태국

10 한국어, 중국어, 베트남어, 영어, 러시아어, 몽골어, 타갈로그어, 일본어, 캄보디아어, 태국어, 인도네시아어, 불어, 네팔어, 뱅골어, 우즈베크어, 카자흐어, 라오어, 미얀마어

실시하고 있다. 사회통합프로그램을 이수하면 귀화 필기 및 면접시험 면제 등의 혜택이 주어진다.

사회통합프로그램은 한국어와 한국문화(0~4단계), 한국사회이해(5단계) 과정으로 나뉘어 운영된다. 사전평가를 통해 단계를 배정받으며 본인이 원하는 운영기관에 참가 신청을 할 수 있다. 자세한 사항은 다음 장에서 상세히 살펴볼 예정이다.

③ 국제결혼안내프로그램

건전한 국제결혼 문화를 조성하고 행복한 가정을 형성·유지할 수 있도록 국제결혼을 준비하는 국민을 대상으로 국제결혼 안내 프로그램을 운영하고 있다. 법무부 장관이 고시한 특정 국가(중국, 베트남, 필리핀, 몽골, 우즈베키스탄, 태국)의 국민을 결혼동거 목적으로 초청하려는 사람은 이 프로그램을 이수해야 한다.

▷ 국제결혼 안내 프로그램 이수 면제 대상

- 외국인 배우자의 국가에서 6개월 이상 또는 제3국에서 유학, 파견근무 등을 위해 장기사증으로 계속 체류하면서 외국인 배우자와 교제한 경우
- 외국인 배우자가 「출입국관리법 시행령」 [별표 1의2] 장기체류자격으로 91일 이상 합법 체류하면서 초청인과 교제한 경우
- 배우자 임신, 출산, 그 밖에 인도적인 고려가 필요하다고 인정되는 경우

▷ 프로그램 과정(4개 과정)

- 국제결혼 관련 현지 국가의 제도·문화·예절 등 소개
- 결혼 사증 발급절차 및 심사기준 등 정부 정책 소개(중도입국 자녀 공교육 안내 포함)
- 시민단체의 결혼이민자 상담·피해사례 및 국제결혼 이민자나 한국인 배우자의 경험담 등 소개
- 인권교육(부부간 인권존중 및 갈등 해소 노력, 가정폭력 방지 등)

④ 통합 시민 프로그램

국내에 장기 체류할 목적으로 합법적으로 체류하고 있는 외국인을 대상으로 한국 사회의 구성원이 되기 위해 필요한 기본 소양을 제공하는 교육프로그램이다. 교육과정별로 참여 대상이 구분되며 준법 시민 교육 대상자[11]를 제외하면 자율적으로 참여하는 교육이다. 과정별 교육 내용은 다음과 같다.

11 거주(F-2) 및 영주(F-5) 체류자격을 가진 자 중 '경미한 법 위반 사항'이 있는 자

표 10-6 유형별 주요 교육 내용

연번	교육과정명	교육내용	교육시간
①	준법시민교육	• 영주·귀화자의 권리와 의무, 생활·지역정보 • 일상생활과 관련된 국내 법규 안내 및 법질서 교육	3시간
②	귀화면접대비 시민교육	• 영주·귀화자의 권리와 의무, 생활·지역정보 • 귀화 절차, 면접 심사과정, 방식 등 귀화면접심사 대비	3시간
③	국적취득 예정자 시민교육	국적을 취득한 이후 외국국적포기 또는 외국국적불행사서약 안내, 주민등록증 발급 및 등록증 반납 등 후속조치, 헌법상 국민의 권리와 의무에 대한 교육 등	1시간
④	(찾아가는) 우수인재 시민교육	영주·귀화 취득 절차, 외국인 대상 서비스 정보, 법질서 교육 등	2시간

앞에서 소개한 네 가지 프로그램 모두 사회통합정보망 홈페이지(www.socinet.go.kr)에서 신청이 가능하다.

3) 여성가족부 주요 프로그램

① 제4차 다문화가족정책 기본계획(2023~2027)

2023년 4월 여성가족부는 제4차 다문화가족정책 기본계획을 발표하였다. 제4차 다문화가족정책 기본계획의 주요 내용은 다음과 같다.

첫째, 다문화 아동·청소년의 성장 단계별 맞춤형 지원을 강화한다.

둘째, 결혼이민자의 정착 주기별 지원을 강화한다.

셋째, 상호존중에 기반하여 다문화 수용성을 재고한다.

넷째, 다문화가족정책 추진 기반을 강화한다.

다문화 아동·청소년은 우리 사회의 미래를 이끌어 갈 소중한 자산이므로 여성가족부에서는 아동·청소년들이 그들의 역량을 마음껏 펼칠 수 있도록 관계부처와 함께 지원할 예정이다.

② 다문화가족지원센터 운영

다문화 가족의 국내 정착과 자립을 돕기 위해 결혼이민자 정착 단계별 지원 패키지, 성평등·인권교육 등 기본프로그램과 함께 방문교육서비스 등 특성화 프로그램을 제공하고 있다.

- 기본프로그램으로 가족, 성평등·인권, 사회통합, 상담 등의 분야가 있고 교육을 통해 다문화 가족의 국내 정착을 지원하고 있다. 특히 결혼이민자 역량 강화를 위해 다문화 가족의 한국어 의사소통 능력 함양 및 사회생활 적응을 지원하고 있다.
- 방문교육서비스는 지리적 여건 등으로 센터 이용이 어려운 다문화 가족을 대상으로 자녀양육 및 자녀 생활 지원·한국어 교육 등 맞춤형 서비스를 제공하는 것이다. 이용 대상은 결혼이민자 및 다문화 가족 자녀(만 3~12세)이다.
- 다문화 가족 자녀들이 영유아기부터 모국어가 다른 엄마·아빠 나라의 언어를 자연스럽게 배우고, 이중언어 역량을 키워나갈 수 있도록 '이중언어 가족 환경 조성 사업'을 추진해왔다. 이중언어 환경 조성 사업은 부모코칭·부모-자녀 상호작용프로그램 등 이중언어를 가정 내에서 활용할 수 있도록 다양한 프로그램으로 지원한다. 이용 대상은 영유아 자녀를 둔 다문화 가족이다.
- 자녀 언어발달지원 사업은 언어발달 지연을 보이는 다문화가족 자녀를 대상으로 언어평가 및 1:1 언어 촉진 교육을 제공하는 것이다. 이용 대상은 만 12세 이하 다문화 가족 자녀이다.
- 통·번역 서비스는 한국말이 서툰 결혼이민자 및 외국인을 위해 일상생활 및 공공 영역에서 필요한 통·번역(센터별 1~4개 언어) 서비스를 제공하

는 것이다. 이용 대상은 다문화가족 및 다문화가족을 직·간접적으로 지원하는 개인 또는 기관이다.

- 사례관리는 다문화가족의 복잡하고 다양한 문제 해결을 위해 대상자를 발굴하여, 심리검사·법률상담·위기가족 긴급지원·외부자원 연계 등 종합적인 서비스 제공하는 것이다.

자세한 사항은 다문화가족지원포털 다누리(https://www.liveinkorea.kr)에 접속하여 알아볼 수 있다.

나가기

- 다문화 교육은 주류 집단이 동화주의적 관점에서 소수집단을 통합하는 것을 지양한다. 소수집단의 다름을 인정하고 존중하는 대등한 관계 속에서 통합을 추구하며 이를 실현하기 위해 교육 과정을 개혁하고 인식의 전환과 실행을 추구한다.
- 다문화 교육 대상 및 내용은 소수자 적응 교육, 소수자 정체성 교육, 소수자 공동체 교육, 다수자 대상 소수자 이해 교육으로 분류할 수 있다.

더 읽을거리

"박물관에 들어가려면 다리를 바꾸세요."

'배려'라는 말에 감춰진 '평등'을 강요하는 말들

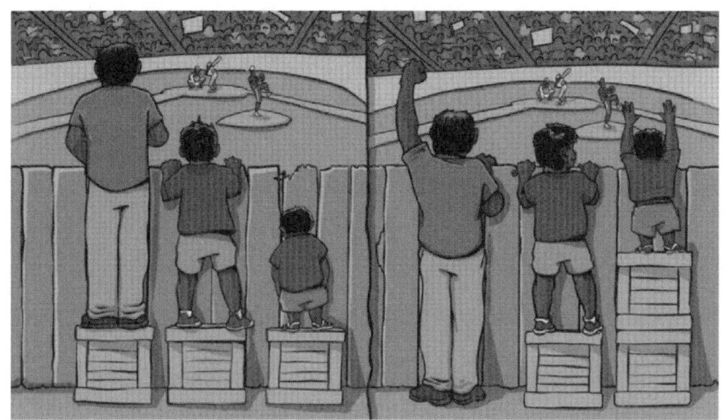

그림 출처: https://www.mentalfloss.com

몇 년 전 한 박물관에서 일어났던 일이다. 휠체어에 탄 지체장애인이 박물관 입구에서 출입을 저지당했다. 타고 있는 전동휠체어 크기가 커서 다른 관람객의 이동에 불편을 준다며 박물관에 마련된 작은 휠체어로 옮겨탈 것을 강요받았다.

모두에게 질문을 던져본다. 타인을 배려하는 일에 장애/비장애가 따로 있는 게 아니니 장애인도 비장애인을 배려하는 차원에서 작은 휠체어로 바꿔야 했을까?

다시 질문을 던져본다. 다른 관람객을 배려하기 위해 당사자는 휠체어를 갈아타야 했을까? 이제는 안다. "당신 신발이 커서 다른 관람객이 불편할 수 있으니 당신만 박물관에 있는 슬리퍼로 갈아신고 들어가세요."라거나 "당신은 뚱뚱해서 통로를 많이 차지하니 살을 빼고 다시 오세요."라며 출입을 저지당하지 않는 것처럼, "당신의 다리(휠체어)를 다른 다리(휠체어)로 바꿔 관람하세요."라고 말해선 안 된다는 것을.

모두에게 같은 기준의 평등을 요구하는 것은 공평하지 않다. 생후 100일 된 갓난아기에게 공공장소에선 시끄러우니까 울지 말 것을 요구하는 일이 공평한지 생각해보자. 호통치고 나무란다고 갓난아기가 우는 걸 제어할 순 없다. 이 상황에서 필요한 일은 공공장소에서 울지 않을 수 있는 모두가 "응애응애" 하고 울 수밖에 없는 갓난아기에 대한 이해 폭을 넓히는 것이다.

출처는 모르지만 유명한 일러스트 하나가 생각난다. 어른 목 높이까지 오는 야구장 담벼락을 앞에 두고 나란히 서 있는 어른과 청소년과 어린이의 뒷모습. 모두가 발판 한 개씩을 밟고 서자 어른과 청소년은 야구를 관람할 수 있었지만 키 작은 어린이는 야구 경기를 볼 수 없는 현실. 이 그림에 대한 설명은 'EQUALITY'(평등)다. 바로 이어지는 옆 그림에선 어른이 자신이 밟고 있던 나무상자를 어린이에게 건네자 세 사람은 나란히 야구 경기를 볼 수 있었다. 이 그림에 대한 설명은 'EQUITY'(형평).

한겨레21, 류승연의 더불어, 장애 1384호, 2021.10.22.
(https://h21.hani.co.kr/arti/society/society_general/51073.html)

제11장

사회통합프로그램 분석과 운영 현황

들어가기

- 사회통합프로그램이란 무엇인가?
- 사회통합프로그램은 어떻게 운영되는가?

1 사회통합프로그램이란?

1) 개요

사회통합프로그램(KIIP, Korea Immigration & integration program)이란 대한민국에 체류하는 이민자가 우리 사회 구성원으로 적응·자립하는 데 필요한 기본 소양(한국어와 한국문화, 한국사회이해)을 체계적으로 함양할 수 있도록 마련한 교육이다. '재한외국인처우기본법'에 따라 2008년에 제정된 법무부 훈령 제612호 '이민자 사회통합프로그램 및 그 운영에 관한 규정'에 근거를 두고 2009년부터 시행되었다.

법무부장관이 지정한 운영기관에서 소정의 교육을 이수한 이민자에게 체류허가 및 영주권, 국적 부여 등 이민정책과 연계한 혜택을 제공함으로써 참여자의 성취도를 높이고 교육 효과를 극대화하여 이민자를 사회에 통합시키는 데에 핵심적인 역할을 수행하도록 하였다.

2) 도입 취지

사회통합프로그램은 이민자가 우리말과 우리 문화를 빨리 익혀 국민과 원활한 의사소통을 함으로써 지역사회에 쉽게 융화될 수 있도록 지원하기 위해 만들어졌다. 사회통합프로그램은 재한외국인에 대한 각종 지원 정책을 KIIP로 표준화하고 이를 이수한 이민자에게 국적 취득 필기시험을 면제해 주는 등 다양한 인센티브를 제공하여 자발적이고 적극적인 참여 기회를 부여하고 있다.

또한 이민자에게 꼭 필요하고 적절한 지원 정책 개발과 세부 지원 항목 발굴을 위하여 이민자의 사회 적응 지수를 측정하여 이민자 지원 정책 등에 반영하고 있다.

3) 교육 대상

사회통합프로그램의 교육 대상은 외국인등록증 또는 거소신고증을 소지한 합법 체류외국인 및 귀화자(단, 국적취득일로부터 3년 경과한 귀화자 제외)와 국적판정, 국적회복에 의한 국적취득일로부터 3년이 경과하지 않은 자를 참여 대상으로 하고 있다. 사회통합프로그램은 2009년부터 시행되어 매년 참가가 수가 증가하다가 2020년 코로나 사태로 급격하게 감소하였지만 2021년에는 다시 증가하는 양상을 보였다. 가장 최근의 조사 결과인 2023년의 참가자 수는 58,028명으로 집계되었다.

표 11-1 연도별 사회통합프로그램 참여자 수 - 이민자

(단위: 명)

구분	총계	2009년~2015년	2016년	2017년	2018년	2019년	2020년	2021년	2022년	2023년
참여자	446,445	86,893	30,515	41,500	50,639	56,535	36,620	43,552	42,163	58,028

초기의 참여자는 결혼이민자 중심이었지만 현재는 근로자, 유학생, 전문 인력 등 다양한 유형의 체류자가 참여하고 있다. 체류자격별 참여자는 2021년 기준, 결혼이민자가 가장 많은 비율을 차지하고 그다음으로 비전문 취업, 유학, 전문 인력, 재외동포, 방문동거 순으로 구성된다. 기타 참여자 유형에는 영주, 방문취업, 기업투자, 중도입국자녀 등이 있다.

1 법무부(2022). 2022년 법무연감.

▌그림 11-1 체류자격별 사회통합프로그램 참여자(2021)[1]

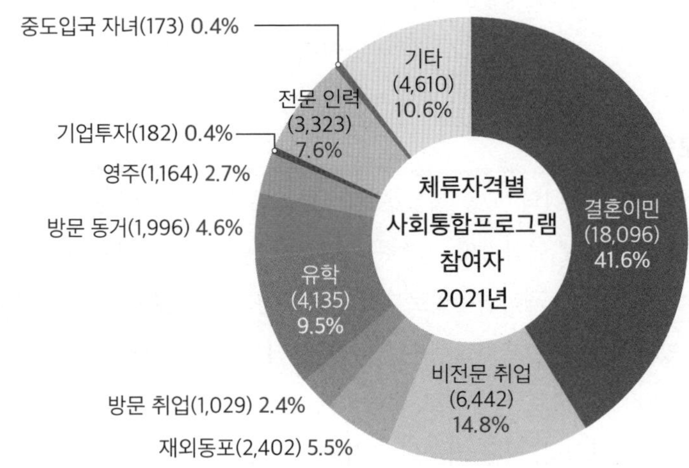

2 법무부 사이트(https://www.moj.go.kr/) 출입국통계-사회통합.

3 법무부 사회통합정보망(https://www.socinet.go.kr), 사회통합프로그램 전국운영기관현황. 중앙거점 운영기관에서는 화상교육, 평가관리 등 전국단위 업무를 수행하고 거점운영기관에서는 국고보조금 신청 및 집행 등 예산 제반 업무 및 일반 운영기관에 대한 관리·감독 업무 수행, 이민자 대상 교육과정을 운영한다. 일반운영기관에서는 이민자 대상 교육과정을 운영한다.

4) 운영기관

사회통합프로그램은 2009년 전국 20개 교육기관에서 시범 운영하였고 2010년부터 정식 운영하였다. 시행 초기 20개에 불과하던 운영기관은 2023년 339개로 증가였고 참여자 수도 2009년 1,331명에서 2019년 56,535명까지 증가 추세를 이어오다, 2022년에는 전년 대비 37.5% 증가한 58,028명이 교육에 참여하였다.[2] 운영기관은 중앙거점 운영기관, 거점 운영기관, 일반 운영기관으로 나뉘어 있다. 하나의 거점 운영기관에 여러 개의 일반 운영기관이 속한 형태이다. 2023년 5월 기준으로 48개의 거점 운영기관과 318개의 일반 운영기관에서 사회통합프로그램이 운영되고 있다.[3] 사회통합프로그램 운영기관은 법무부 장관이 전문 인력, 시설을 갖춘 기관, 법인 단체 등을 운영기관으로 지정하며, 출입국관리사무소가 관할지역 내 운영기관을 관리, 감독한다. 학적 관리 등도 출입국관리 정보시스템을 통해 법무부가 총괄 관리한다.

5) 이수 과정 및 혜택

0~4단계까지의 '한국어와 한국문화(415시간)' 과정과 5단계 '한국사회이해(100시간)' 과정으로 이루어져 있으며, 참여자는 사전평가 또는 그 외 단계 배정 절차를 거쳐 자신의 수준에 맞는 교육단계부터 참여할 수 있다. 0~4단계에 해

당하는 '한국어와 한국문화' 과정에서는 한국어 교육 전문가에 의한 한국어 수업을 제공하고 있으며, 현재 국립국어원에서 개발한 『사회통합프로그램(KIIP) 한국어와 한국문화』를 지정교재로 사용하고 있다.

표 11-2 사회통합프로그램 이수 과정

구분 \ 교육명	한국어와 한국문화					한국사회이해	
단계	0단계	1단계	2단계	3단계	4단계	5단계	
과정	기초	초급1	초급2	중급1	중급2	기본	심화
총 교육 시간	15 시간	100 시간	100시간	100시간	100시간	70시간	30시간
평가	없음	1단계 평가	2단계 평가	3단계 평가	중간 평가	영주용 종합 평가	귀화용 종합 평가
참고	• 5단계 심화과정은 기본과정 수료(수료인정 출석시간 수강) 후 참여 • 5단계 교육시간이 기본 70시간, 심화 30시간으로 변경('21.8.16부터) • 5단계 교육과정 분리 전('16.7.6.)까지 받은 5단계 교육(최종 이수 완료 제외) 경력은 현행 5단계 기본과정으로 인정됨 • 교육과정별 목표 및 내용 등은 [별지 1] 참조						

한국사회이해 과정은 좀 더 자세하게 살펴볼 필요가 있다. 기본과정은 총 70시간으로 교재 『사회통합프로그램(KIIP) 한국사회 이해』(기본)으로 학습하는 60시간과 '사회참여형 교육' 10시간으로 구성되어 있다. 심화 과정은 기존처럼 교재로 학습하며 별도의 사회참여형 교육은 없다. 기본과정의 수료를 위해서는 한국사회이해 기본교재로 공부하는 60시간 중 80%(48시간) 이상 출석하고 사회참여형 교육 10시간 중 80%(8시간) 이상을 인정받아야 한다. 심화 과정은 기본과정 수료자가 신청할 수 있다.

4 강덕구, 이지현(2023). 이민자 사회통합프로그램 '한국사회 이해' 과정의 상시 운영 방안 연구, 인문사회21 통권 56호, 인문사회21, 1545.

표 11-3 사회통합프로그램 '한국사회이해' 교육[4]

교육명	한국사회이해		
단계	5단계		
과정	기본		심화
교육 시간	기본 교육	사회참여형 교육	30시간
	60시간	10시간	
수료 인정 출석 시간	48시간 이상	8시간 이상	24시간 이상
평가	영주용 종합평가		귀화용 종합평가
참고	심화과정은 기본과정 수료(수료 인정 출석 시간 수강) 후 참여		

사회통합프로그램 이수 시 받을 수 있는 혜택은 교육단계에 따라 범위가 다르다. 사회통합프로그램 5단계를 이수하면 '사회통합프로그램 이수 완료'가 되며, 한국이민영주적격과정 이수 완료와 한국이민귀화적격과정 이수 완료로 구분된다. 귀화 신청 시에는 귀화용 종합평가 합격 인정과 귀화 면접심사 면제를 받을 수 있고, 영주자격 신청 시 혜택으로는 기본소양 요건 충족 인정, 실태조사 면제 가능이 있다. 그 외 체류자격 신청 시에는 가점 등 점수 부여받거나 한국어 능력 등의 입증 면제, 사증 신청 시에는 한국어능력 등의 입증을 면제받을 수 있는 혜택이 있다.

표 11-4 사회통합프로그램 이수 혜택

이수완료 구분 / 이수혜택 구분	한국이민귀화적격과정 이수완료자		한국이민영주적격 과정 이수완료자	
	평가 합격	재수료	평가 합격	재수료
① 귀화면접심사 면제	인정			
② 귀화신청자의 종합평가 합격 인정	인정	인정		
③ 영주 기본소양요건 충족 인정	인정	인정	인정	인정
④ 일반체류자격 변경 시 혜택	인정	인정	인정	인정
⑤ 사증발급 시 혜택	인정	인정	인정	인정

6) 지정교재

각 단계(0단계 제외)는 100시간의 수업 시간을 기준으로 교재가 구성되어 있다. 5단계 한국사회이해의 경우 기본 70시간, 심화 30시간으로 구성되어 있다. 5단계 한국사회이해 과정은 2016년 7월부터 영주를 위한 기본과정과 귀화를 위한 심화과정으로 구분하여 수업을 진행하고 있다. 그러나 한국어 수업의 경우는 아직까지 학습 목적을 구분하지 않고 있다. 한국어 교육에서도 학습목적에 따른 구분이 필요하다. 체류자격 취득을 위한 일반이민자와 귀화를 원하는 결혼이민자 등은 참여 목적의 차이가 있기 때문이다. 교재에 대해서는 뒷장에서 좀 더 세밀히 소개하겠다.

표 11-5 사회통합프로그램 교재

교육과정	단계	교재명
한국어와 한국문화	0단계	법무부 사회통합프로그램(KIIP) 한국어와 한국문화 기초
	1단계	법무부 사회통합프로그램(KIIP) 한국어와 한국문화 초급1
	2단계	법무부 사회통합프로그램(KIIP) 한국어와 한국문화 초급2
	3단계	법무부 사회통합프로그램(KIIP) 한국어와 한국문화 중급1
	4단계	법무부 사회통합프로그램(KIIP) 한국어와 한국문화 중급2
한국사회 이해	5단계	사회통합프로그램(KIIP) 한국사회 이해(기본, 심화)

7) 사회통합프로그램 홈페이지(www.socinet.go.kr)

사회통합프로그램의 자세한 정보를 알고 싶으면 사회통합프로그램 홈페이지를 찾아보면 된다. 포털 사이트에서 '사회통합정보망'이라고 검색하거나 주소창에 'www.socinet.go.kr'를 치면 사회통합프로그램 홈페이지로 이동할 수 있다. 사회통합프로그램의 홈페이지인 소시넷에서는 사회통합프로그램의 신청 및 평가 신청을 할 수 있다. 또한 각 운영기관 현황을 통해 학습자가 살고 있는 지역의 운영기관을 검색할 수 있어서 운영기관 선택에 도움이 된다. 교실 수업이 힘든 학습자[5]에게는 원격 수업을 제공하고 있기 때문에 사회통합프로그램의 접근성이 좋다.

5 사회통합프로그램 기본소양 사전평가를 통해 단계를 배정받은 자로서, 운영기관으로부터 원거리 거주, 관할지역 운영 기관 미개설 또는 임신(육아), 출산, 거동불편, 취업 등의 사유로 인해 집합교육에 참여를 못하고 대기 중이거나 이수정지 중인 자가 원격수업의 대상이다. 보다 자세한 사항은 (재)한국이민재단에 문의하면 된다.

▌그림 11-2 사회통합프로그램 홈페이지

8) 사회통합프로그램의 개선 방안

전영순·김경제(2021)는 사회통합프로그램의 의무화를 주장하고 있다. 한국에 정주하는 외국인의 수에 비해 사회통합프로그램에 참여하는 비율이 적다는 것이다. 한국 사회의 빠른 적응을 위해서는 사회통합프로그램에 참여하는 것이 효과적이기 때문이다. 독일과 네덜란드의 경우 정주형 이민자에 대하여 언어 및 문화교육 등의 교육 내용으로 사회통합 교육의 이수를 의무화하고 있다.[6]

또한 사회통합프로그램 강사에 대한 교육도 강화되어야 한다. 현재 국립국어원과 법무부에서 사회통합프로그램 강사에 대한 교육을 실시하고 있지만 교육 시간이나 횟수가 부족하다. 전문적인 다문화 역량을 키우기 위해서는 좀 더 체계적인 강사교육이 필요하다.

6 전영순 · 김경제(2021). 이민자를 위한 사회통합프로그램 운영의 개선방안, 인문사회21, 제12권 1호, 사단법인 아시아문화학술원, 207-219.

나가기

- 사회통합프로그램은 대한민국에 체류하는 이민자가 우리 사회의 구성원으로 적응하고 자립하는 데 필요한 기본 소양(한국어와 한국문화, 한국사회이해)을 체계적으로 함양할 수 있도록 마련한 교육이다.
- 사회통합프로그램은 0단계부터 5단계까지 총 6단계로 구성되어 있으며, 각 단계별로 100시간의 교육을 이수해야 한다(0단계 제외).

더 읽을거리

"입시 뺨치는 韓영주권 … 500시간 공부해도 합격률 40%대"

지난달 찾은 숙명여대 사회통합프로그램(KIIP) 수업 현장. 서로 다른 국적을 가진 학생 10여 명이 필기를 하며 수업에 열중하고 있다.

한국어 강의, 독립운동사와 같은 역사 수업이 시간마다 이어진다. 쓰레기 분리수거법, 대중교통 환승 방법 등 한국이 생소한 외국인에게는 소중한 생활 밀착형 정보도 커리큘럼 한쪽을 차지하고 있다.

사회통합프로그램은 국내에 체류하는 외국인의 적응과 자립을 돕기 위해 법무부가 2009년부터 제공하고 있는 교육과정으로, 한국에 정착하려는 외국인에게는 필수 코스다. 회당 3만 8,000원인 시험 응시료만 세 번 내면 된다. 0단계부터 5단계 심화까지 총 515시간의 교육 과정이다. 교원 자격이 있는 한국어 교사가 강의를 맡아 수업의 질이 높은 편이다.

양질의 교육을 거의 공짜로 들을 수 있다 보니 사회통합프로그램에 대한 수요는 매년 늘고 있다. 2016년 3만 명이던 참여자는 2019년 5만 6,000명까지 늘었다. 코로나19로 2020~2021년 참여자가 크게 줄었다가 올해 들어 3월까지 석 달간 1만 8,000명이나 참여하며 다시 증가세다. 김찬기 한국이민재단 교육국장은 "다시 정상적으로 외국인이 찾고 있어 올해 6만 명 이상이 참여할 것 같다."라고 말했다.

이날 교육 과정은 '한국어와 한국문화' 1단계였다. 0~4단계로 이뤄진 한국어 교육과정 중 초급 단계다. 난도는 상당히 높다. 매 단계 필기와 구술시험을 치르고 60점이 넘어야 다음 단계로 올라갈 수 있다. 단계마다 평균 100시간 교육도 받아야 한다. 4개월간 매주 7시간씩이다. 최종인 5단계는 두 단계로 영주용(기본)과 귀화용(심화)이 있다. 영주용 종합평가에 합격하면 체류자격 변경 시 가산점이 있다. 귀화용 평가를 패스하면 귀화 면접심사를 면제받는 혜택이 있다. 한 사회통합프로그램 강사는 "한 반 인원이 10~15명인데 단계별로 3명 정도는 재수강을 한다."라며 "직장을 다니는 사람들도 있고 학업이 본업이 아닌 사람이 많아 쉽지 않은 시험"이라고 전했다.

실제 법무부에 따르면 영주 비자 시험 합격률은 2018년 64.3%에서 지난해에는 48.5%로 뚝 떨어졌다. 그보다 단계가 높은 최고난도의 귀화용 종합평가 합격률은 더 낮아 작년에는 44.6%였고 2021년에는 36.1%에 불과했다. 이 때문에 이민에 우호적인 선진국들에 비해 정주형 이민자를 받는 관문이 지나치게 까다롭다는 지적이 나온다.

사회통합프로그램 예산은 지난해 104억 8,200만 원, 올해는 105억 3,200만 원이다. 향후 이민이 활성화되면 관련 예산은 더욱 늘어날 것으로 예상된다. 이 때문에 외국인 지원을 강화하고 내국인과 갈등을 줄이기 위한 '사회통합기금' 설립을 주장하는 목소리도 나온다. 외국인이 내는 수수료, 과태료, 범칙금, 건강보험료 등으로 기금을 만들어 외국인 지원에 사용하자는 것이다. 이미 미국, 캐나다, 영국 등 이민 선진국에선 사회통합기금을 운용 중이다.

매일경제, 양세호 기자, 2023.5.17.

(https://www.mk.co.kr/news/economy/10738683)

제12장

사회통합프로그램 교재 소개

들어가기

- 사회통합프로그램의 교재는 어떻게 구성되어 있는가?
- 사회통합프로그램의 교재의 특징은 무엇인가?

1 교재 외적 구성

1) 한국어 과정 교재

한국어 과정에서는 주교재와 교사용 지도서, 익힘책, 수업용 피피티(PPT) 등 학생과 교사의 수업을 위한 보조자료가 있다. 듣기는 듣기 활동 페이지의 QR코드를 스캔하여 음원 파일을 재생할 수 있도록 제작되었다. 또한 이민자를 집단별로 구분하여 한국 생활에 필요한 학습 주제, 과제, 문화 정보 등을 선정하여 이민자 유형별 보조자료를 개발하였다.[1] 교재와 익힘책은 한국어교수학습샘터에서 전자책(E-Book) 형태로 열람 가능하며 교사용, 지도서, 이민자 유형별 보조자료, 음원 자료는 다운로드해서 사용할 수 있다.

1 학습자 유형별 보조자료(총 4부): 결혼이민자를 위한 보조자료, 근로자를 위한 보조자료, 유학생 및 전문인력를 위한 보조자료, 중도입국 자녀를 위한 보조 자료

2) 한국사회이해 과정 교재

주 교재와 교사용 지도서, 수업용 PPT 외에도 탐구활동을 추가로 제공하고 있다. 그리고 각각의 이민자 집단을 대상으로 한국 생활에 필요한 학습 주제, 과제, 문화 정보 등을 선정하여 개발한 유형별 보조자료가 있는데 법무부 사회통합정보망(www.socinet.go.kr)에서 PDF 파일 형태로 다운받아 볼 수 있다. 그러나 주교재와 탐구활동은 한국어과정과 달리 전자책(E-Book) 형태로 열람할 수 없다. 기본과정 50과, 심화과정 20과로 구성되어 있다.

2 본 교재의 각 급별 내용

1) 한국어 과정

한국어 과정의 주제는 '국제 통용 한국어 표준 교육과정'의 등급별 주제를 반영하였고 현장 교사들의 의견을 반영하여 일부 수정하였다고 한다.[2] 문화 영역에서는 일상생활과 관련된 문화 정보를 제공하고 있다.

2 이미혜(2018). 사회통합프로그램 한국어 교재 개발 기초 연구, 국립국어원, 89.

사회통합프로그램 한국어 교육은 한국어 표준 교육과정에 포함되지 않은 기초 단계인 0단계를 설정했다는 점에서는 차이를 보이지만, 한국어 표준 교육과정의 6단계 체계를 기반으로 이 중 초급과 중급 단계의 특성에 따라 1~4단계를 설정한 후, 한국어 표준 교육과정의 내용 범주에 따라 구성, 운영되고 있다.[3]

3 이은희(2021). 사회통합프로그램 한국어 교재의 문법 영역 특성 연구, 한중인문학연구, 제70집, 한중인문학회, 199-223.

① 한국어와 한국문화 기초

사회통합프로그램 0단계에 해당하는 교재로 한국어를 전혀 모르는 학습자들에게 자·모음을 가르친다. 이 단계에서는 문화 영역을 가르치지 않는다.

② 한국어와 한국문화1, 2(초급)

사회통합프로그램의 초급편 교재는 두 권으로 내적 구성의 유사도가 높다. 한국어 초급편의 경우 20개 단원으로 구성되어 있다. 18개(1~9단원, 11~19단원)는 학습 단원이고 2개는 복습 단원이다. 단원 구성은 초급과 중급이 약간 다르다. 초급의 단원 구성을 보면 다음과 같다.

표 12-1 「한국어와 한국문화1, 2」 초급 교재의 단원 구성

초급	도입	→	어휘와 문법	→	활동	→	문화와 정보	→	마무리
	2쪽		4쪽		2쪽		2쪽		
			어휘와 문법1, 어휘와 문법2		말하기와 듣기, 읽기와 쓰기				발음 어휘 확인

▌그림 12-1 한국어와 한국문화 초급1 1과

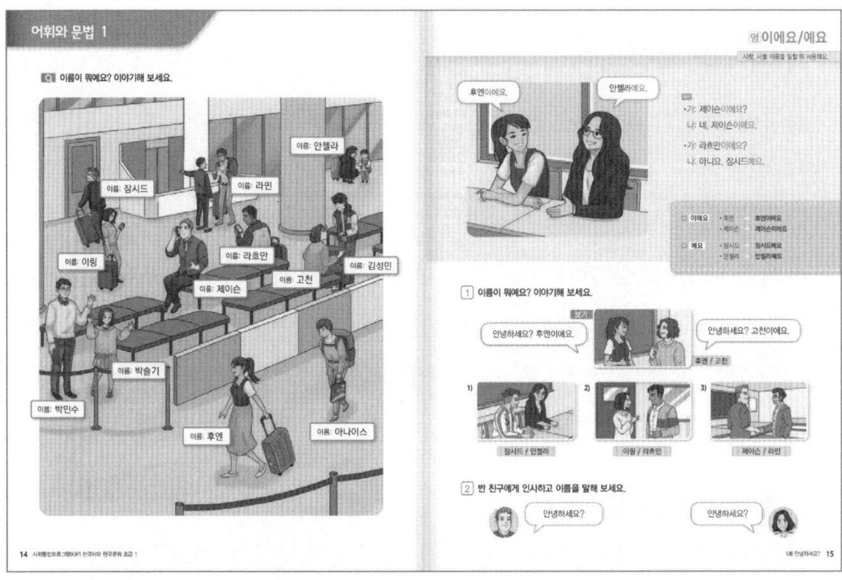

초급단계의 주제와 문화 영역의 내용은 다음과 같다. 주로 일상생활에서 기본적으로 알아두어야 할 내용을 각 단원별로 소개하고 있다.

▌표 12-2 「한국어와 한국문화1, 2」 초급 교재의 주제 및 문화 영역

단계	주제	문화 영역
1단계	인사와 소개, 사물, 일상생활, 장소, 날짜와 요일, 하루 일과, 음식, 쇼핑, 주말, 가족, 특별한 날, 휴가 계획, 교통, 약속, 날씨, 병원, 공공장소, 한국 생활	한국의 인사말1, 한국인의 이름, 한국의 인사말2, 한국의 휴식 공간, 유용한 전화번호, 한국인의 일과 생활, 한국의 식사 예절, 한국의 화폐, 한국인의 주말 활동, 가족 호칭, 한국의 국경일, 한국의 인기 여행지, 한국의 대중교통 수단, 약속 장소, 재난, 안전 안내 문자, 한국의 병원, 한국의 공공예절, 한국어 줄임말

2단계	고향, 집안일, 물건 사기, 전화, 약국, 기분과 감정, 초대와 방문, 한국어 수업, 외식, 길 안내, 명절, 실수와 경험, 우체국과 은행, 공공 기관, 직장 생활, 행사(축제), 건강, 문화생활	한국의 유명한 도시, 쓰레기 분리 수거, 한국의 전통 시장, 한국 생활에 도움이 되는 스마트 폰 앱, 휴일지킴이 약국, 이모티콘, 집들이 선물, 사회통합프로그램, 한국의 배달 앱, 교통 표지판, 한국의 명절, 한국의 '우리'문화, 한국의 주소, 출입국·외국인청(사무소), 한국 회사의 직위, 세계인의 날, 민간요법, 문화가 있는 날

③ 한국어와 한국문화3, 4(중급)

사회통합프로그램 3, 4단계 교재는 내적 구성이 유사하다. 총 18개의 단원으로 이루어져 있는데 학습 단원과 복습 단원으로 나누어져 있다. 1~8단원, 10~17단원은 학습 단원이고 9단원과 18단원은 복습 단원이다. 어휘와 문법은 초급처럼 함께 제시하지 않고 분리하였다. 또한 활동 부분의 기능별 영역을 초급처럼 통합하지 않고 각각의 영역으로 제시하였다.

▌표 12-3 「한국어와 한국문화3, 4」 중급 교재의 단원 구성

중급	도입	→	어휘	→	문법	→	활동	→	문화와 정보	→	마무리
	2쪽		1쪽		2쪽		5쪽		2쪽		
			어휘1		문법1, 문법2		말하기, 듣기, 읽기(어휘2), 쓰기				발음 어휘 확인

▌그림 12-2 한국어와 한국문화 중급1 1과

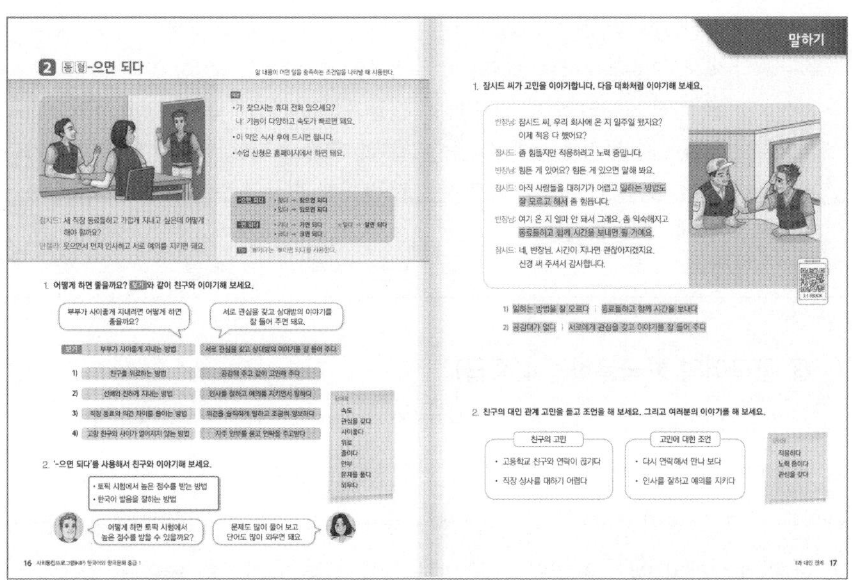

중급단계의 주제와 문화 영역은 초급의 일생 생활과 관련된 부분에서 좀 더 심화된 내용을 제시하고 있다. 중급단계의 주제와 문화 영역의 내용은 다음과 같다.

▌표 12-4 「한국어와 한국문화1, 2」 초급 교재의 주제 및 문화 영역

단계	주제	문화 영역
3단계	대인 관계, 성격, 지역 복지 서비스, 교환과 환불, 소비와 절약, 주거 환경, 문화생활, 음식과 요리, 고장과 수리, 취업, 부동산, 전통 명절, 직장 생활, 인터넷과 스마트폰, 고민과 상담, 기후와 날씨	한국인의 친목 활동, 성격과 직업, 다문화 이주민 플러스 센터, 소비자 상담 센터, 적금 가입하기, 과거와 현재의 명당, 공연 정보를 찾는 방법, 식품의 유통 기한, 전자 제품 보증 기간, 급여와 세금, 공유 주택(셰어하우스), 강릉 단오제, 워라벨(work-life balance), 휴대폰 개통 방법, 이민자 상담 센터, 한국의 절기

4단계	한국 생활 적응, 가족의 변화, 생활 속의 과학, 한국의 의례, 문화유산, 국제화 시대, 현대인의 질병, 정보화 사회, 사건과 사고, 언어생활, 교육 제도, 선거와 투표, 환경 보호, 생활과 경제, 법과 질서, 이민 생활	이민자 정착 프로그램. 출산 장려 정책, 온돌, 성년의 날, 아리랑, 국제기구, 한국의 국민건강보험 제도, 스마트폰과 애플리케이션, 사고와 예방, 말과 관련된 한국 속담, 평생 교육, 한국의 선거, 환경 보존 운동, 국민연금, 찾기 쉬운 생활 법령 정보, 사회통합프로그램과 한국 국적 취득

사회통합프로그램 한국어 교재의 특징은 언어 교육과 더불어 문화에 대한 교육을 강조하고 있다는 점이다. 앞에서 살펴본 사회통합프로그램의 도입 취지를 보면 "이민자가 우리말과 우리 문화를 빨리 익히도록 함에 따라 국민과의 원활한 의사소통으로 지역사회에 쉽게 융화될 수 있도록 지원"하기 위함이라고 밝히고 있다. 여기서 이민자의 사회통합을 위한 필수 교육 요소로 '한국문화' 교육을 비중 있게 다루려는 노력이 보인다. 한국문화를 강조하고 있다는 사실은 교육 과정과 교재의 명칭에서도 드러난다. 이는 참여 대상자인 이민자의 특수성을 고려한 결과라고 볼 수 있다.

2) 한국사회이해 과정

한국사회이해 과정은 기본과정과 심화과정으로 나뉘어 있다. 기본과정은 영주를 목적으로 하는 학습자를 위한 것이고 심화과정은 국적 취득을 목적으로 하는 학습자를 위한 것이다. 그래서 귀화를 목적으로 하는 학습자는 기본과정과 심화과정을 둘 다 이수해야 한다. 심화과정은 8개 영역(사회, 교육, 문화, 정치, 경제, 법, 역사, 지리), 50개 단원으로 구성되어 있고, 심화과정은 5개 영역(대한민국의 국민, 대한민국의 역사와 발전, 대한민국의 정치와 외교, 대한민국의 경제, 대한민국의 법질서), 20개 단원으로 이루어져 있다.

한국사회이해 과정 교재는 한국어 교재에 비해 한국 사회 문화의 다양한 측면을 좀 더 풍부하고 깊이 있게 다루고 있다. 또한 「한국어와 한국문화」 교재에 비해 시사적인 소재들이 많은 편이다.[4]

4 설규주(2022). 이민자를 위한 사회통합 프로그램 교재의 한국 사회문화 관련 내용 분석, 열린교육연구, 제30집 3호, 한국열린교육학회, 21-49.

표 12-5　한국사회 이해 교재의 단원 구성

생각해 봅시다	→	본문	→	정리하기
1쪽		2쪽		1쪽
학습 목표, 관련 단원 확인하기		알아두면 좋아요		주요 내용 정리, 이야기 나누기

단원의 구성은 '기본'과 '심화'가 동일하다. '생각해 봅시다'에서는 수업의 도입을 위하여 해당 차시와 연관된 사진과 질문을 제공하여 학습자들의 배경지식을 활성화하고자 하였다. '본문'에서는 해당 차시의 주요 내용과 더불어 '알아두면 좋아요'라는 코너를 통해 수업 내용을 확장하고 있다. '정리하기'에서는 수업 내용을 정리하고 '이야기 나누기'를 통해 한국 사회에서 화제가 되고 있는 문제들을 살펴보고 있다.

다음은 5단계 기본과 심화 교재를 구성하고 있는 영역과 주제이다.

표 12-6　한국사회이해 기본교재의 주제

단계	영역	주제
5단계 기본	사회	한국의 상징, 가족, 일터, 교통과 통신, 주거, 도시와 농촌, 복지, 의료와 안전
	교육	보육제도, 초·중등교육, 고등 교육과 입시, 평생 교육
	문화	전통 가치, 전통 의식주, 의례, 명절, 종교, 대중문화, 여가 문화
	정치	한국의 민주정치, 입법부, 행정부, 사법부, 선거와 지방자치
	경제	일상생활과 경제 활동, 경제 성장, 장보기와 소비자 보호, 금융기관 이용하기, 취업하기
	법	외국인과 법, 한국 체류와 법, 한국 국적과 법, 가족과 법, 재산과 법, 생활 법률, 범죄와 법, 권리 보호와 법
	역사	고조선의 건국, 삼국 시대와 남북국 시대, 고려 시대, 조선의 건국과 발전, 일제 강점과 독립운동, 한국의 역사 인물, 한국의 문화 유산
	지리	한국의 기후와 지형, 수도권, 충청 지역, 전라 지역, 경상 지역, 강원 지역, 제주 지역

▌표 12-7 한국사회이해 심화교재의 주제

단계	영역	주제
5단계 심화	사회	한국의 상징, 가족, 일터, 교통과 통신, 주거, 도시와 농촌, 복지, 의료와 안전
	교육	보육제도, 초·중등교육, 고등 교육과 입시, 평생 교육
	문화	전통 가치, 전통 의식주, 의례, 명절, 종교, 대중문화, 여가 문화
	정치	한국의 민주정치, 입법부, 행정부, 사법부, 선거와 지방자치
	경제	일상생활과 경제 활동, 경제 성장, 장보기와 소비자 보호, 금융 기관 이용하기, 취업하기

기본교재는 영주용이기 때문에 한국 사회 전반에 대한 이해를 바탕으로 한국 사회를 구성하는 주체로서 지녀야 할 기본 소양과 자질을 기르고 발휘하기 위한 목적으로 만들어졌다. 심화교재는 귀화를 목적으로 하는 학습자가 대한민국의 능동적인 국민으로서 지녀야 할 기본 소양과 자질을 기르고 발휘할 수 있도록 만들어진 교재이다. 따라서 주제가 비슷하다고 하더라도 내용의 수준이 다르다.

3 부교재

1) 한국어 과정

한국어 과정에는 본교재 외에 1단계부터 4단계까지 익힘책이 있다. 익힘책은 이민자들이 자신의 학습 속도와 능력에 맞게 학습 내용을 복습하고 보완할 수 있도록 구성하였다. 또한 교사들도 교실 상황에 맞추어 융통성 있게 활용할 수 있다.

① 한국어와 한국문화1, 2(초급) 익힘책의 구성

어휘	→	문법	→	활동
2쪽		2쪽		2쪽 말하기와 듣기, 읽기와 쓰기

② 한국어와 한국문화3, 4(중급) 익힘책의 구성

어휘	→	문법	→	활동
2쪽		3쪽		3쪽 말하기와 듣기, 읽기, 쓰기

2) 한국사회이해 과정

5단계 과정은 기본과 심화로 구분되며 본 교재 외에 실제 종합평가 형식에 따라 구성된 책인 탐구활동이 있다. 탐구활동은 사회통합프로그램에 참여하는 학습자가 한국 사회에 대한 이해 및 한국 사회 구성원으로서 지녀야 할 기본 소양과 자질에 대한 내용을 자기주도적으로 학습하고 영주용·귀화용 평가 준비에 도움을 주기 위한 목적으로 제작되었다. 기본과 심화 탐구활동의 구성은 비슷하고 그 내용은 다음과 같다.

객관식 6문항	→	구술형	→	작문형
1쪽		0.5쪽		0.5쪽

4 보조자료

보조자료는 사회통합프로그램 학습자의 자가 학습을 지원하기 위한 목적으로 만들어졌다. 한국어와 한국문화 과정의 보조자료는 결혼이민자용, 근로자용, 유학생·전문인력용, 아동·청소년용으로 구분되어 있다. 한국사회이해과정은 결혼이민자용, 근로자용, 유학생·전문인력용, 아동·청소년용과 모두 합쳐져 있는 통합자료가 있다. 이 자료들은 수업에서 다루어지지 않지만 학습자들이 궁금해하고, 알아두면 유용한 내용을 담고 있다. 내용의 일부를 다음의 목차를 통해 확인해 볼 수 있다.

그림 12-3 한국사회의 이해 이민자 유형별 보조자료 목차 일부

PART 01

사회와 교육

01 배려와 소통의 호칭: 우리, 뭐라고 부를까요? 10
02 경력단절여성을 위한 지원 제도에는 어떤 것이 있을까요? 11
03 임신: 국민행복카드 어떻게 신청하나요? 12
04 출산: 행복한 출산을 위한 원스톱 서비스를 이용해 보세요. 13
05 초등학생 자녀를 위한 유용한 정보 1, 2 14, 15
06 실업급여, 어떻게 신청할까요? 16
07 피싱사기, 이렇게 막을 수 있어요. 17
08 안전신문고, 어떻게 이용할까요? 18
09 색깔로 알아보는 산업안전표지 19
10 질병에 대한 모든 것, 1339 질병관리청 콜센터로 연락하세요. 20
11 아무 음식이나 함부로 한국에 들여올 수 없어요. 21
12 해외 감염병, 이렇게 막을 수 있어요. 22
13 진료비 계산서 자세히 살펴보기 23
14 싸고 편리한 공유자전거 이용하기 24
15 중도입국 청소년의 경쟁력: 이중 언어 25
16 자신에게 맞는 방식으로 진로를 개척해요. 26
17 검정고시를 통해 학력을 인정받을 수 있어요. 27

PART 02

문화와 경제

01 김장문화와 몸에 좋은 김치 30
02 한국의 전통 음식 소개 31
03 다양한 방법으로 공과금을 납부할 수 있어요. 32
04 금융사기를 당했을 때는 이렇게 대처해요. 33
05 보험의 종류는 다양해요. 34
06 보험 가입 시 꼭 확인해요. 35
07 한국의 5대 국경일과 공휴일을 알고 있나요? 36
08 매달 마지막 수요일은 '문화가 있는 날' 37
09 한국의 금융제도에 대해 알아볼까요? 38
10 외국인 근로자 연말정산 신고 안내 39
11 신용점수 제도가 시행됩니다. 40
12 표준 근로계약서: 근무 기간이 있는 일반 근로자 41
13 표준 근로계약서: 단시간 근로자 42
14 한국의 다양한 종교 43, 44
15 한국의 주요 명절을 알아볼까요? 45, 46
16 기차 타고 여행을 떠나요. 47
17 전통시장에 방문해 보세요. 48
18 유학생이 아르바이트를 할 때 꼭 지켜요. 49
19 집에서 누리는 문화 생활 50
20 성년의 날에 대해 알아보아요. 51
21 재미있는 한국의 전통놀이 52, 53
22 청소년 아르바이트 10계명 54
23 표준 근로계약서: 연소근로자(18세 미만) 55

나가기

- 사회통합프로그램은 교재는 한국어와 한국문화 0~4단계와 한국사회이해 기본, 심화로 나누어져 있다. 사회통합프로그램 한국어 교재의 특징은 언어 교육과 더불어 문화에 대한 교육을 강조하고 있다는 점이다. 또한 한국사회 이해 교재를 영주용과 귀화용으로 나누어 내용의 난이도를 조절했다는 점도 장점이다. 이민자 유형별로 제공되고 있는 보조자료도 학습자와 교사의 편의를 위해 마련되었다.

우리도 한번 풀어 볼까요?

이민자 사회통합프로그램(KIIP) 기본소양 평가

귀화용 종합평가(KINAT) 객관식 필기시험 샘플문항

정답은 반드시 OMR 카드 답안지에 기입하시오.

16. 한국의 국회와 국회의원에 대한 설명으로 옳은 것은? [2점]
   ① 5년에 한 번씩 실시되는 총선거를 통해 선출된다.
   ② 고위공직자로서 나라보다 개인의 이익을 먼저 생각한다.
   ③ 재산의 변동 사항을 국민이 알 수 있도록 재산을 공개해야 한다.
   ④ 국회가 열리는 회기 중에는 국회의 동의가 없어도 체포될 수 있다.

17. 다음 설명에 해당하는 공정한 선거의 원칙으로 옳은 것은? [2점]

> 성별 · 재산 · 학력 · 권력 등의 조건에 관계없이
> 공평하게 1인 1표씩 투표한다.

   ① 비밀 선거 ② 직접 선거 ③ 평등 선거 ④ 보통 선거

18. 한국의 경제 성장 과정에 대한 설명으로 옳지 않은 것은? [2점]
   ① 1950년대에 6 · 25 전쟁을 겪으면서 많은 산업 시설이 파괴되었다.
   ② 1950~1960년대에는 옷, 신발, 가방, 가발 등을 주로 수출하였다.
   ③ 1980년대에는 드라마나 노래와 같은 문화 콘텐츠를 주로 수출하였다.
   ④ 1990~2010년대를 지나면서 반도체, 휴대폰 등으로 수출 품목을 늘렸다.

19. 외국인의 정착을 돕는 한국의 법과 제도에 대한 설명으로 옳지 않은 것은? [2점]

① 외국인이 인권을 침해당한 경우 신고할 수 있다.

② 매년 5월20일은 '세계인의 날'로 법으로 정한 기념일이다.

③ 외국인 근로자의 경우 긴급의료지원 서비스를 받을 수 없다.

④ 국가 및 지방자치단체는 다문화에 대한 이해를 증진하기 위해 노력해야 한다.

27. 대한민국 헌법에 대한 설명으로 옳은 것은?

① 1946년 7월 17일에 제정되었다.

② 국가를 어떻게 조직하고 통치할 것인지를 정해 놓은 법이다.

③ 정책이나 법률이 헌법에 어긋나더라도 지속적으로 유지될 수 있다.

④ 제1조 2항에는 대한민국의 주권이 대통령에게 있음을 명시하였다.

<정답> 16. ③ 17. ③ 18. ③ 19. ③ 27. ②

제13장

교수·학습 패러다임

들어가기

- 교수·학습의 원리를 설명하고 이해할 수 있는가?
- 교수·학습 패러다임의 변화 양상을 설명할 수 있는가?

1 교육 방법의 이해

1) 교수·수업·학습

① 교수(instruction)

교수란 사람을 포함한 모든 형태의 매체에 의해 전달되는 학습 경험을 말한다. 학습자가 계획된 학습 목표를 달성할 수 있도록 체계적이고 계획적으로 정보와 환경을 제공하는 일이기도 하다. 수업에 비해 포괄적인 개념으로 설계·개발·적용·관리·평가 등을 포함하고 있다. 수업 시간에 가르치는 것을 포함하여 수업 준비, 계획, 수업 활동, 수업 후의 처치, 평가활동 등을 포함하는 제반 활동이 모두 교수에 포함된다.

② 수업(teaching)

수업이란 교수자의 적용과 실행에 중점을 둔 개념으로 교사에 의해 전달되는 학습 경험을 일컫는다. 교사가 의도한 경험과 의도하지 않는 잠재적·우연적인 학습 경험까지 수업에 포함한다. 수업 시간에 학습을 촉진시키는 것을 주요 목적을 두고 가르치는 활동이다.

③ 학습(learning)

학습은 경험의 결과로 인하여 어떤 개인의 지식, 행동, 태도가 비교적 지속적으로 변화되는 것을 말한다. 일시적인 변화가 아닌 장기간의 변화, 변화의 장소가 학습자의 지식 구조 또는 행동, 학습자 환경에서의 경험으로부터 나온 변화 등을 강조한다.

2) 학습지도의 원리[1]

수업에서 학습지도의 원리를 적용하면 학습자의 학습효과를 높일 수 있다. 그러나 아무리 좋은 교육 과정이 있어도 이를 모두 가르치기 어렵고 가르친 것을 모두 배울 수 없다. 다음은 학습지도의 원리를 분류하고 특징을 제시한 것이다.

1 신재한(2011). 교육방법 및 교육공학, 태영출판사.

표 13-1 학습지도의 원리

원리	특징
자발성	학습자가 자발적으로 학습에 참여하는 데 중점을 두는 원리
	구안법(project method), 문제해결학습, 발견학습, 프로그램 학습
개별화	학습자의 개인적 요구와 능력에 알맞은 학습활동의 기회를 제공해 주어야 한다는 원리
사회화	학교와 사회 속에서 협동적 경험이 중시되어야 한다는 원리
	토의법, 협동학습, 문제해결학습, 구안법
통합	학습이 지적·정의적·심동적 영역이 종합적인 전체로서 이루어져야 한다는 전인교육의 원리
	교육 과정 통합, 교과와 생활의 통합, 학교와 사회의 통합 등 강조
직관	특정 사물에 대한 개념을 학습할 때 언어로서 설명하기 보다는 구체적인 사물을 직접 제시하거나 경험함으로써 학습효과를 높일 수 있다는 원리
	시청각 매체의 활용 중시
과학성	교수·학습의 과정이 과학적 원리(분석→설계→개발→실행→평가)를 반영하여 이루어져야 한다는 원리
	교수·학습의 과정과 교재 내용의 논리적 수준을 높임으로써 과학성 도모
목적	학습자가 학습 목표를 분명히 인지할 때 학습이 자발적이고 적극적으로 일어난다는 원리

2 교육 방법의 개념

1) 교육 방법에 있어서의 고려 사항[2]

2 이용환 외(2001). 교육방법 · 교육공학, 재동문화사.

교육 방법을 선정할 때 고려해야 할 사항은 다음과 같다.

첫째, 이수해야 하는 과제의 특성을 파악하여 과제의 특성과 학습지도 모델이 잘 부합되는지, 학습자의 개인적 특성과 선정된 모형이 잘 부합되는가를 고려해야 한다.

둘째, 비용과 시간적 여유를 고려해야 한다.

셋째, 개인적 특성으로서 동일한 모형, 시간, 비용이 투입되더라도 학습에 임하는 학습자의 동기와 지능, 학습 준비성, 자아개념, 학업 적성, 흥미에 따라 결과는 크게 달라질 수 있다.

넷째, 상황적 맥락으로서 학습자가 처한 환경, 즉 학급이나 학교 환경, 가정환경, 지역사회의 제반 특성들이 학습자의 학습 목표 도달에 영향을 미칠 수 있다.

그러므로 교육 방법은 교수자가 학습자의 현재 상태를 알고 수업 내용에 대한 이론적 지식과 실행력을 가지고 교육 과정, 즉 수업 목표를 효과적으로 학습자가 달성할 수 있도록 하는 것이다.[3]

3 고재희(2008). 통합적 접근의 교육방법 및 교육공학, 교육과학사.

▌그림 13-1 교육 방법의 특성

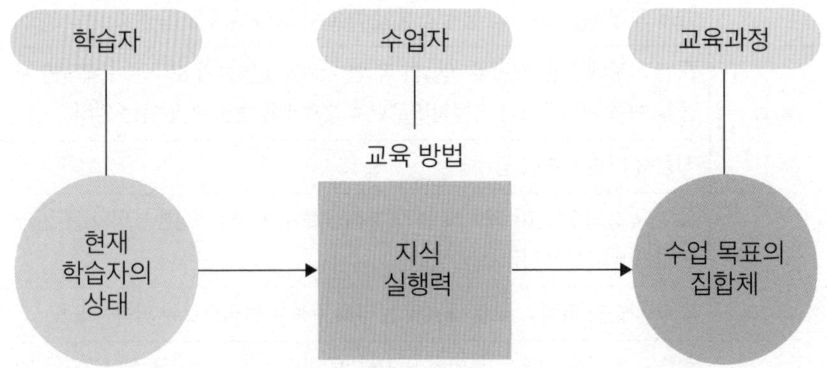

2) 교육 방법 유형의 선정기준[4]

교육 방법 유형을 선정할 때는 다음과 같은 기준을 고려해야 한다.

4 Reay, D(1994). *Selecting training methods.* London: Kogan Page.

▌표 13-2 교육 방법 선정 시 고려사항

선정기준	고려사항
교육 내용	지식, 기능, 태도
	인지적 영역, 정의적 영역, 심리적 영역
	논쟁 여지의 유무
	일반성 또는 구체성
학습자	학습 양식
	학습 경험
	학습자의 인원
	학습자 위치
	지속적인 교육의 필요성
	학습자에 대한 기대 정도
교육자원	교육 기술과 경험을 갖춘 인력 요청 가능 여부
	새로운 교육자원 개발의 용이성
	장소와 시간의 제약
조직의 기대	선호하는 교육 방법
	구체적인 학습 목표
	측정이나 평가의 구체적인 방법

3 교수·학습 패러다임의 변화

1) 지식 정보사회로의 패러다임적 전환

라이겔루스(Reigeluth, 1999)는 「교수학습의 새로운 패러다임」에서 산업사회와 정보화사회의 특징을 설명하고 있다.

산업사회는 과학기술의 발전과 에너지를 기반으로 하는 대량생산의 사회로서, 중앙부처의 의사결정이 관료적 조직구조를 통하여 일사불란하게 하부 조직으로 지시·전달되는 사회이다. 분업화가 이루어지고, 끝없는 경쟁에서 승자만이 살아남을 수 있는 경쟁 사회, 즉 적자생존의 사회이다.

이에 비해 지식정보사회는 소비자의 개성과 취향을 중요시하는 주문식, 맞춤식 사회이다. 다양한 정보를 수집하고 분석하여 새로운 지식을 창출하는 것이 중요하며. 여러 사람이 참여하여 의사결정을 하는 열린 사회로 통합적인 접근을 강조한다. 독창성과 다양성, 상호작용, 자율, 협력, 개방이 강조된다.

산업사회와 정보사회의 교수·학습 패러다임의 차이를 정리해 보면 다음과 같다.[5]

5 박숙희 · 염명숙(2007). 교수·학습과 교육공학, 학지사.

▌표 13-3 산업사회와 정보사회

산업사회의 교수·학습 패러다임	정보사회의 교수·학습 패러다임
교수에 초점을 둔 교육	학습에 초점을 둔 교육
표준화된 인재 양성	창의적인 인재 양성
획일적 수업 형태	다양한 수업 형태
교수자 중심의 교육 환경	학생 중심의 교육 환경

2) 교수자 중심 교수와 학습자 중심 교수

교수자 중심 교수와 학습자 중심 교수는 다음과 같은 특징으로 구분된다.

▌표 13-4 교수자 중심 교수와 학습자 중심 교수

구분	교수자 중심 교수	학습자 중심 교수
구조	교육의 결정 권한이 교육기관이나 교수자에게 있음	학습자의 요구에 따라 융통성 있게 변경됨
수업방식	강의식, 교과서 중심	탐구, 발견 중심
	획일적인 지도	개인차를 고려한 개별 중심 지도
	암기 위주의 주입식 교육	사고력, 문제해결력 증진을 위한 수업
	수동적인 수업 참여	능동적인 수업 참여
	교사의 수업 능력, 지도성에 의존	다양한 학습 자료 활용
수업 평가	규준 지향 평가	목표 지향 평가
장점	짧은 시간에 많은 내용을 체계적으로 수업	흥미 있는 수업
	학교 교육의 전형적인 수업방식으로 교사나 학생 모두에게 익숙함	창의력 향상
	시간, 경비, 시설의 효율적인 운영이 가능한 경제적인 수업	학습자의 성취 욕구 존중
		개인차를 인정하는 교육
교사의 역할	정보의 유일한 제공자	수업의 안내자
		학습 촉진자

교수자 중심 수업에서는 교수자의 능력과 기술에 의존한다는 점이 학습자 중심 수업과의 가장 큰 차이다.

학습자 중심 수업에서는 학습자의 학습 수준 및 학습 스타일에 초점을 두고 융통성 있는 교육을 제공한다. 교사는 안내자, 조언자, 촉진자의 역할을 하여 학습자 스스로 자기 주도적인 학습을 할 수 있도록 지원한다. 학습자 중심 수업이 성공하기 위해서는 학습자의 동기부여가 매우 중요하다.

교수자 중심 수업이든 학습자 중심 수업이든 완벽한 교수법은 없다. 교실 상황, 학습자의 동기, 목표, 수준에 따라 교사 중심 수업과 학습자 중심 수업을 적절히 안배하는 방향이 요구된다.

3) 대면 학습과 비대면 학습

2019년 전 세계를 강타한 코로나19의 영향으로 새로운 교육 패러다임이 등장하였다. 그것은 비대면 학습으로 교수자와 학습자가 분리된 시간과 공간에서 실시간 또는 비실시간으로 컴퓨터의 모니터를 통하여 만나는 방식이다. 온라인 원격 교육이 이때 처음으로 등장한 방법은 아니다. 이미 이러닝, 모바일 러닝, 스마트 러닝 등의 방법으로 교육이 이루어져 왔다.

비대면 상황에서 면대면 상황과 동일한 학습상황이 이루어지기 위해서는 교수자와 학습자, 학습자와 학습자 간 상호작용을 원활하게 할 수 있는 온라인 학습 공간의 설계가 요구된다(장경원, 2020; Chatwattna & Nilsook, 2017; Kim & Lee, 2002; Swart, 2015).[6]

4 코로나 이후, 미래교육 전환을 위한 10대 정책과제[7]

4차 산업혁명, 디지털 전환(digital transformation), 인구구조 변화 등에 따라 사회·경제 전 분야에 걸친 변화의 가속화 및 불확실성의 심화로 지식 암기에서 벗어나 자기 주도적으로 새로운 지식·가치를 창출할 수 있는 창의성, 협업 능력 등을 갖춘 미래 인재 양성의 중요성 대두되었다.[8] 또한 전 세계적 경기침체의 장기화 예상 속에서, 계층 간 이동성 약화 및 사회적 불평등은 교육격차를 더 심화시킬 것이라는 우려가 제기되었다. 이에 4차 산업혁명 및 디지털 전환 등 사회적 혁신을 기반으로, 모두를 위한 삶의 질을 재고할 수 있는 교육 패러다임의 대전환이 필요하게 되었다.

6 성은모·백민정·최지은(2021). 비대면 온라인 프로젝트 학습 교수학습모형 개발 연구, 교육방법연구, 제33집 1호, 한국교육방법학회, 227-270.

7 2020.10.5. 교육부 발표자료.

8 세계경제포럼(WEF)은 미래사회 핵심역량으로 4C 제안(비판적 사고력 Critical thinking, 창의력 Creativity, 협업능력 Collaboration, 소통능력 Communication).

▌그림 13-2　미래교육 전환을 위한 10대 정책 과제

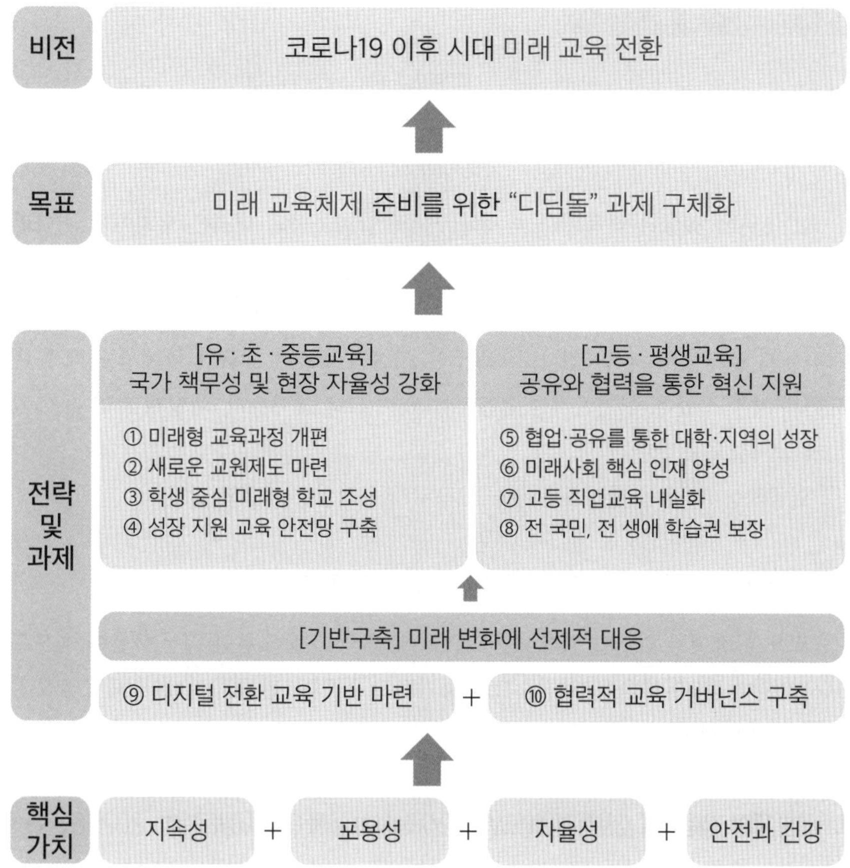
비전
코로나19 이후 시대 미래 교육 전환
목표
미래 교육체제 준비를 위한 "디딤돌" 과제 구체화
전략 및 과제
[유·초·중등교육]
국가 책무성 및 현장 자율성 강화
① 미래형 교육과정 개편
② 새로운 교원제도 마련
③ 학생 중심 미래형 학교 조성
④ 성장 지원 교육 안전망 구축
[고등·평생교육]
공유와 협력을 통한 혁신 지원
⑤ 협업·공유를 통한 대학·지역의 성장
⑥ 미래사회 핵심 인재 양성
⑦ 고등 직업교육 내실화
⑧ 전 국민, 전 생애 학습권 보장
[기반구축] 미래 변화에 선제적 대응
⑨ 디지털 전환 교육 기반 마련
+
⑩ 협력적 교육 거버넌스 구축
핵심 가치
지속성
+
포용성
+
자율성
+
안전과 건강

나가기

• 사회가 산업사회에서 지식 정보화 사회로 변화하면서 교수·학습 패러다임도 변화하였다. 교수자 중심의 교육환경이 학습자 중심으로 변화하였고 교육의 결정 권한이 교육기관이나 교수자에게 있었으나 학생으로 이동하였다.

혁신을 불러일으킬 인공지능(AI) 교육의 중요성

2016년에 있었던 바둑기사 이세돌 9단과 알파고와의 대결은 우리에게 커다란 충격을 주었다. 강화 학습을 통해 바둑에 최적의 전략을 갖춘 알파고는 중국 바둑기사 커제 9단과의 승부에서 완승을 거두었을 만큼 인공지능(AI) 기술의 진화는 많은 사람에게 존재성을 인식시켰다. 이와 같은 기술의 발전은 교육 분야에서도 매우 중요하게 다루고 있다. 여기에서는 인공지능(AI)이 교육 분야에서 어떻게 자리 잡고 있는지 살펴보도록 한다.

인공지능(AI) 교육 활성화를 위한 교육부의 움직임은 다음과 같다.

▷ 인공지능(AI) 교육 활성화 100인 토론회(교육부, 2022.1.27.)

교육 현장에서 디지털 전환이 가속화됨에 따라 미래 교육의 핵심 내용이자 도구로서 인공지능(AI) 교육에 대한 수요가 증가하고 있으며, 인공지능(AI)의 체계적 도입 및 교육에 대한 필요성 증대되고 있다

▷ 교원 양성·임용부터 소프트웨어(SW), 인공지능(AI) 과목 이수 지원(교육부, 2021.6.23.)

- 교대: 인공지능(AI) 관련 내용을 필수 이수토록 하여 교사 자격 취득 기준(고시)을 개정
- 사범대: 교직과목 및 관련 전공과목에 소프트웨어(SW)·인공지능(AI) 관련 내용 포함
- 교육대학원: 인공지능(AI) 융합 교육 관련 전공 신설, 참여 교사 지원

인공지능(AI) 교육 활성화를 위해 교육부는 예비교사를 대상으로 소프트웨어(SW)·인공지능(AI) 과목을 이수하도록 지원하겠다고 했다. 인공지능(AI) 과목을 필수로 이수하도록 하여 교사 자격 취득 기준을 개정하고 있으며, 교육대학원에서도 인공지능(AI) 융합 교육 관련 전공을 신설하도록 하여 현직교사가 재교육과정을 진행하여 교직 생활에서 반영할 수 있도록 지원하고 있다.

그 사례로 작년 8월, 인공지능(AI) 관련 현장 교원 역량 강화를 위해 하계 연수를 진행하였다. 한국과학창의재단에서는 소프트웨어(SW)와 인공지능(AI)에 대한 핵심

교원 연수가 진행되었고, 한국학술정보연구원에서는 인공지능(AI)에 대한 기본 역량을 강화하기 위한 연수가 진행되었다.

교원뿐만 아니라 학생들에게도 인공지능(AI) 교육을 진행하고 있다. 역량 중심의 맞춤형 수학교육 시스템 구축 계획을 발표한 수학교육 종합계획(2020~2024)에서는 대한민국 수학교육이 핵심이 되는 내용을 언급하고 있는데 가장 눈에 띄는 것이 바로 "미래 인재 양성"이다. 인공지능(AI), 과학 · 공학 · 기술, 인문 · 예술 등을 통해 수학교육의 목표와 역량, 지향점을 명확하게 한다는 것이다. 이는 결국 인공지능(AI) 수학 등 실생활을 기반으로 하는 과목을 개발하도록 하는 내용을 담고 있으며, 2022 개정 교육과정에서도 인공지능(AI) 수학이 직접적으로 고등학교 선택 과목에 반영되는 등 앞으로도 중요한 위치에 있다고 할 수 있다.

그만큼 인공지능을 실제로 학교 수업에도 반영하고 있는데 인공지능을 교육 현장에서 어떻게 반영하는지 몇 가지 예를 준비했다.

교육부는 「똑똑! 수학탐험대」 서비스를 모든 초등학교에 제공하도록 했다. 「똑똑! 수학탐험대」는 인공지능(AI)을 활용해 학생 개인에게 필요한 학습을 추천해주고 학습 이력을 관리해주는 애플리케이션이다. 교과 활동뿐만 아니라 탐험 활동, 인공지능(AI)이 추천하는 활동 등 다양한 활동을 통해 학습을 할 수 있도록 제공해 주고, 수학 수업 시간에 활용할 수 있다고 한다. 이처럼 인공지능(AI)을 학교 교육에 도입하여 정보기능기술을 활용하는 가운데 비판적 사고력, 정보판별력, 공감 · 소통 능력을 기를 수 있도록 하였다. 그리고 고등학교 교육 과정에 대해 일부 개정안을 확정 고시하였고, 인공지능(AI) 수학 과목을 2021년 2학기부터 선택 교과목으로 배정하도록 하였다.

교육에서 추구하는 인공지능(AI)이 정확하게 무엇인지를 알 필요가 있으며 학생들에게 인공지능(AI) 교육을 제공하기 위해서는 교사 연수 등을 통해 인공지능(AI) 교육 과정을 이수하도록 하여 중요성을 깨달을 수 있는 프로그램이 제공되었으면 하다. 또한, 인공지능(AI) 교육을 통해 자기 주도성을 가질 수 있는 교육, 인공지능(AI)과 결합된 학교 교육이 제공될 수 있도록 각별한 노력이 필요하다.

대한민국 교육부 공식 블로그:티스토리, 교육부 국민서포터즈 김동현, 2022.3.22.
(https://if-blog.tistory.com/13125)

제14장

교수·학습 방법의 유형

들어가기

- 다양한 교수·학습의 방법을 알고 있는가?
- 다양한 교수·학습의 특징과 장단점을 설명할 수 있는가?

1 교수·학습 설계하기

1) 효율적인 교수 방법의 운영 관리[1]

교수 방법의 운영 관리란 교수의 목적, 내용, 방법, 평가 등을 결정하고 실행하는 데 필요한 지식, 능력, 태도를 갖추어 교수의 효과와 효율을 높이기 위한 활동으로 다음과 같은 사항을 고려해야 한다.

표 14-1 교수 방법의 운영 관리 내용

구분	내용
과제(목표)와의 적합성	교수 방법을 선택하고 운영할 때 주어진 과제와 목표 달성에 부합되는 것을 선택
학습능률 증진	교수 방법의 학습능률에의 기여도 고려
경제성	최소의 비용으로 최대의 교육적 효과 달성
심리적 적절성	학습자 특성 및 개인차 고려

2) 좋은 교수·학습 방법의 세 가지 요소[2]

① **효과성**: 목표로 하는 학습이 성취되고, 학습된 내용이 오랫동안 기억되고 전이(transfer)되며, 다른 지식과 기술에도 일반화된다.

② **효율성**: 목표를 달성하기 위해 새로운 지식과 기술을 획득하는 데 있어서 시간과 비용 대비 효과가 높아 경제성이 있다.

1 노승윤(2000). 실기교육방법론, 양서원.

2 백영균 외(2010). 유비쿼터스 시대의 교육방법 및 교육공학, 학지사.

③ **매력성**: 교수자와 학습자가 교수·학습 과정 중, 즐겁게 참여하며 흥미와 매력을 느끼게 함으로써 학습자에게 동기를 부여한다.

3) 교수·학습 방법 선택 기준[3]

교수·학습 방법을 선택할 때는 아래의 기준을 고려하여 적절한 방법을 선택해야 하며, 이를 통해 학습자의 학습 효과를 높일 수 있다.

3 노승윤(2000). 실기교육방법론, 양서원.

표 14-2 교수·학습 방법 선택 기준

선택 기준	내용
학습자	학습 성향: 수동성, 능동성, 논리성, 실용성
	학습 경험 정도
	인원수
	요구 및 흥미
학습내용	유형: 지적, 정의적, 심리적 영역
	목적 수준: 암기, 이해, 종합, 분석, 문제해결
교육환경	활용할 수 있는 교수 매체의 종류
	교실 공간 크기
	학습자 간의 관계
	교수자와 학습자 간의 심리적 관계
	교수 자료 개발 가능성: 인적 자원, 개발 환경 구축
교수자의 교육관	교육 철학: 객관주의적, 주관주의적(구성주의적) 입장
	교수·학습 방법에 대한 지식
	교수 매체에 대한 선호도

4) 교수·학습 상황에 따른 교수·학습 방법의 선택[4]

교수·학습 상황에 따른 교수·학습 방법의 선택은 교육 프로그램의 학습 목표, 내용, 학습자의 요구와 특성, 집단의 규모, 교육환경, 교수자의 교육관 등 다양한 상황과 여건을 반영하여 결정하는 것이 좋다.

4 김민경 외(2005). 초등교육방법탐구, 교육과학사.

▌표 14-3 교수·학습 상황에 따른 교수·학습 방법

교수·학습 상황	교수·학습 방법
50명 이상의 학습 집단 전형적인 교실 공간 개념, 원리 학습 새로운 지식 습득 중심	설명식 강의법, 팀티칭
20명 이하 학습 집단 전형적인 교실 공간 태도 영역 이미 습득한 지식 강화	역할극, 모의실험, 게임, 토론법
20명 이하 학습 집단 융통성 있는 교실 공간 개념, 원리 학습 새로운 지식 습득 중심	발견학습, 탐구학습
30~40명 정도 학습 집단 융통성 있는 학습 공간 심리적 영역 새로운 지식의 습득 및 숙달	동료교수법, 시범-실습
30~40명 정도 학습 집단: 소집단 형성 가능 융통성 있는 학습 공간 인지적 영역 새로운 지식 창출	소집단 협동학습, 문제중심학습, 사례기반 학습
개별 학습 가능 융통성 있는 학습 공간 개념 원리, 절차 학습 새로운 지식 습득 중심	CAI(컴퓨터 보조 수업, Computer Assisted Instruction), WBI(웹 기반 수업, Web based Instruction), 개인교수법

2 교육 방법의 유형[5]

교수·학습관에 따른 교육 방법의 분류란 교수자와 학습자의 역할, 교수 자료와 활동, 학습 과정과 결과 등에 대한 교육적 관점이나 입장에 따라 교육 방법을 구분하는 것이다. 교수·학습관에 따른 교육 방법의 분류를 도식화하면 다음과 같다.[6]

5 신재한(2011). 교육방법 및 공학-이론과 실제, 태영출판사; 이칭찬 외(2012), 교육방법 및 교육공학, 태영출판사; 박은숙 외(2015). 교육방법 및 교육공학, 학지사.

6 정인성(1996). 비디오 컨퍼런싱, 박영률 출판사.

▌그림 14-1 교수·학습관에 따른 교육 방법의 분류

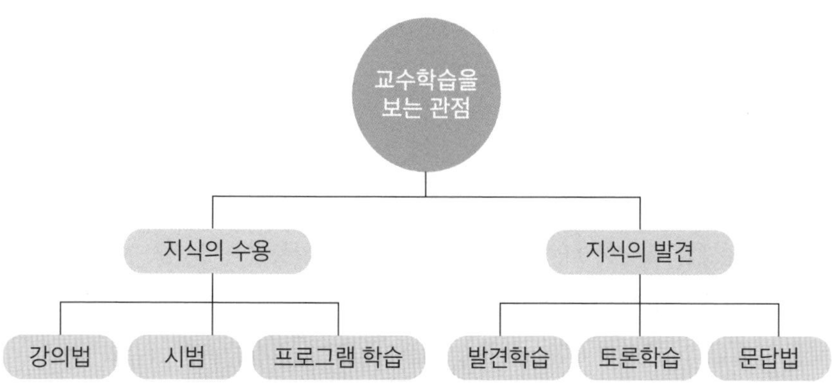

1) 강의법(Lecture method)

강의법의 어원은 'lectore'로 '큰 소리로 읽다'라는 뜻이다. 교수·학습 방법 중에서 가장 오래되었으며 오늘날까지도 일반화되어 보편적으로 이용되는 방법이다. 문제 형식으로 제기된 사항이나 관념을 학생들에게 이해시키기 위해 설명하는 과정이 포함된 일반적인 절차이다. 강의법의 장단점은 다음과 같다.

▷ 강의법의 장점

- 정해진 시간 안에 다양한 지식을 많은 학습자를 대상으로 동시에 전달할 수 있으며 논쟁의 여지가 없는 사실적 정보나 개념을 논리적이고 객관적으로 분명하게 효과적으로 전달할 수 있다.
- 전체 내용을 개괄하거나 요약하고자 할 때, 교사의 언어적 표현 능력에 따라 학습자를 쉽게 이해시킬 수 있다. 경우에 따라서는 언어만으로도 어떤 사건이나 사실을 실감나게 나타낼 수 있으므로 학습자들의 이해력을 높일 수 있다.

- 교사가 해설이나 설명을 중심으로 하는 수업이므로 교사의 의지에 따라서 수업 시간, 학습량뿐만 아니라 학습 환경을 자유로이 바꿀 수 있다.
- 심리적으로 경직되어 있거나 융통성이 없는 순응형 학습자에게는 편안함을 느끼게 하는 교육 방법이다.

▷ **강의법의 단점**

- 학습자가 능동적으로 수업에 참여할 수가 없고, 교사·학습자 간 혹은 학습자 간 상호작용을 기대하기 어렵다.
- 교사의 능력이나 준비 부족이 학습자에게 미치는 영향이 크다. 이를 보완하기 위해서는 강의를 위한 교사 매뉴얼을 제작하고 그 내용을 숙지하고 강의를 진행해야 한다.

2) 토의법(Discussion)

학습자 간, 교사와 학습자 간에 정보, 의견, 아이디어 등을 나누는 상호작용을 통해 문제를 해결해 나간다. 학습자의 역할과 활동을 중요시하며 교사와 학습자, 학습자 간의 언어적인 상호 작용에 의해 의견을 교환하고 집단 내에서 문제를 해결할 수 있도록 하는 교수 방법이다. 토의법의 장단점은 다음과 같다.

▷ **토의법의 장점**

- 개방적인 의사소통과 협조적인 분위기 속에서 학습자가 적극적으로 참여하여 학습 동기와 흥미를 유발할 수 있다.
- 집단활동의 기술을 개발하고 민주적인 태도를 함양시키는 데 적합하다.
- 의사소통 기술 연습과 사회적 기능 및 태도를 형성할 수 있는 기회가 제공된다.
- 상호 의견 교환 및 집단적인 문제 해결 과정을 학습할 수 있다.

▷ **토의법의 단점**

- 집단의 크기가 크면 원활한 토론이 이루어질 수 없다.
- 토의 리더가 미숙하면 효과적인 토론을 기대하기 어렵다.
- 소수의 토론자에 의해 토의가 주도될 우려가 있다.
- 평가 불안, 사회적 태만이 우려된다.
- 많은 시간이 소요된다.

토의법으로 수업을 진행할 때 상황에 따라 여러 가지 유형을 활용할 수 있다. 다음은 토의법의 유형들이다.

표 14-4 토의법의 유형

유형	특징
배심토의(Panel Discussion)	주제에 대해 의견을 달리하는 대표자(배심원)을 4~5명 정도 선정하여 사회자의 안내로 토의하는 형식이다.
버즈토의(Buzz Discussion)	소집단으로 나누어 토의하는 형태(3명 → 6명 → 9명 → 12명). 전체 구성원이 적극적인 형태로 학습에 참여한다.
공개토의	1~2명의 발표자가 주어진 시간 내에 공개적인 발표를 한 후, 그 내용을 중심으로 발표자와 청중 사이에 질의응답 과정을 통해 토의하는 형식이다.
심포지엄	강연식 토의. 2명 이상의 강연자가 논점이나 문제에 대해 의견을 발표한 후 사회자 또는 청중이 이에 질문하고 강연자가 답하는 형식이다.
브레인스토밍	'뇌가 폭발하는 것', '두뇌 습격법'. 제한을 받지 않고 창의적으로 모색하는 것. 아이디어를 얻기 위해 한 주제에 대해 다양한 아이디어를 공동으로 내놓는 방식으로 집단 사고를 통해 사고의 확산을 추구한다.

3) 협동학습(Cooperative learning)

학습 능력이 각기 다른 학습자들이 동일한 학습 목표를 달성하기 위해 소집단 내에서 함께 활동하는 수업 방법이다. 고도의 경쟁심을 유발하는 전통적 학급에서 학습자들이 느끼는 소외감이나 적대감을 해소하고, 전체 학급 학생이 공동의 목표를 향하여 함께 상호작용하고 협력하는 태도와 능력을 향상시키는 방법이다. 협동학습의 장단점은 다음과 같다.

▷ 협동학습의 장점

- 상호작용을 통해 동료 간의 우정, 적극적인 태도, 타인에 대한 책임감, 타인에 대한 존경심을 가져올 수 있다.
- 문제해결능력과 의사결정능력을 향상시킬 수 있다.
- 잠재력을 이끌어내고 긍정적인 자아개념을 갖도록 유도할 수 있다.

▷ **협동학습의 단점**

- 구성원 간의 물리적, 심리적 갈등이 있을 경우, 학습 효과와 효율성이 저하된다.
- 구성원 중 일부가 책임을 다하지 못할 경우 구성원 간 분열이 발생할 수 있다.
- 능력이 떨어지는 학습자들은 상호작용의 기회를 상실하게 되어 자아존중감이 손상될 수 있다.

협동학습의 유형은 성취과제 분담학습과 직소 학습으로 구분할 수 있다.

표 14-5 협동학습의 유형

유형	특징
성취과제 분담학습 (Student Teams Achievement Divisions: STAD)	성취 수준에 따라 세 수준의 팀으로 나누어 매주 개인별 향상 점수를 팀 성적에 반영한다. 학업 성취도가 낮은 학습자도 팀 성적에 기여할 수 있다.
직소학습 (Jigsaw Ⅰ, Ⅱ, Ⅲ, Ⅳ)	5~6개의 팀을 이질적인 구성원으로 나누고 학습할 단원을 팀의 수에 맞도록 할당한다. 같은 부분을 담당한 학생들이 모여 전문가 집단을 형성하여 분담된 내용을 토의하고 학습한다. 그 후 소속 팀으로 돌아와서 팀 구성원들에게 가르친다.

4) 문제중심학습(Problem Based Learning: PBL)

문제 상황에서 학습이 시작되며, 문제 상황에 처하게 되면 학습자들은 문제와 관련된 지식 목록을 작성하고, 문제 상황을 해결할 방법을 찾는 것이다. 현실 상황에서 실제로 사용 가능한 지식의 기반을 습득하고, 과학적이고 분석적인 추론 능력을 함양하며, 지식을 통합할 수 있는 능력을 발전시키는 것에 중심을 둔다. 문제중심학습의 장단점은 다음과 같다.

▷ **문제중심학습의 장점**

- 인지적 불일치로 인해 계속적인 학습이 가능하다.
- 실세계 시나리오와의 관련성이 크다.
- 비판적 사고 신장에 기여한다.
- 학습 주제에 대한 본질적인 흥미와 자기조절 학습 능력이 향상된다.

▷ 문제중심학습의 단점

- 필요한 자료 수집에 대한 대안이 필요하다.
- 문제와 관련된 자료 탐색 능력이 부족하면 비효과적이다.
- 자료를 찾는 데에 시간이 많이 필요하다.
- 능동적 학습자와 수동적 학습자의 괴리가 크게 벌어질 수 있다.

문제중심학습의 특징은 비구조적 문제, 자기주도적 학습, 협동학습, 실제성으로 분류할 수 있다.

표 14-6 문제중심학습의 특징

특징	내용
비구조적 문제	문제를 찾아내고 필요한 정보를 검증하며 실행 계획을 세우는 과정이 필요하다. 전략적 사고 함양 및 지식의 전이를 통해 사고의 폭이 확장된다.
자기 주도적 학습	학습자 스스로 문제를 명료화하고 자신의 인지적 작용에 의해 문제를 해결해 나가며 결과에 책임을 진다.
협동학습	사회적 협동과 상호작용에 의한 지식의 구성, 협동학습 환경을 강조한다.
실제성	실제 생활과 관련된 문제를 통해 정의 내리기, 가설 세우기, 자료 찾기, 경험하기, 해결안 개발하기, 문제 해결 과정의 효과성 평가하기를 실행한다.

나가기

- 교육 방법의 설계는 교수자가 학습자에게 효과적인 학습을 제공하기 위해 수업을 계획하고 구성하는 과정이다.
- 교육 방법의 유형에는 강의법, 토의법, 협동학습, 문제중심학습 등이 있다. 교육 방법을 선택할 때는 학습 목표, 학습자의 특성, 학습 내용, 학습 환경 등을 고려해야 한다.

더 읽을거리

다문화 교육에서 이런 교수법은 어때요? – 거꾸로 교실

거꾸로 교실은 지식 전달 중심인 전통적인 수업 방식에서 벗어나 수업의 형식을 바꾼 교육 모델이다. 기존의 교실 수업에서 이루어지던 교과의 핵심 내용을 사전에 제작한 동영상을 활용하여 학습자가 미리 학습을 한다. 그리고 교실에서는 이를 기초로 심화학습이나 응용학습의 내용이 학습자 중심의 교육으로 이루어지게 되는데 이때 교사는 조력자의 역할을 하게 된다. 거꾸로 교실은 학습자들이 수업의 주체가 되어 학습자들의 협동학습을 통해 새로운 사실을 발견해 낸다. 이때 학습 능력이 저조한 학생들에게는 교사나 동료 학생의 도움이 제공되어 수업 목표에 도달할 수 있다.

교육방법론으로서의 다문화교육은 그 목적에 따라 문화적 적합성의 교수법(Culturally Relevant Pedagogy)과 공평교수법(Equal pedagogy)으로 나눌 수 있다(추병완, 2011).[7] 문화적 적합성 교수법은 학생의 문화적 배경을 고려하여 학습자의 특성에 맞추어 교수법에 적용하는 것이다. 공평교수법(Equal pedagogy)은 문화적 특성을 고려하기보다 다양한 배경을 지닌 학생들을 수업 시간에 소외시키지 않고 고른 학업성취를 돕고 보다 공평한 사회를 위한 정의로운 민주시민교육을 목표로 하는 교육 방식이다(Banks, 2008).[8] 이 중 주목할 것은 공평교수법이다. 거꾸로 교실 수업 방식은 다양한 사회적·문화적 배경을 지닌 학생들을 배려하면서 모든 학생들의 고른 성취를 목표로 하는 공평교수법과 상통하는 부분이 있다. 학생활동 중심 교육을 표방하여 학습자 중심 교육을 구현한 거꾸로교실은 자연스럽게 모든 학생들의 고른 성취와 다문화 감수성 함양을 목표로 하는 공평교수법과 그 지향에서도 자연스럽게 접점이 형성된다.[9]

다문화 교육에서도 거꾸로 교실을 활용해 본다면 학습자 중심, 과정 중심의 교육을 통해 창의적인 인재 양성에 도움이 될 것이다.

7 추병완(2011). 접촉가설에 근거한 반편견 교수방법. 윤리연구, 81, 239-262.

8 Banks, J. A. (2008). *An introduction to multicultural education*(4th Ed.). Seattle: University of Washington.

9 이민경(2016). 거꾸로교실을 활용한 학습자 중심 다문화교육 수업 방법 탐색: 공평교수법을 중심으로, 학습자중심교과교육연구, Vol.16 No.3, 학습자중심교과교육연구학회, 737-758.

제15장

다문화 교육과정 모형

들어가기

- 다문화주의 교육에 대한 접근방법을 알고 있는가?
- 다양한 다문화 교육과정 모형을 설명할 수 있는가?

1 다문화주의 교육에 대한 접근방법

다문화 교육은 다양한 문화적 배경을 가진 사람들이 함께 살아가는 사회에서 꼭 필요한 교육이며 다른 문화에 대한 이해와 존중을 배우고 소통과 협력을 통해 더 나은 사회로 나아갈 수 있다. 다문화주의 교육에 대한 접근방법(Haberman & Post, 1994)은 다음과 같이 분류할 수 있다.[1]

1 박재의(2009). 초등학교 다문화 교육과정 발전 방향 연구, 경북대학교 박사학위논문.

표 15-1 다문화주의 교육에 대한 접근방법

접근방법	학교 교육 과정의 특징
문화투쟁으로서의 다문화주의	계속 서구 문명이 학교 교육 과정의 기초가 되어야 하는가?
개인적 가치, 인간의 차이, 생활 선택으로서의 다문화주의	공통적인 사회적 관심을 계속 가정해야 하는가?
다양한 문화집단들의 국가로서의 다문화주의	다문화 사회의 문화적 다양성을 강화하고 존중할 것인가?
사회정의와 평등으로서의 다문화주의	지금 이대로의 사회를 반영할 것인가?
효과적인 교수학습과정으로서의 다문화주의	다문화적 교육 과정은 본질적으로 새로운 내용의 다양한 형태를 배우도록 할 것인가?
전체적인 학교 분위기로서의 다문화주의	다문화적 교육 과정은 학교 프로그램의 어떤 구성 요소인가?
세계적인 환경적 협동으로서의 다문화주의	매우 소모적인 생활양식에 대한 반응으로 세계의 자연 자원을 잘 이용할 수 있도록 하는 자연적 권리를 강조하는가?

세계 경제 적응을 위한 학습으로서의 다문화주의	미국 경제에서 수행해야 할 직무와 경력을 준비시키는가?

2 다문화 교육과정 개혁을 위한 접근법

다문화 교육과정 개혁을 위한 접근법으로 뱅크스(J. A. Banks, 2008)는 초등학교와 중등학교 교육과정에 기여적, 부가적, 개혁적, 실행적 접근법을 제시했다.

다문화 교육과정 개혁을 위한 접근법[2]을 살펴보면 다음과 같다.

2 Banks, J. A. (2008). 다문화교육 입문, 아카데미프레스, 69-72.

▷ 제1수준

기여적 접근(The Contribution Approach)

소수집단의 영웅, 축제, 국경일, 전통, 음악, 음식 등 개별적 문화적 요소에 초점을 둔다.

→ 주로 다문화 교육이 요구되는 초기 상황이나 초등학교 단계에서 주로 사용한다.

소수집단들이 주류 사회에 기여한 점을 부각시켜서 그들의 자긍심을 길러주고자 한다. 이 접근법은 소수집단들이 경험하는 인종주의, 억압, 불평등과 같은 사회구조적인 문제에 대해서는 간과하므로 충분하지는 않다.

▷ 제2수준

부가적 접근(The Addictive Approach)

교육과정의 구조를 변화시키지 않는 한도 내에서 내용, 개념, 주제 그리고 관점을 교육과정에 더한다.

→ 교육과정의 기본적인 구조, 목표, 특성을 변화시키지 않으면서 소수집단과 관련된 내용, 개념, 주제, 관점을 교육 과정에 추가하는 것이다. 기존 교육과정의 기준에 의거하여 교육 내용을 선택하는 것이다.

다양한 소수집단을 알지 못하여 주류 문화와 비주류 문화의 연관성을 파악하기 어렵다.

▷ 제3수준

개혁적 접근(The Transformative Approach)
학생들이 다양한 민족 및 문화집단의 관점에서 개념, 이슈, 사건, 그리고 주제를 바라볼 수 있도록 교육과정의 구조를 변화시킨다.

→ 교육과정의 근본적인 목표, 구조, 관점의 변화가 수반된다. 새로운 관점에서 교육과정을 변혁하여 재구성하는 것이다. 소수집단을 사회의 예외적 측면으로 파악하는 것이 아니라 필수적인 부분으로 수용하여 교육과정을 구성한다.

장점으로는 주류 문화와 비주류 문화를 같은 입장에서 바라볼 수 있고, 소수집단이 학교에서 자신들의 문화를 배울 수 있는 권한을 얻을 수 있다.

단점으로는 교재, 교육 과정 개발, 교사 훈련이 필요하다.

▷ 제4수준(The Social Action Approach)

개혁적 접근(The Transformative Approach)
학생들이 다양한 민족 및 문화집단의 관점에서 개념, 이슈, 사건, 그리고 주제를 바라볼 수 있도록 교육 과정의 구조를 변화시킨다.

→ 개혁적 접근에서 한 걸음 더 나아가 학생들의 의사결정, 실천과 행동을 강조한다. 이 접근법의 주요 목적은 비판의식, 의사결정력, 사회변화를 추구하는 태도이다. 사회변화에 필요한 지식, 가치, 기능을 함양하도록 하고 인종적, 민족적, 문화적으로 소외된 집단들에게 참여 기회를 부여함으로써 더욱 민주적인 사회를 건설하고자 하는 것이다. 그동안 간과되었던 억압과 차별의 대상이었던 다양한 민족의 삶을 돌아보도록 한다.

장점으로는 다양한 사람들과 일할 수 있는 능력, 정치적 효능감을 획득할 수 있다. 그러나 단점으로 교육 과정 설계와 자료 개발에 많은 시간과 열정이 소요된다.

최지연, 장인실(2022)은 지금까지의 다문화 교육과정은 기여적, 부가적 접근 방식으로 문화 다양성 인식 교육 및 외국어 교육 등으로 개발되어 왔다고 하였다. 이와 같은 교육과정은 일반학생들의 다문화 감수성을 함양하고 문화적 차별 및 편견 해소에 긍정적인 영향을 줄 수 있었다. 그러나 다문화 밀집 지역이 형성되면서 50% 이상이 다문화 학생인 학교에서는 이와 같은 교육과정보다 근본적인 구조적 변화가 필요하게 되었다. 개혁적 접근, 사회행동적 접근 방식의 교육 과정으로 변화해야 한다고 하였다.[3]

3 게이(G. Gay, 1979)의 통합된 다문화 기본 기술 접근법[4]

▌그림 15-1 교육을 구성하는 핵심 기술(G. Gay, 1979)

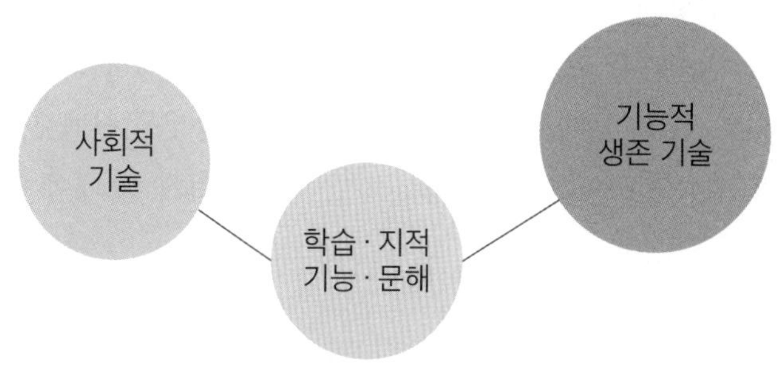

① 교육을 구성하는 핵심 기술

교육을 구성하는 핵심 기술이란 교육의 목적, 내용, 방법, 평가를 하는 데에 필요한 지식, 능력, 태도 등을 말한다. 핵심 기술은 교육의 영역, 수준, 특성에 따라 다양하게 구분할 수 있다.

첫째, 사회적 기술은 인간관계, 공부 습관, 적응, 공감, 협동 등을 말한다.

둘째, 학습 · 지적 기능 · 문해는 문제 해결, 자료수집, 의사결정, 비판적 사고, 갈등 해결 기능을 말한다.

셋째, 기능적 생존 기술은 기초직업능력, 문제해결력, 판단력을 말한다.

이러한 일반교육의 핵심 구성 요소들은 다문화 교육에 동일하게 적용될 수 있다고 본다.

3 최지연, 장인실(2020). Banks의 다문화교육 접근법 수준에 따른 프로그램이 초등학생의 다문화 인식과 효능감에 미치는 영향, 교육논총, 제40집 2호, 경인교육대학교 교육연구원, 215-234.

4 Gay, G.(1979). Multicultural infusion in teachr educatiot: *Foundation and applications.* Peabody Journal Education, 72(1), 150-177.

② 통합적인 다문화 기본 기술(Integrative Multicultural Basic Skills: IMBS)

▌그림 15-2 Gay의 통합된 다문화 기본 기술 모형

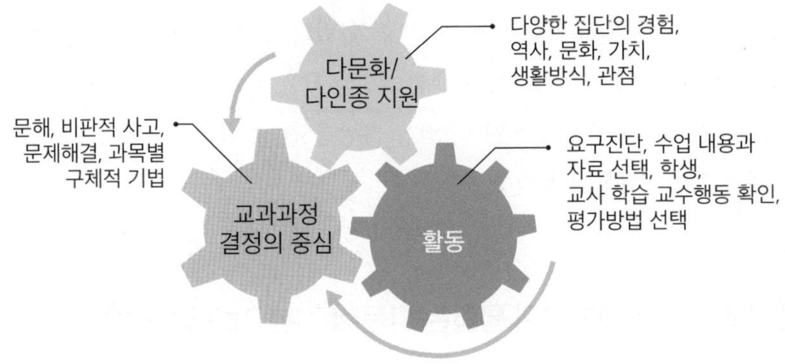

이 모형의 활용에는 문화다원론에 대한 이해가 필수적이다. '문해' 내용이 '다문화적 요소(core)'를 띠고 있고, '문해'를 지도하기 위해서는 다양한 집단에서 온 학생의 요구에 적합한 교수 방법인 '활동(activities)'을 선택해서 가르치기 때문에 '다문화 자원(multicultural resource)'은 자연스럽게 두 개의 원과 맞물리게 된다.

4 슬리터와 그랜트(Sleeter & Grant, 2003)의 일반화된 다섯 가지 접근법[5]

5 Sleeter, C. E. & Grant, C. A. (2003). Making choices for multicultural Education (4th ed). New York: J. Wiley & Sons.

① 문화적으로 다른 학생들에 대한 교수(teaching culturally different)

비주류 학생들이 주류 사회에 적응하는 데 필요한 인지적 기술, 언어, 가치를 가르치는 접근법이다. 문화 차이 및 문화 결손으로 인한 부적응을 보상하는 교육 전략이다.

② 인간 관계적(human relation) 접근

편견과 고정관념의 감소 및 집단의 정체성과 자부심을 고양하여 화합과 관용을 강조하도록 접근하는 방법이다.

③ 단일집단(single-group)적 접근

한 번에 한 집단에 대한 지식, 인식, 존중, 수용을 학습하는 접근법이다. 억압받는 사람들의 권리를 증진시키고 연합을 강화하는 결과를 도출할 수 있다. 분석 대상 집단은 민족, 사회계층, 성별, 장애와 관련된다.

④ 다문화 교육(multicultural education)적 접근

다양한 문화집단의 관점과 경험을 교육과정의 모든 영역에서 통합하고 문화 다양성 학습 등으로, 차별 해소, 편견 감소, 평등한 교육 기회, 사회정의 문화 다양성의 인정을 강조한다.

⑤ 다문화 사회 재건(multicultural and social reconstructionist)

사회구조의 평등과 문화다원주의를 고양시킬 수 있도록 준비시키는 접근법이다. 인종 · 계층 · 성 · 장애 차별 등에 대한 실천적 접근을 취하도록 한다.

나가기

- 하버만과 포스트는 다문화주의 교육에 대한 접근 방법을 8가지로 제시하였다.
- 뱅크스는 다문화 교육 과정 개혁을 위한 접근법을, 게이는 통합된 다문화 기본 기술 접근법을, 슬리터와 글래트는 일반화된 다섯 가지 접근법을 제시하였다.

더 읽을거리

"짝과 서로 돕는 소통이 다문화 학생 학력 끌어올려"

다문화 교육은 다양한 문화적 배경이 있는 학생들에게 공평한 교육 기회를 제공한다는 점에서 의미가 있다. 주류 문화에서 정체성 혼란을 겪는 사회적 약자나 소수자의 사회 적응을 돕는 일이기도 하다. 경남 백동초교는 다문화 교육 중요성을 일찌감치 깨닫고 여러 교육적 시도를 하고 있다. 2016년 '다문화정책학교' 운영, 2018년 '유네스코 학교'로 세계시민교육과 상호 이해 유네스코 이념 교육 실천, 2022년 이중언어강사(모국어와 한국어 두 가지를 가르치는 강사) 협력 수업과 찾아가는 한국어 교육 운영 등이다.

백동초교 5학년 학생 지안(가명) 양과 하윤(가명) 양은 요즘 수업 중 부쩍 대화가 많아졌다. 선생님은 떠든다고 꾸짖지 않는다. 함께 배우는 내용을 두고 이야기를 나누고 있어서다. 이 같은 '짝과 대화'는 백동초교가 다문화 학생과 비다문화 학생 간 학력 격차를 좁히려고 만든 수업 방식이다. 다문화 학생은 수업 도중 나온 언어에 생소할 수 있고, 이런 일이 잦으면 결국 기초학력에서 뒤처질 수 있다.

백동초교는 현재 경남에서 유일한 '다문화 교육 정책연구학교'다. 백동초교는 '다문화 학생과 비다문화 학생 간 학력 격차 해소'를 연구 주제로 삼았다. 연구 기간은 지난해 3월부터 내년 2월까지 2년간이다.

▷ 학력차 좁히려면 = 백동초교는 다문화 학생 기초학력 부진 비율이 상대적으로 높았다.

"기존에 학력이 저조한 학생들을 대상으로 방과후 지도를 하거나 기초학력 교실에 보내 학원비를 제공하는 여러 방법을 써왔는데, 이번에는 교실 수업에서 이 학생들을 위한 수업, 교수·학습 모형을 개발하고 적용하는 것이 가장 중요한 과제였어요."

지난해 1학기 동안 수업 모형 개발에 집중했다. 학년별로 3~4개 학급이 있는데, 학년 또는 반별로 각자 모형을 개발하고 협의하며 보완 과정을 거쳤다.

▷ 교육공동체 역량 모아 = 백동초교는 이 같은 수업 모형을 포함한 '다문화 학생 맞춤형 다(多)품 종합시스템'을 마련했다. 다문화 학생 기초학력 부진 요인

을 분석해 교수학습 모형을 개발하고, 다문화 학생 개개인 역량을 키울 맞춤형 프로그램을 운영하는 것이 목적이다.

▷ 대화 · 협력 중요 = 다문화 학생은 국내 출생, 중도 입국, 외국인 가정 등 유형으로 나뉜다. 백동초교도 국내 출생(73.5%) 비중이 중도 입국(14.7%) · 외국인 가정(11.8%)보다 훨씬 컸다. 국내 출생 학생들의 특징이 있었다.

"다문화 학생을 위한 한국어 교육 과정에도 학습 한국어와 생활 한국어가 있는데요. 국내 출생 다문화 학생들은 우리나라에서 태어나 쭉 생활해왔기 때문에 생활 한국어 능력은 좋아요. 다만 부모와 같이 가정에서 꾸준히 학습하거나 학원을 가면서 학습 한국어를 익힐 기회가 좀 부족해요. 그래서 기초학력 부진 학습 요인에서는 '학습 한국어'가 부족하다고 판단해 이를 보충할 방법으로 교수 · 학습 모형을 개발하게 됐습니다."

그 결과물이 '학습 대화를 통한 기초 튼튼 교수 · 학습 모형+'이다. 학생들은 학습에 필요한 어휘나 문장을 이해하는 데 어려움을 겪기도 하는데, 짝과 대화 · 짝 바꾸기 등 협력적 소통으로 이를 극복하자는 이야기다. 구체적으로 학생들은 '배움 열기 → 탐색하기 → 협력적 소통하기 → 내면화하기' 과정으로 기초학력을 키우고 다문화 감수성도 기른다.

경남도민일보, 이동욱 기자, 2024.1.31.

(https://www.idomin.com/news/articleView.html?idxno=902900)

제16장

다문화 수업 개발과 설계

들어가기

- 다문화 교수·학습의 관련 변인에 대해 알고 있는가?
- 다문화 교육을 위한 교수·학습 목표, 내용, 방법을 설명할 수 있는가?

다문화 교육의 핵심 가치에 대해 뱅크스(J. A. Banks, 2008)[1]는 '다른 문화를 존중하고 이해할 수 있는 역량을 갖게 하는 것, 문화적·민족적·언어적 대안을 가르치는 것, 모든 학생이 다문화 사회를 살아가기 위해 요구되는 지식, 기능, 태도를 습득하는 것, 소수 인종과 민족 집단의 다양한 고통과 차별을 감소시키는 것, 전지구적이고 동일선상의 경쟁 사회에서 살아가는 데 필요한 기능을 습득하도록 돕는 것, 세계시민으로서 자기 역량을 펼치기 위한 지식, 기능, 태도를 습득하도록 돕는 것'을 주요 목적으로 제시하였다.[2]

1 다문화 교육을 위한 교수·학습 관련 변인[3]

교수·학습 관련 변인이란 교수와 학습 과정과 결과에 영향을 미치는 요인을 말한다. 교사는 이러한 변인들을 고려하여 수업을 계획하고 진행해야 한다.

1 Banks, J. A, 모경환, 최충옥, 김명정, 임정수(역)(2008). 다문화교육 입문, 아카데미 프레스.

2 김란주, 오성배(2022). 교과 연계 모형을 적용한 국어과 다문화 교육 교수·학습과정안 개발, 다문화사회연구 제15권 제2호, 숙명여자대학교 아시아여성연구원, 39-61.

3 최충옥 외(2010). 다문화교육의 이해, 양서원, 153.

▌표 16-1 다문화 교육을 위한 교수·학습 관련 변인

변인	영역	하위요인
학생 변인	학생의 일반적인 요인	인종, 문화, 계층, 민족, 언어, 종교, 특수성(장애, 영재성), 성적 지향, 연령(학령), 발달 단계, 능력(학업 성취도 포함)
	다문화 가정 학생의 적응 수준	언어 유창성, 자아개념, 자아 정체성, 교우관계, 사제관계
	다문화 가정 학생의 어려움	부모의 국적, 가족 분리, 선택의 주체 여부, 준비 및 지원. 가족의 역동성, 이주 형태(국제 학생 포함), 생활환경의 변화, 문화적 고립, 사전 경험, 정체성, 사회경제적 지위, 가정 내 권력 변화, 학교와 가정의 문화적 갈등
	다문화 가정 학생의 강점	주도성, 공동체 의식, 문화적 의식, 적응력, 교육에 대한 존중감, 대가족, 근면성, 시민성
교육과정 변인	인종, 문화 계층, 민족, 언어, 종교	
환경 변인	학교 문화, 사회 구조, 주류 문화, 거주지 문화	

2 다문화 교육을 위한 교수·학습

1) 다문화 교육을 위한 교수·학습의 목표[4]

교수·학습 목표는 교수자가 학습자에게 기대하는 행동의 변화를 말한다. 교수·학습의 목표는 학습자의 성장과 발달을 촉진하고 교육의 효과를 극대화하는 데 중요한 역할을 한다.

4 최충옥 외(2010). 다문화교육의 이해, 양서원, 145.

▌그림 16-1 다문화 교육을 위한 교수·학습의 목표

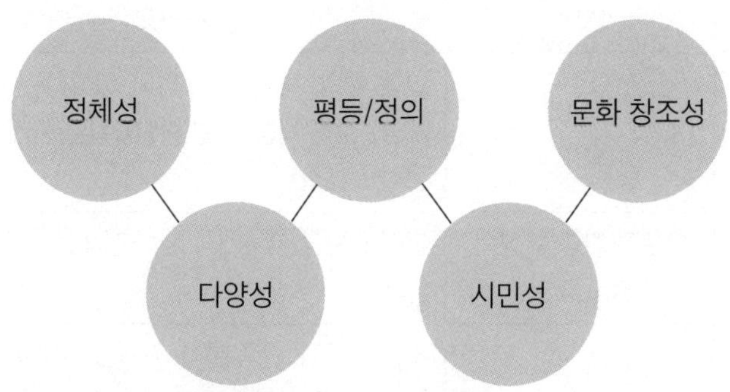

▌표 16-2 다문화 교육을 위한 교수·학습의 목표

구분	지식	기능	태도
정체성	문화적 맥락에서 활동하는 문화적 존재로서의 자신과 타인 이해하기		• 자문화에 대한 정체성 • 문화적 정체성 확립 • 자문화에 대한 자부심과 긍정적 태도 고양
다양성	• 타문화에 대한 이해 • 다문화 사회 이해 • 다문화적 사회 현실을 이해하기 위한 지식 제공 • 국가와 세계의 다양성 인식 • 문화적인 다양성 • 문화적 상대성과 다양성	• 문화 간 차이 인정 • 다양한 사회 속에서 살아가는 방법 • 인종, 민족, 성, 문화, 능력 집단 간의 효과적인 사회적 행위와 상호작용 기술 • 비판적 사고력 함양	• 타문화에 대한 관용 • 타문화에 대한 호기심, 흥미, 관심 • 다양한 문화의 가치 인식 및 수용 • 타문화 존중과 관용의 정신 함양 • 타문화에 대한 편견 불식

평등/정의	• 인권, 평화, 화합, 평등, 정의의 필요성 인식 • 다양한 맥락 속에서 불평등을 인식하는 방법 • 차별, 왜곡, 편견, 고정관념 이해하기	• 문화 간 갈등과 충돌 해결 방안 모색 • 불평등, 불의, 인종주의, 편견을 인지하는 능력 계발 • 일상생활 속의 편견적, 차별적인 메커니즘에 대해 의문을 제기하고 바꿀 수 있는 능력 • 한 사회 내의 타문화에 대한 편견과 인권침해 방지 • 다문화 가정 자녀들에 대한 편견과 차별 해소 • 존중, 대등한 관계 형성 • 문화적 편견 해소 • 평등 사회 도모	• 배려윤리 • 타인의 권리 존중 • 일상생활 속의 편견적, 차별적인 메커니즘에 대해 의문을 제기하고 바꿀 수 있는 관심 고양 • 평등과 정의의 가치에 대한 재확인 • 타문화 이해와 정의, 평등의 이념 교육
시민성	• 민주주의 원리 터득 • 집단의식이 가치, 태도, 행동 결정에 도움을 주는 방식 이해하기	• 국제화 시대에 대비 • 시민성 • 함께 살기 위한 새로운 능력과 상대주의적 태도의 발전 • 사회 정의를 위해 일할 의무과 권리를 가진 책임감 있는 시민으로서의 행동 • 민주적인 시민의 자질과 능력 • 사고력, 문제 해결력 • 학문적 기능 발달	• 국제사회에 기여하고 함께 살아가는 마음 함양 • 타인과 타인의 문화에 대한 존중, 더불어 살아가는 열린 태도 • 함께 살기 위한 새로운 능력과 상대주의적 태도의 발전 • 평화적으로 협력하는 태도 • 공동체 의식 및 연대감
문화 창조성		• 새로운 문화를 재창조할 수 있는 창의력 • 미래 사회를 위한 새문화 창조 • 희망적인 미래 창조	

2) 다문화 교육을 위한 교수·학습의 내용[5]

교수·학습의 내용이란 교수자가 학습자에게 전달하고자 하는 교육적 내용이다. 교수·학습의 내용은 교육과정의 목표와 일치하고 학습자의 수준과 요구, 교육 환경과 매체에 적합하도록 구성되어야 한다.

표 16-3 다문화 교육을 위한 교수·학습의 내용

연구	내용
김갑성(2007)[6]	• 다른 나라의 전통 의상 및 인사 • 주식, 특산품 • 다른 나라의 노래
오은순 외(2007)[7]	• 다문화 경험 • 다문화적 주제와 사건 다루기 및 문제 해결 등 • 자문화와 타 문화의 공통점과 차이점
장영희(1997)[8]	• 다문화적인 사건, 주제, 문제 • 문화적으로 복합적인 사회에서 사회, 정치, 경제적 실체 • 문화, 인종, 성, 민족, 종교, 사회, 경제적 지위 등의 다양성
APCEIU(2006)[9]	• 음식 • 놀이 • 역사 • 풍습

3) 다문화 교육을 위한 교수·학습의 방법[10]

교수·학습의 방법이란 학습자의 교육 목적 달성을 위해 교수자가 교수할 내용을 구체적으로 실행하기 위한 방법을 말한다. 교수 방법은 다양한 유형과 특징을 가지고 있으며 학습자의 특징과 교육 목적의 내용, 교수 매체 등에 따라 구분할 수 있다.

5 최충옥 외(2010). 다문화교육의 이해, 양서원, 146.

6 김갑성(2007). 어, 선생님이 바뀌었어요, 2007년도 제4차 국제이해교육포럼·다문화사회를 위한 협력, 7월 7일, 아태국제이해교육원.

7 오은순, 강창동, 진의남, 김선혜, 정진웅(2007). 다문화 교육을 위한 교수·학습 지원 방안연구(Ⅰ), 한국교육과정평가연구원 연구보고 RRI 2007-2.

8 장영희(1997). 유아를 위한 다문화 교육의 개념 및 교수방법에 대한 이론적 고찰, 성신연구논문집, 35, 295-314.

9 APCEIU(2006). 바팔라 파에를 선물하고 전통의상을 입으면 어엿한 성인, 국제이해교육, 가을·겨울 통권 17호.

10 최충옥 외(2010), 다문화교육의 이해, 양서원, 147.

▌표 16-4 다문화 교육을 위한 교수·학습의 방법

연구	방법
김갑성(2007)[11]	• 외국 물건 전시회 • 외국인 교사가 자국 문화 소개
김원호(2007)[12]	• 음식축제 • 외국인학교와 교류(상호 수업 참관, 체육대회, 교환 수업 등) • 원어민과의 만남 • 국제이해 교육을 위해 휴일과 홈페이지 활용 • 국제이해와 관련한 다양한 주제의 동아리반 운영
박정문(2006)[13]	• 생활 주변의 소재를 주위의 다른 문화와 비교 • 역할극 • 다문화 관련 교재 개발 • 문화적 경험 제공 • 다양한 교과의 교육 내용 통합 • 외국인과 직접 교류할 수 있는 기회 제공 • 외국인 노동자들과의 교류, 국제결혼을 통해 한국에 거주하고 있는 인적 자원 활용 • 멀티미디어 자료 활용
Ramsey(2004)[14]	• 사진 속에서 다양한 인종 골라내기 • 다양한 인종의 사진, 인형을 활용해 짝지어보기 • 다른 언어 노래, 이야기 들려주기 • 친숙하지 않은 음식 먹기 • 다양한 문화집단을 나타내는 옷, 도구, 재료 가지고 놀기 • 다른 언어를 사용하는 친구들과 놀기 • 다양한 신체, 얼굴색, 눈동자 색, 머리카락 색 등에 초점을 두어 활동 • 자기 가족만의 전통적인 일상 묘사해 보기

11 김갑성(2007). 어, 선생님이 바뀌었어요, 2007년도 제4차 국제이해교육포럼·다문화사회를 위한 협력, 7월 7일, 아태국제이해교육원.

12 김원호(2007). 신임교사의 좌충우돌 국제이해교육 체험, 2007년도 제4차 국제이해교육포럼·다문화 사회를 위한 협력, 7월 7일, 아태국제이해교육원.

13 박정문(2006). 초등학생의 다문화 학습에 관한 반성적 실천 연구, 경남대학교 대학원 박사학위 논문.

14 Ramsey. P. G. (2004). *Teaching and learning in a diverse world*(3rd ed). TEACHERS COLLEGE PRESS.

나가기

- 다문화 교육을 위한 교수·학습 관련 변인에는 학생 변인, 교육과정 변인, 환경 변인이 있다.
- 다문화 교육을 위한 교수·학습의 목표에는 정체성, 다양성, 평등/정의, 시민성, 문화 창조성이 포함되어야 한다.
- 다문화 교육을 위한 교수·학습의 내용은 다양한 문화적 배경을 가진 사람들의 역사, 민속, 경험 등을 다루고 문화 간의 이해와 존중, 협동, 갈등 해결 등을 학습하는 것이다.
- 다문화 교육을 위한 교수·학습의 방법은 학습자의 문화를 이해하고 존중하고 활용하는 교수법, 학습자의 참여와 협동을 유도하는 교수법 등이 사용된다.

"안산 원곡초, 다문화 학생 맞춤형 수업 학습… 의욕 '쑥쑥'"

일선 초등학교 교사들이 한국, 중국, 러시아 등 다양한 국가의 다문화 학생들을 대상으로 하는 새롭고 효과적인 교수·학습모델(수업모형)을 직접 개발하고 실제 수업에 적용해 눈길을 끈다.

24일 안산 원곡초등학교에 따르면 이 학교 교사들은 한국어에 익숙하지 않은 다문화 학생들의 수업 목표 도달과 학교생활 적응을 돕기 위해 학년별로 직접 연구해 개발한 교수·학습모델(수업모형)을 실제 수업에 적용하고 있다.

다문화 학생의 비율이 98%가 넘는 학교 환경에서 수업 진행의 어려움을 해결하기 위해 원곡초 교사들이 직접 연구에 뛰어들어 수업모형을 만들었다. 수업 시간에 한국어 소통이 원활하지 못해 학습 의욕이 떨어져 가는 다문화 학생들에게 학습 의욕을 고취할 수 있는 수업모형이 필요했다.

이를 앞장서 추진한 원곡초 연구부장 김선중 교사는 "처음 수업모형을 만들어보자고 제안했을 때 선생님들이 한국어도 안되는 학생들에게 무슨 교육적 효과를 기대하느냐고 반대하는 목소리도 있었고 우리가 전문 교수도 아닌데 가능하겠느냐고 회의적인 시선도 있었다. 하지만 지금 상태로는 우리 학교에 교육적 위기가 찾아올 수밖에 없다는 데에 선생님들이 공감했고 모두가 열심히 노력해 교수·학습모델을 개발하게 됐다."하고 수업모형 개발의 동기를 밝혔다.

한편 원곡초는 전날 전문적 학습공동체 콘퍼런스와 함께 올 한 해 교육과정 반성회를 개최해 교육공동체 모두가 정보를 공유하는 시간을 가졌다. 2022학년도 교육과정 반성회에서는 올 한 해 각 학년에서 운영했던 다채로운 교육활동을 되돌아보며 우수사례와 아쉬운 점, 2023년에 개선해 운영할 부분을 함께 논의했다.

특히 다문화 학생 100%로 이뤄진 2학년 학생들을 대상으로 '늘 푸른 우리 농장'(학교 텃밭)에서 반려 식물을 기르며 생명 존중 교육을 한 부분은 주목할 만했다. 단순히 텃밭 교육으로 그치지 않고 재배한 무를 활용해 한국의 염장 및 발효식품 체험(깍두기 담그기)활동으로 이어지며 다문화 학생들에게 한국의 음식 문화를 효과적으로 학습하는 좋은 교육활동이었다고 평가했다.

인천일보, 안병선 기자, 2022.11.24.

(https://www.incheonilbo.com/news/articleView.html?idxno=1171307)

제17장

교사의 다문화 역량

들어가기

- 교사 다문화 역량이란 무엇인가?
- 교사 다문화 역량의 과제를 수행할 수 있는가?

전문가 선생님: 김 선생님, 무슨 고민 있어요?
신입 선생님: 네, 이번 학기부터 다문화 교육 담당이 된 게 부담스러워요.
전문가 선생님: 어떤 점이 어려운가요?
신입 선생님: 우선 저희 반에는 다문화 가정 학생이 한 명도 없는데, 다문화 교육을 꼭 해야 할까요?

전문가 선생님: 그것도 중요한 면이죠, 하지만 그것만이 다문화 교육의 전부는 아니에요. 김 선생님 반에 다문화 가정 학생이 없다고는 하지만 우리 사회는 이미 다문화 사회에 진입한 지 오래예요. 학교가 아닌 어느 곳에서든 충분히 다양한 문화적 배경을 지닌 사람들을 만날 수 있죠. 그런 면에서 아이들뿐 아니라 우리 모두 다문화 교육은 필요한 거예요.

1 다문화 교육에서 교사의 중요성

교사는 실행 교육과정의 주체로서 학생들의 교육 경험을 가장 직접적으로 매개하고 조정한다. 학생들의 다양성에 효과적으로 대처할 수 있는 교사의 양성과 전문성 계발은 다문화 교육의 성공 여부를 결정짓는 핵심 요소이다.

2 교사의 다문화 역량

1) 교사의 지식과 기능(J. A. Banks, 2008, 77-96)[1]

1 Banks. J. A, 모경환 외 역(2008). 다문화교육 입문, 아카데미프레스, 77-96.

뱅크스는 다문화적 교실에서 유능한 교수자가 되기 위해 갖추어야 할 지식에 대해 다루었다. 뱅크스는 교수자가 학습자들의 문화적 배경을 이해하고, 이를 교육과정에 적용하는 방법을 제시하였다. 교수자 지녀야 할 지식과 기능에 대해 살펴보면 다음과 같다.

① 다문화 교육의 패러다임에 대한 지식

패러다임이란 인간의 행동이나 어떤 현상을 설명하는 아이디어의 총체이다. 뱅크스는 패러다임을 문화적 박탈 패러다임(cultural deprivation paradigm)과 문화적 차이 패러다임(cultural difference paradigm)으로 나누어 설명했다. 문화적 박탈 패러다임은 소수집단의 교육적 실패의 원인이 그들의 문화에 있다고 보고 그것을 변화시켜야 한다고 보는 것이다. 문화적 차이 패러다임 소수집단의 교육적 결손은 그 집단의 문화가 본래 결핍되어 있기 때문이 아니라 사회가 중시하는 주류 문화와 다르기 때문에 발생한다고 본다.

② 다문화 교육의 주요 개념에 대한 지식

문화 간의 차이는 가치, 신념, 상징, 관점의 차이이다. 다양한 사회계층, 인종, 민족, 성배경 등을 지닌 학습자에게 평등한 교육 기회를 제공하도록 해야 한다.

문화는 상대적인 것이다. 문화를 인식함에 있어서 어떤 문화도 절대적으로 옳거나 틀리지 않다. 교수자는 학습자의 문화에 대한 차이를 이해하고 인정해야 한다. 또한 문화의 역동성과 복잡성에 주목하고 편견을 피해야 한다.

③ 주요 민족 집단에 대한 역사적·문화적 지식

다문화 교육을 할 때 교수자는 각 민족 집단의 핵심 가치를 이해하고 중요한 역사적 경험에 대해 알고 있어야 한다. 그리고 각 민족 집단의 현재의 상황에 대해 파악하여 이를 바탕으로 다른 민족 집단과 공존하는 방법을 학습자들이 배울 수 있어야 한다.

④ 다양한 배경의 학생에게 적용할 교수법적 기능

교육과정과 교수법을 어떻게 다양한 문화, 민족, 언어, 사회계층 출신의 학습자들이 지닌 독특한 요구에 적용할 것인가에 대한 교수법적 지식을 갖추어야 한다.

2) 교사의 가치와 태도

① 교사 다문화 태도의 중요성

다문화 교육에 있어서 교사는 편견을 피해야 한다. 편견이란 특정 집단에 소속되어 있다는 이유만으로 해당 집단의 구성원에게 갖는 적대적이거나 부정적인 태도 등을 말한다. 자신이 문화적 진공 상태에서 가르치는 것이 아니라 문화적 가치판단에 입각하여 행동하는 존재임을 자각해야 한다.

② 다문화적 태도 발달

자민족중심주의에서 타문화와 자문화를 모두 존중하는 다문화주의로 나아가는 태도를 함양해야 한다. 다문화적 태도 발달을 위해서는 다양한 문화를 경험하고 이해하는 기회를 가지는 것이 중요하다.

3) 교사의 다문화적 효능감(multicultural efficacy)[2]

구스키와 파사로(Guskey & Passaro, 1994)는 교사의 다문화적 효능감의 중요성에 대해 언급하였다. 다문화적 효능감(multicultural efficacy)이란 교사가 학습 곤란을 겪고 있는 학생들을 포함하여 모든 학생들이 잘 배우도록 지도할 수 있다고 스스로 믿는 자신감이다. 교사의 긍정적인 기대와 스스로의 지도 능력에

2 Banks. J. A, 모경환 외 역(2008). 다문화교육 입문, 아카데미프레스, 13.

대한 교사의 자신감은 학생들이 학교에서 성공을 경험하는 중요한 요인이다.

빌리가스와 루카스(Villegas & Lucas, 2002)는 문화적 감수성이 있는 교사, 즉 다양한 문화의 학생들을 적절하게 지도할 수 있는 교사가 되기 위해서는 교사 스스로 학교를 더 평등하게 만들기 위해 노력할 책임이 있고, 스스로를 그러한 능력을 갖춘 존재로 인식하는 것, 즉 "다문화적 효능감"을 중요한 요인으로 보았다.

3 편견 감소 가이드 라인[3]

3 Banks. J. A, 모경환 외 역(2008). 다문화교육 입문, 아카데미프레스, 155-156.

편견 감소 가이드 라인은 교사들이 학습자들의 편견들 감소시키고, 다양한 문화 간 이해를 촉진하기 위해 제시된 것이다.

- 다양한 민족, 인종 집단의 긍정적이고 현실적인 이미지를 수업 교재에 일관되고 자연스럽고 통합적으로 포함시켜라.
- 학생들이 타 인종, 타민족 집단 구성원들의 얼굴을 구별할 수 있도록 도와라. 가장 좋은 방법은 교육 과정에 이러한 집단 구성원들의 다양한 얼굴을 자연스럽게 등장시키는 것이다.
- 학생들을 다양한 인종, 민족, 집단과 함께 하는 간접 경험에 참여시켜라. 영화, 비디오, DVD, 아동문고, 기록물, 사진, 기타 간접 경험물을 이용하여 학생들이 다양한 인종, 민족, 문화, 언어 집단의 구성원들을 경험하도록 하라.
- 만약 당신이 다인종 학교에서 가르친다면, 학생들을 체계적으로 인종 간 접촉 상황에 참여시켜라. 효과적인 인종 간 접촉 상황은 알포트(Alport)가 묘사한 네 가지 특징(평등한 지위, 공통의 목표들, 이질 집단 간 협동, 권위·법·관습의 지원)을 충족시키는 것이어야 한다.
- 유색 인종 학생들에게 언어적·비언어적 형태의 긍정적 격려를 제공하라.
- 다양한 인종·민족 집단 출신의 학생들을 협동학습 활동에 참여시켜라.

4 다문화 교사 교육의 내용

다문화 교사 교육은 다양한 문화와 인종, 종교 등에 대한 이해를 높이고 다양한 문화적 배경을 가진 학습자들을 교과적으로 지도하는 데에 필요한 지식과 기술을 제공한다. 다문화 교사 교육은 교사들의 다문화적 역량을 강화하고 다문화 교육의 효율을 높이는 데 중요한 역할을 한다. 다음은 다문화 교사 교육의 구체적인 사례들이다.

1) 워싱턴 대학교의 다문화 교육 전공 교과과정[4]

4 모경환(2012). 다문화교육을 위한 교사교육 프로그램, 다문화교육의 이해와 실천, 학지사, 179.

1. 다민족 교육과정과 수업	16. 이중언어교육 세미나: 수업의 기초와 쟁점
2. 소수민족 학생을 위한 수업 전략	17. 이중언어교육 세미나: 수업 전략
3. 이중언어-이중문화 학생 교육	18. 세미나: 아메리카 원주민과 알래스카 원주민 교육
4. 언어 영역 워크숍: 교실에서의 언어와 문화	19. 세미나: 언어 교육
5. ESL 읽기 수업	20. 리터러시 교육의 최신 쟁점
6. 다문화 문학 수업	21. 소수민족 청소년을 위한 교육과정 및 수업
7. 외국어로서의 영어교육 방법	22. 소수민족 청소년 교육
8. 유색 인종 작가: 다문화적 관점	23. 학교 개혁과 다문화 교육
9. 읽기 교육 자료: 아동 및 청소년 문학	24. 인종, 성 그리고 지식 구성:교육과정의 관계
10. 아메리카 원주민 청소년 교육	25. 소수민족 학생의 학습 변인: 수업에서의 함의
11. 흑인 학생과 문화교육	26. 이중언어교육 프로그램에서의 측정과 평가
12. 다민족 연구: 방법, 내용, 자료	27. 비시민권자를 위한 교육 정책
13. LEP 학생 평가 및 배치를 위한 방법과 기법	28. 조직 및 정책 분석 특강: 인종, 민족, 교육 정책

14. 외국어 학습의 쟁점	29. 고등교육 특강: 다양성
15. 이중언어교육 세미나: 조직과 구조	30. 다문화 교육 개론

5 다문화교육포털 (https://www.edu4mc.or.kr/).

2) 한국의 다문화 교육 담당 교원 원격연수[5]

① 다문화 교육 길라잡이

급격히 증가하는 다문화 학생 수에 대비하여 다문화 가정 및 다문화 학생에 대한 이해의 필요성이 제기되고 있어 다문화 교육 정책에 대한 이해를 바탕으로 다문화 교실에서 적절한 교사의 역할과 정책의 이해 제고를 목적으로 본 연수를 운영하고 있다.

차시	연수과정
1	다문화 사회의 이해
2	다문화 사회의 현안과 정책
3	다문화 교육의 이해
4	다문화 교육 정책의 이해
5	다문화 교육 정책의 실제
6	다문화 가정의 이해
7	다문화 학생의 이해(1)
8	다문화 학생의 이해(2)
9	다문화 교실에서의 교사 역할
10	교실에서의 문화 간 의사소통
11	다문화 학생 학습지도
12	다문화 학생들의 생활지도
13	다문화 감수성 함양 교육
14	다문화 감수성 함양 프로그램 개발
15	다문화 교육 총정리

② 공감과 소통을 위한 교실 속 다문화 교육

교육 현장에서의 다문화 교육에 대한 전문성 제고와 담당 교원의 역량 강화를 위하여 본 연수를 실시하고 있다. 실제적인 측면에서 다문화 교육에 대한 전반적인 이론과 현장에서의 사례를 통하여 현장 밀착형 연수 프로그램을 지원한다.

차시	교육과정	차시	교육과정
1	다문화주의 이해	16	비교과연계 다문화 교육의 실제(초등1)
2	한국 사회의 다문화 현황	17	비교과연계 다문화 교육의 실제(초등2)
3	다문화 교육의 의미와 필요성	18	비교과연계 다문화 교육의 실제(중등/창체)
4	다문화 교육에서 교사의 역할	19	비교과연계 다문화 교육의 실제(중등/자유학기제)
5	외국의 다문화 교육 현황	20	다문화 학생 상담의 이해와 기법
6	다문화 관련 법령의 이해와 활용	21	다문화 학생 상담의 실제
7	다문화 교육 정책의 이해1	22	다문화 학생 학부모 상담
8	다문화 교육 정책의 이해2	23	다문화 학생 진로 진학지도(초등)
9	지역사회 자원 연계와 활용	24	다문화 학생 진로 진학지도(중등)
10	초등 다문화 학생 학습 및 생활지도	25	다문화 학생 진로 진학지도(고등)
11	중등 다문화 학생 학습 및 생활지도	26	유아 다문화 언어 교육
12	교과연계 다문화 교육의 실제(초등1)	27	유아 다문화 이해 교육
13	교과연계 다문화 교육의 실제(초등2)	28	한국어 교육과정의 이해
14	교과연계 다문화 교육의 실제(중등1)	29	한국어 교육과정의 실제
15	교과연계 다문화 교육의 실제(중등2)	30	한국문화교육의 이해와 실제

5 다문화 교사 교육의 과제

- 교사의 문화적 정체성, 다문화적 인식, 다문화적 갈등 상황에서의 문제해결력, 다문화 현장 실습 등 구체적이고도 실천적인 교육 방안 필요하다.
- 예비교사 양성을 위한 다문화 교육 강좌 개설 수 증가, 전공과목에 다문화적 내용 반영이 필요하다.
- 소수자 자녀뿐만 아니라 다수자 자녀의 다문화적 시민성 함양을 목표로 해야 한다.
- 현장에서 관찰과 지도를 통하여 실습 경험을 쌓게 해야 한다.
- 사례연구법(case method, 슐먼과 메사 베인스, Shulman & Mesa-Bains, 1993) 도입이 필요하다. 인종, 민족, 계층, 성차별 등과 관련된 이슈를 공개적으로 토론할 수 있는 기회를 제공하며, 교사 자신의 가치, 신념, 태도를 반성적으로 고찰하고 자신의 고정관념 및 편견과 직면하게 한다.

6 한국의 다문화 교사 역량

한국의 다문화 학생 수(초·중등(각종학교 포함))는 2023년 181,178명으로 전년 대비 12,533명(7.4% ↑) 증가하여, 2012년 조사 시행 이후 지속적인 증가 추세를 보였으며, 다문화 학생 수 비율 역시 3.5%로 전년(3.2%) 대비 0.3%p 상승하였다.[6] 이에 교사의 다문화 역량 강화도 중요한 부분이 되었다. 김혜정, 임은미, 고상희(2024)[7]는 교사의 다문화 역량이란 학생들이 속한 문화집단이나 환경이 학생의 문제나 어려움에 미치는 영향을 이해하고 학생의 문화에 대해 존중하고 수용하며 각 문화에 대한 인식을 바탕으로 적절하게 지도하는 능력으로, 문화 다양성이 증가하는 학교 현장에서 상호 존중하는 분위기 조성을 위해 중요한 특성이라고 하였다.

박영진, 장인실(2022)[8]은 다문화 학생 밀집 지역 초등교사의 다문화 역량에 관한 연구를 통해 교사의 다문화 역량이 변화하였고 이에 맞추어 교육과정의 변화가 촉진되었다고 하였다. 다문화국제혁신학교 등에서는 교사가 다문화 교육과정을 만들고 운영하는 등 전문성이 향상되었기 때문이다. 다문화국제혁신

6 교육부(2023). 2023년 교육기본통계 조사 결과 발표.

7 김혜정, 임은미, 고상희(2024). 교사의 자기 옹호, 다문화 역량, 사회정의 옹호역량의 구조적 관계, 다문화사회연구, Vol.17 No.1, 숙명여자대학교 아시아여성연구원, 35-68.

8 박영진, 장인실(2022). 다문화 학생 밀집 지역 초등교사의 다문화교육 역량에 관한 연구, 다문화교육연구, Vol.15 No.1, 한국 다문화 교육학회, 21-43.

학교는 경기도교육청에서 추진하고 있는 다문화 영역 국제혁신학교로서 초·중등교육법 제61조에 의거하여 운영되고 있는 자율학교이다. 다문화 밀집 지역에 있는 학교 중에서 특히 다문화 학생 비율이 높은 학교(초등 35% 이상, 중등 20% 이상)를 대상으로 다문화국제혁신학교를 지정·운영하고 있다. 다문화국제혁신학교는 다문화 밀집지역 학생의 학습권 보장과 다문화 사회에 대비한 글로벌 인재를 육성하기 위해 교육과정, 교과용 도서, 학사 운영 등 자율권이 부여된 학교이다.

다문화 사회로 변화하고 있는 현실을 반영하여 다문화 영역이 특화된 학교뿐만 아니라 일반 초·중등학교 교사도 다문화 역량이 향상되도록 정부의 지속적인 계획 수립과 실행이 필요하다.

나가기

- 교사는 실행 교육 과정의 주체로서 학생들의 교육 경험을 가장 직접적으로 매개하고 조정한다.
- 학생들의 다양성에 효과적으로 대처할 수 있는 교사의 양성과 전문성 계발은 다문화 교육의 성공 여부를 결정짓는 핵심 요소이다.
- 빌리가스와 루카스는 문화적 감수성이 있는 교사가 되기 위해서는 교사 스스로 학교를 더 평등하게 만들기 위해 노력할 책임이 있고, 스스로 그러한 노력을 갖춘 존재로 인식하는 것, 즉 "다문화 효능감"을 중요한 요인으로 보았다.

"전남교육청, 전국 최초 초등교사 임용 시 '다문화인재전형' 신설"

전라남도교육청은 2025학년도 초등교사 임용후보자 선정 경쟁시험부터 지역단위 임용에 '다문화인재전형'을 전국 최초로 신설한다.

'다문화인재전형'은 전남 소재 고등학교를 졸업하고, 다문화 전형을 통해 광주교육대학교에 입학 후 교사 자격을 취득한 사람을 대상으로, 별도 전형을 거쳐 초등교사로 임용하는 제도다.

이번 '다문화인재전형'의 신설은 전남교육청이 추진해 온 다문화 교육 정책, 글로벌 인재 육성과 그 방향성을 같이 한다. 실제 전남의 이주배경학생 수는 매년 약 4.8% 증가하고 2024년 기준 이주배경학생 비율은 전체 학생 대비 약 5.95%에 달하고 있어, 지역 여건에 맞는 교원임용제도 개발이 시급한 실정이다.

이에 전남교육청은 광주교대와 전남 출신의 학생이 전남에서 취업 · 정주하도록 지원하는 게 다문화 강점 강화 및 학생 수 감소 위기를 극복하는 주요 방법이라는 데 의견을 같이하고, 역량있는 초등교사 임용 자원 풀을 확보하는 데 적극 협력하기로 했다.

도교육청은 2025학년도부터 광주교대에 재학 중인 전남의 이주배경가정 학생을 대상으로 초등교사를 모집할 예정이며, 이 전형에 임용된 초등교사는 이주배경학생의 비율이 높은 지역에서 일정 기간 의무복무를 하게 된다.

전남교육청 관계자는 "지역단위 임용에 이번 다문화인재전형이 신설되면 경쟁력이 강화될 것으로 보인다."라며 "전남에서 자란 예비교사가 전남의 초등교사로 임용돼, 전남의 아이들을 가르치는 선순환의 교육생태계가 구축돼 전국 최초의 모범사례로 안착하기를 기대한다."라고 말했다.

MTN뉴스. 김준원 기자, 2024.4.23.
(https://news.mtn.co.kr/news-detail/2024042300082465500)

제18장

다문화 교수·학습 프로그램

들어가기

- 다문화 교수·학습 프로그램이란 무엇인가?
- 문화권별 글쓰기 방식의 차이를 통하여 문화 간 차이를 이해할 수 있는가?
- 호주, 캐나다, 프랑스, 미국 등 다양한 다문화 교수·학습 프로그램에는 무엇이 있는가?

다문화 교육은 다양한 문화적 배경을 가진 집단이 공존하는 다문화 사회로의 변화에 능동적으로 대응하기 위해 가져야 하는 지식, 기능, 가치 등을 함양하는 교육이다. Nieto(2004)[1]는 다문화 교육이란 다양성을 포용하고, 사회와 학교 내 차별을 거부하는 총체적인 학교 및 교육 개혁운동이라고 하였다. 이 장에서는 호주, 캐나다, 프랑스, 미국의 다양한 다문화 교수·학습 프로그램을 소개하고자 한다.

1 Nieto, S. (2004). Affirming Diversity: *The Sociopolitical Context of Multicultural Education*(4th ed.). New York: Longman.

2 최충옥(2010). 다문화교육의 이해, 양서원, 154-160.

1 호주[2]

뉴 사우스 웨일즈 초등학교 다문화 수업 프로그램의 범위와 계열을 살펴보면 다음과 같다.

영역	단계	1단계	2단계	3단계
	주제	나	나+너=우리	우리+그들=모두
	학년	유치원	1, 2학년	3학년

요소	정체성 발달과 자존심	긍정적인 자아정체성 발달	다양한 정체성의 발견	다른 사람들과의 공감대 형성
	차이에 대해 익숙해지기	공통점과 차이점 발견	차이 인정하기	다양성 중시하기
	편견 이해하기	공정과 불공정한 상황 깨닫기	편견적 태도와 행동 이해하기	편견의 영향 이해하기
	편견에 대항하는 행동 취하기	공정한 상황과 불공정한 상황 다루기	편견을 다루는 절차 발달시키기	시민의 권리와 책임 이해하기

1) 다양한 정체성 발견

사람마다 다양한 정체성을 갖고 있음을 알고, 편견을 버리고 상대방을 이해하는 것을 배운다.

활동 예 생일 축하하기

생일을 축하하는 다양한 방식에 대하여 이야기 나누기
(생일 케이크, 촛불, 선물, 특별한 식사, 특별한 모임, 파티 등)

2) 차이 인정하기

공동체의 다양성을 깨닫고, 인정하고, 중요시하도록 한다.

활동 예 조부모의 이야기

3) 편견을 지닌 태도와 행동 이해하기

공정한 상황, 불공정한 상황, 고정관념에 대해 생각해보도록 한다.

활동 예 성급한 일반화 만들기

4) 편견을 다루는 절차(메커니즘) 발달시키기

편견과 차별을 적절히 다루는 데에 필요한 기술을 발달시킨다.

활동 예 "차별 다루기"

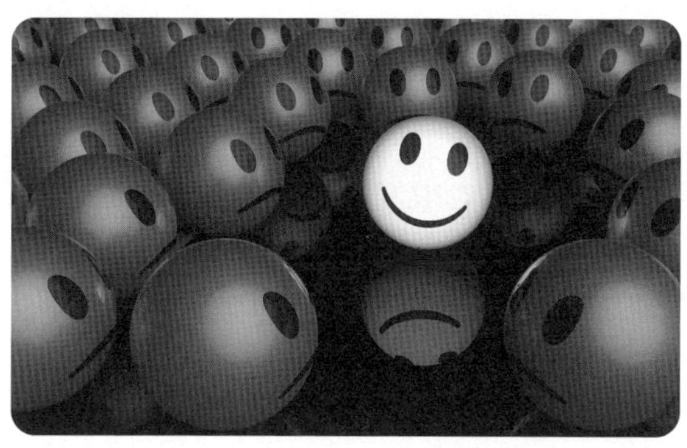

2 캐나다[3]

앨버타주 초등학교 4학년 사회과 수업 프로그램으로 "찬사와 도전"이 있다. 이 프로그램은 캐나다 내 공존하고 있는 문화의 기원을 찾아가 보고 현재의 문화 자체를 인정하고 축하해 주는 활동이다. '문화유산의 날' 행사로 진행되고 있는데 각 문화권별로 전통문화를 선보임으로써 다양한 문화들을 체험할 수 있게 하였다.

3 최충옥(2010). 다문화교육의 이해, 양서원, 166-169.

3 프랑스[4]

3학년 사회과목, 사회-법률-시민교육 ECJS 프로그램-"현대 사회의 변화에 맞춘 시민 정신"은 세계 시민성 차원에서 인권 존중, 양성 평등을 통한 다문화 교육을 다루고 있다. 일반 교과 교육에 다문화 교육을 접목시키는 접근법이다.

4 최충옥(2010). 다문화교육의 이해, 양서원, 169-171.

주제	• 시민 정신과 과학과 기술의 발전 • 시민 정신과 평등과 정의의 새로운 요구 • 시민 정신과 유럽공동체 구성 • 시민 정신과 세계화
방법	• 교사의 질문 중시 • 시사 뉴스들과 사건 연결 • 시민 정신 연습의 직접적인 결과와 공공장소에서의 토론의 의미 제시 • 토론 • 자료수집(논문, 정기간행물, 인터넷 사이트 등)
평가	자료수집과 분석, 제작물의 질, 토론에서 추론하는 능력

미국[5]

5 Christine I. Bennett(2009). 다문화교육-이론과 실제, 학지사, 488-495.

"신데렐라의 다양한 모습"(Patricia A. O'Connor)은 신데렐라 이야기를 통해 서로 다른 문화에서 같은 이야기를 독특한 방식으로 이해한다는 것을 배울 수 있다. 이 책은 오래전 이야기와 자신이 속한 세계를 연결할 수 있다는 것을 보여준다.

다음은 신데렐라의 이야기를 통해 다양한 문화에 대한 이해를 넓히고 다른 문화에 대해 생각해 볼 수 있는 활동이다.

- 신데렐라의 모습을 묘사하고, 신발의 모양에 대해 간단히 쓴다.
  학생들에게 다양한 버전의 신데렐라가 신었던 신발 그림을 보여준다.
- 신데렐라 모티브의 역사, 미국판의 배경 역사, 다양한 해석에 대해 강의한다.

작문 실습	현대판 신데렐라 이야기 만들기, 배경과 인물에 초점을 두기

• 각자가 만든 작문을 집단에서 완성한다.

• 발표를 진행한다.

"신데렐라의 다양한 모습"에서 제시한 다양한 분석 가이드를 보면 다음과 같다.

제목:
출신국가:
시작
주인공 및 주변 인물의 선량함과 악함
인물의 수동성과 능동성
경쟁 관계의 형제자매
아버지의 역할
12시의 금지
주인공을 찾는 왕자/공주의 역할
폭력성 수준
유용한 정신
동물의 역할
사건(왜?)
죽은 어머니/아버지의 출현
신발, 의상, 반지의 종류
마무리

> ▷ **집단활동**
>
> - 눈: 집단 내 구성원 모두가 발언하고 자신의 생각을 설명할 기회가 주어지는지와 과제에 초점을 유지하는지에 대해 감시한다.
> - 귀: 집단 토의에서 듣고 참여하여 집단 논의 시간에 일지를 작성한 후 구성원이 공유하도록 한다.
> - 입: 그룹의 대변인으로 구두보고와 발표를 책임진다.
> - 다리: 그룹의 문제와 질문을 듣고 그 해결을 위해 교사와 연락한다.
> - 심장: 각 구성원의 감정에 주의를 기울여 갈등이 발생하면 조화롭게 의견을 일치시키도록 한다.

앞에서 살펴본 것과 같이 진정한 의미의 다문화 교육은 이주민과 정주민 모두가 평등한 위치에서 더불어 살아갈 수 있도록 차이에 대한 이해와 수용을 가르치는 것이다. 이를 위해서는 다수 집단의 의식 전환이 선행되어야 하며, 이는 다문화 교육을 통해 가능하다.[6] 장인실(2015)[7]은 다문화 교육과 교육 과정은 구분이 불가함을 강조하며 공식적 교육 과정에서 수행되는 교과교육과 비공식적 교육 과정에서의 다문화 교육이 동반되어야 함을 주장하였다. 이러한 관점에서 볼 때 효과적인 다문화 교육이 이루어지기 위해서는 일회성이 아닌 지속성을 지향하는 양질의 프로그램 개발이 이루어져야 하며 공식·비공식 교육 과정 모두에서 다문화 교육이 이루어질 필요가 있다.[8]

이기용(2023)[9]은 2008~2021년 국내 학술지에 게재된 초등 다문화교육 프로그램을 다룬 96편의 논문을 살펴보았는데 가장 많이 활용된 연구주제는 일반 초등 다문화 교육 프로그램이 15회이었으며, 다음으로 다문화 미술교육 프로그램(8회), 식생활 및 의생활 다문화 교육 프로그램(6회), 다문화 인권교육 프로그램(3회) 등의 순이었다. 한국의 다문화 교육도 학교와 학교 밖에서 다양한 주제로 이루어질 필요가 있다. 또한 단발성이 아닌 지속적인 교육을 진행해야 한다.

6 김영순 (2010). 다문화사회를 위한 시민인문학; 다문화사회와 시민교육: "다문화역량"을 중심으로. 시민인문학, 18, 33-59.

7 장인실 (2015). 다문화 교육 실행을 위한 학교교육과정 개발 방향 탐색. 교육과정연구, 33(2), 45-70.

8 김민웅, 황재동 (2018). 초, 중등 다문화 교육 프로그램 효과에 대한 메타분석, 다문화교육연구, Vol.11 No.2, 한국다문화교육학회, 1-24.

9 이기용(2023). 초등 다문화교육 프로그램에 대한 연구 동향 분석, 문화교류와 다문화교육, Vol.12 No.1, 한국국제문화교류학회, 1-22.

나가기

- 호주, 캐나다, 프랑스, 미국의 다양한 다문화 교수·학습 프로그램을 통해 다문화 교육이 다양하게 이루어지고 있음을 살펴보았다. 호주에서는 학년별 프로그램이 진행되고 있으며 캐나다와 프랑스에서는 사회과 교육과정과 연계한 다문화 프로그램을 실시하고 있다. 미국의 "신데렐라 다양한 모습"을 통해 문화권별로 다양한 신데렐라의 모습을 알 수 있다.

[다문화 학생 3% 시대] ③ 다문화 선진국, 교육에서 답 찾았다

우리나라보다 앞서 다문화 사회로 진입한 독일, 캐나다, 호주, 미국 등은 오랜 이민 역사를 거치며 오늘날 한국 사회가 당면한 문제를 먼저 겪었다. 이들 국가는 다문화 사회로 나아가는 과정에서 발생하는 문제를 '교육'으로 극복했다는 공통점이 있다. 특히 이민자들이 현지 시민으로 적응할 수 있도록 하는 언어·문화 교육에 대한 지원을 아끼지 않았다.

▷ 상호문화 교육으로 사회 통합 꾀했다

인구의 26%가 이민자 출신이며, 약 170만 명의 난민이 사는 독일에서는 다양한 문화권의 사람들이 공존하도록 하는 사회적 논의가 오래전부터 있었다. 무엇보다 이주민 문화를 수용하는 방식으로 다문화 가정과 일반 가정의 통합을 꾀하고 있다.

독일 연방 정부는 1996년과 2013년 두 차례에 걸쳐 일선 학교에 상호문화 교육을 할 것을 권고했다. 이주민의 문화를 인정하고 포용함으로써 사회 통합을 이루고자 하는 노력의 일환이었다. 이주민에게는 독일 문화를 가르친다. 대표적인 다문화 지역인 노이쾰른은 2009년부터 이민자를 대상으로 사회통합프로그램을 의무적으로 이수하도록 했다.

이런 노력의 결과, 독일 국민들은 이민자에 대해 긍정적인 인식을 하게 됐다고 한다. 독일의 사회민주당 정책연구기관인 프리드리히 에버트 재단이 2019년 발표한 여론조사에 따르면 응답자의 53%가 '이민자들이 국가 발전에 기여할 것'이라고 응답했다. 반대 의견은 29%에 그쳤다.

독일은 다문화 가정 자녀들이 언어 문제로 부적응을 겪지 않도록 언어 교육에도 공을 들이고 있다. 다문화 가정 자녀는 유치원 때부터 독일어 교육을 받을 수 있다.

독일과 비슷한 방식으로 다문화 가정을 통합하고 있는 국가는 아일랜드다. 아일랜드는 1990년대 중반 이민을 보내던 나라에서 이민을 받는 나라로 바뀌었다는 점에서 한국과 비슷하다는 평가를 받는다.

아일랜드 정부는 2005년 초등학교부터 고등학교까지 수준별 상호문화 교육 과정을 만들어 일선 학교에 배포하고, 교사들에게 모든 교과목에서 상호문화를 교육할 것을 권장했다.

▷ 다양한 언어 수용 교육으로 소수민족 배려

이주민들이 세운 나라인 캐나다는 이민 수용 정책을 꾸준히 펼쳤음에도 국내 인구만으로 노동력을 충당할 수 없게 되자, 동화주의적 이민정책에서 모든 민족에 평등하게 문호를 개방하는 다문화 정책으로 전환했다.

캐나다의 다문화 교육은 언어 지원, 소수 민족 정체성 존중, 소수 민족의 자신감 배양에 목표를 두고 있다. 교사들은 다문화 교육 연수를 필수로 받고 있고, 학생들은 교육과정을 통해 다문화 가치를 자연스럽게 받아들이고 있다. 특히 학교에서 소수 언어를 배울 기회를 보장하고, 캐나다에서 사용하는 프랑스어, 영어뿐만 아니라 소수 언어도 사용할 수 있도록 체계를 구축했다. 학부모를 대상으로 하는 언어 프로그램도 시행하고 있다.

호주도 300개 이상의 언어가 사용되고 있을 정도로 다양한 문화권의 사람들이 어울려 살고 있다. 호주 국립교육연구원에 따르면 호주 학생의 약 3분의 2는 학교 등에서 호주 이외의 배경을 가진 사람을 만날 기회가 있었고, 2분의 1은 다른 나라 국적을 가진 이웃을 두고 있다. 이러한 배경은 호주인들이 어려서부터 다양한 언어와 문화를 자연스럽게 수용하도록 하는 데 큰 도움이 되고 있다.

실제로 경제협력개발기구(OECD)의 '국제 학업성취도 평가 연구(PISA) 2018'의 학생 글로벌 역량 평가에서 호주 학생들은 다양한 문화권의 사람들과 교류할 수 있는 능력이 높은 것으로 나타났다. 학생들의 이러한 역량에는 다문화 가정 자녀와 일반 가정 자녀가 원활한 교류를 할 수 있도록 정부와 각 주가 제2외국어 교육을 지원하는 것도 한몫한다.

호주 연방 정부는 2019년 국가적 차원에서 제2외국어 학습 지원을 추진하기로 했고, 뉴사우스웨일스주는 초등학생부터 제2외국어 학습을 하도록 권고했다.

빅토리아주에는 2020년부터 '언어 학습을 통한 글로벌 학교' 프로그램을 통해 초등학생부터 아시아 언어를 집중적으로 배우고 문화를 교류하는 시간이 있다. 서호주에서도 3학년부터 6학년까지 제2외국어 학습을 의무화했으며, 2023년부터는 8학년까지 확대할 예정이다. 호주의 다문화 교육은 정부와 학교뿐만 아니라 시민단체의 적극적인 지원이 뒷받침하고 있다.

▷ 다문화 자녀 특성 존중한 '맞춤교육' 제공

1991년 미국 미네소타주에서 '차터 스쿨'(Charter School) 법안이 채택된 이후 미 전역에 약 7천 개의 차터 스쿨이 설립돼 약 300만 명이 재학 중이다. 차터 스쿨은 시민단체 등 민간단체가 주 정부와 협약을 맺고 학교를 직접 운영하는 자율형 공립학교를 말한다. 주 정부의 재정 지원을 받기 때문에 학생들은 거의 무료로 학교에 다니고 있다.

차터 스쿨에서는 획일화된 교육이 아닌 학생 개개인의 특성을 존중한 교육을 제공하고 있다. 모든 학생에게 평등한 교육의 기회를 부여하는 것이 교육 목표이기 때문이다. 저소득층 가정, 소수 인종, 난민 등 사회취약계층 자녀들이 우선 선발 대상이다. 차터 스쿨은 학업 성취도와 명문대 진학률이 높아 입학 경쟁률이 치열한 것으로 알려졌다.

차터 스쿨 중 270여 개는 다문화 교육을 지원하는 KIPP(Knowledge Is Power Program) 재단에서 운영하고 있다. KIPP 재단이 운영하는 학교의 수업 시간은 미국의 평균 수업 시간보다 40~50% 더 길다. 이곳 출신 졸업생의 83%가 대학에 진학해 사회 인재로 성장하고 있다.

유럽에서 이민 인구가 두 번째로 많은 프랑스는 중도입국 학생에게 전문 직업교육 과정을 이수하거나 단기 고등교육 과정을 밟도록 하고 있다. 이 교육은 '이민자와 비정착 주민들의 학교 적응을 위한 교육센터'(CASNAV)에서 담당한다. CASNAV는 다문화 가정 자녀에게 학교 입학 정보와 학교생활 적응을 돕는 상담 프로그램을 제공한다. 특히 직업교육을 통해 직업을 가질 수 있도록 돕는 등 다문화 가정 자녀들이 사회 일원으로 자리 잡을 수 있도록 하는 데 초점을 두고 있다.

연합뉴스, 권선미 기자, 2021.10.12.

(https://www.yna.co.kr/view/AKR20211008128600501?input=1195m)

제19장

상호문화 교수·학습의 실제

들어가기

- 상호문화 능력 교육의 원리를 알고 있는가?
- 상호문화 능력 교육의 실현 양상을 알고 있는가?

※ 이성희(2017). 다문화 역량 신장을 위한 동아시아 이야기 콘텐츠의 주제론적 접근: <콩쥐팥쥐>와 <섭한(葉限) 이야기>를 중심으로, 다문화와 평화, Vol.11 No.2, 성결대학교 다문화평화연구소, 37-58. 이 장은 이 논문을 수정, 보안한 것이다.

1 상호문화능력의 원리

상호문화능력(Intercultural Competence)은 "다른 문화의 대표적인 행동, 태도, 기대를 만났을 때 충분히 유연한 방식으로 행동하는 사람의 능력(Meyer, 1991)"이다.[1] 또한 심리적으로 외국인에 대한 개방성, 낯선 것에 대한 열린 마음, 상대의 의사소통 스타일에 의연하게 대처하는 능력이다.[2]

Bennett(1993)의 상호문화 감수성의 발달모형은 자민족 중심주의적 단계들과 민족상대주의적 단계들을 구분하여 제시하였다.[3]

상호문화 교육은 자민족 중심주의적 단계들인 부정(Denial), 고립(Isolation), 분리(Seperation), 방어(Defense), 우월주의(Superiority)를 극복하고 상호문화 교육의 지향점인 수용(Acceptance), 행동적 차이 존중(Behavioral D.), 가치 차이 존중(Value Difference), 복수주의(Puralism). 통합(Integration)으로 나아가는 것이다.

2 '내용 통합'을 위해 동양의 신데렐라 이야기 활용하기

베넷(Christine Bennett)은 다문화 교육을 평등 지향 운동, 교육 과정 개혁, 다문화적 역량, 사회정의 실현-차별과 편견 배제 등 네 가지 차원으로 제시하였다.

'교육 과정 개혁'은 단일 민족 중심의 관점에서 벗어나 다민족적이고 전지구적인 관점에서 교육 내용을 통합하는 것이다. 내용 통합은 주류 문화가 아닌 다양한 문화를 선정하는 방향으로 이루어져야 한다. 중심보다는 주변, 소외되었던

1 Hinkel, E.(ed.)(1999). *Culture in Second Language Teaching and Learning*, Cambridge University Press.

2 유수연(2008), 문화간 의사소통의 이해, 한국문화사, 103-105.

3 Bennett, M./Hammer, M.(1998). *The Development Model of Intercultural Sensitivity*. 29. 민춘기(2009). 상호문화 소통능력 수업 모형 개발을 위한 기초연구, 독일어문학, 제46집, 377-378 참조.

것, 그늘에 가려졌던 것, 가치 절하되었던 것을 불러내어 균형을 맞춰야 한다.

미국 디즈니사의 <신데렐라 Cinderella>로 더 잘 알려진 <섭한(葉限) 이야기>는 중국 당나라 시대의 단성식(段成式)의 「유양잡조(酉陽雜俎)」에 실린 것이 가장 오래된 판본으로 추정된다.

프랑스 샤를 페로(Charles Perrault)의 「옛날 옛적 이야기」(1697), 독일 그림 형제(Jacob Grimm & Wilhelm Grimm)의 「어린이와 가정을 위한 그림 동화」(1812)에 실려 있다.

샤를 페로(Charles Perrault)는 <신데렐라>를 개작하는 과정에서 귀족과 상류 부르주아 계급의 아비투스 재생산을 위한 가부장제에의 순응, 남성 의존성, 지나친 교훈성 등을 지나치게 부각시켰다.[4]

페로의 <신데렐라>를 차용한 월트 디즈니(Walt Disney)는 문자 텍스트를 이미지화하는 과정에서 미국적 개인주의 이데올로기, 자수성가, 성차별적 내러티브, 순응성과 인습성을 주제화하여 더욱 심각한 문제를 드러낸다.[5]

페로와 디즈니의 신데렐라, 콩쥐팥쥐, 섭한에는 계모의 학대, 초자연적인 조력자, 신발 분실과 찾기, 신분 높은 사람과의 행복한 결혼 모티프가 공존한다.

페로와 디즈니의 신데렐라는 몇 가지 특징을 공유한다.

첫째, 신데렐라는 왕자가 주최한 무도회 참여하고 싶어 한다. 이로써 '결혼으로 인한 신분상승'이 주제화된다.

둘째, 호박·쥐·도마뱀의 역할이 도구적이다. 이들은 대모에 의해 마차·마부·하인으로 변신한다. 이는 콩쥐가 소·두꺼비·새들과 소통하는 것, 섭한이 물고기와 깊은 소통을 이루는 것과는 대비된다.

셋째, 외모지상주의이다. 왕자는 신데렐라를 '대단한 외모를 가진 공주'로 보고 첫눈에 반한다.

넷째, 개인적인 성공지상주의이다. 페로는 신데렐라 후면 <교훈>란에서 착한 마음과 출세를 강조한다.

다문화 역량 신장을 위해서 다양한 국가의 작품을 교육 내용으로 삼는 내용통합이 필요하다. 또한 다문화적 가치를 지향하고 있는 작품 선정을 해야 한다. 이에 그동안 가치절하되었던 아시아의 이야기를 선정할 것을 제안하는 바이다. 다음에서는 콩쥐팥쥐와 섭한을 통해 다문화적 역량인 자문화와 타문화 이해를 통한 차이 인정·평등 지향·다양성과 공존 추구의 가치에 대해 살펴보도록 하겠다.

4 브루노 베텔하임(Bruno Bettelheim, 2010). 옛이야기의 매력, 시공주니어, 402-417; 잭 자이프스(Jack Zipes, 2006). 동화의 정체, 문학동네, 80-92, 350-352.

5 잭 자이프스(Jack Zipes, 2006). 동화의 정체, 문학동네, 353-386.

3 한국어 교과서의 '신데렐라' 이야기 분석

6 경희대학교(2016). 경희한국어 듣기 4, 5, 6, 경희대학교 국제교육원; 서강대학교(2006/2016). 서강 한국어 4A, 5A, 5B, 서강대학교 한국어 교육원; 서울대학교(2015). 한국어 3B, 4B, 5A, 서울대학교 한국어 교육원;연세대학교(2008). 연세 한국어 3-1, 연세대학교 한국어학당.

표 19-1 한국어 교재 이야기 콘텐츠의 다문화적 내용 통합 양상[6]

급수	(가)	(나)	(다)	(라)
3		**서동요 부대설화**	**흥부와 놀부** **춘향전** 뮤지컬 인어공주, 연극 인어공주, 로미오와 줄리엣, 뮤지컬 맘마미아, 백조의 호수, 지저스 크라이스트 슈퍼스타, 캐츠, 라따뚜이	
4	**선녀와 나무꾼** **청개구리 이야기** **호랑이와 곶감**	**호랑이와 곶감** **호랑이와 나그네** **단군신화** **흥부놀부** 로미오와 줄리엣(영국), 흥부와 놀부(한국), 갈매기(러시아), 패왕별희(중국), 인형의 집(노르웨이), 주신구라(일본)		**선녀와 나무꾼** **단군신화**
5	**콩쥐팥쥐** **소가 된 게으름뱅이** 장화 신은 고양이, 아기 돼지 삼형제, 신데렐라	**견우와 직녀**		**심청전** **청개구리 이야기** **흥부놀부** **해님달님**
6	**무학대사 이야기** **온달이야기**			

(가)에서는 '옛날이야기' 단원에서 '장화 신은 고양이', '아기 돼지 삼형제', '신데렐라' 그림을 제시하였다. 6급에서는 '폴란드 바르샤바'와 '조선 한양의 지명 전설'을 함께 다루고 있다. 폴란드 바르샤바 지명 전설은 많이 다루어지지 않던 소재라는 점에서 참신하다. 더욱 다양한 국가의 이본을 함께 다루어 다문화적 내용통합을 실현하는 방안이 요구된다.

(나)에서는 '로미오와 줄리엣'(영국), '흥부와 놀부'(한국), '갈매기'(러시아), '패왕별희'(중국), '인형의 집'(노르웨이), '주신구라'(일본) 등 다양한 국가의 이야기를 간단하게 소개했다.

(다)에서는 '흥부놀부'와 '춘향전'을 다루면서 '뮤지컬 인어공주'와 연극 '인어공주' 비교하기 활동을 제시했다. 또한 '로미오와 줄리엣' · '뮤지컬 맘마미아' · '백조의 호수' · '지저스 크라이스트 슈퍼스타' · '캐츠' · 만화영화 '라따뚜이' 등 여러 국가의 다양한 장르를 언급한 점이 돋보인다.

위의 교재들에서는 적극적이지는 않지만 다문화적 내용 통합에 대한 문제의식이 엿보인다. 하지만 타문화권의 이야기는 본문이 아니라 그림이나 질문에 간단하게 언급되고 있어 더욱 극적 내용 통합이 요구된다. 또한 대부분 서구 이야기 콘텐츠인 것도 한계이다.

그간 서구 이야기는 상대적으로 많은 비중으로 다루어진바 이제 동아시아 이야기 콘텐츠에 눈을 돌릴 때가 되었다. 뱅크스의 다문화적 내용 통합을 지향하기 위해서는 좀 더 의식적이고 적극적인 노력이 필요하다.

4 '콩쥐팥쥐'와 '섭한(葉限)'을 통해 상호문화 능력 교수·학습하기

▷ **콩쥐팥쥐**

어머니가 돌아가신 후 콩쥐는 아버지와 함께 살고 있었다. 콩쥐의 아버지는 재혼을 하였다. 새어머니는 콩쥐를 구박하며 온갖 집안일을 다 시켰다. 팥쥐에게는 쇠 호미를 주고 콩쥐에게는 나무 호미를 주고 밭을 갈라 하였다. 콩쥐가 밭을 갈다가 호미가 부러져서 갈 수 없어 울었다. 하늘에서 검은 소 한 마리가 내려와 도와주었다. 콩쥐가 깨진 항아리에 물을 붓다가 물이 차지 않아 울었다. 두꺼비 한 마리가 나타나 도와주었다.

팥쥐는 새어머니와 함께 잔치에 갔다. 콩쥐는 잔치에 가고 싶었지만 새어머니가 시킨 일이 많아서 잔치에 못 갔다. 선녀가 내려와 베를 짜주고, 새들이 쌀나락을 벗겨주었다. 선녀가 잔치에 입고 갈 새 신과 새 옷을 주었다. 콩쥐는 잔칫집에 가다가 원님 행차와 마주쳤다. 공쥐는 냇물을 건너다 꽃신을 잃어버렸다. 원님은 이방을 시켜 꽃신 주인을 찾게 했다. 팥쥐는 자신이 꽃신 주인이라고 거짓말을 하였다. 원님이 콩쥐의 꽃신을 찾아 주었다. 콩쥐는 원님과 결혼하여 행복하게 살았다. 새어머니와 팥쥐는 벌을 받게 되었다.

▷ **섭한(葉限) 이야기**

진, 한 이전에 동주(洞主) 오씨(吳氏)는 죽은 첫 번째 아내의 딸인 섭한(葉限)을 사랑했다. 오동이 죽자 섭한은 계모의 학대를 받았다. 계모는 섭한에게 험한 산에서 나무를 하게 하고, 깊은 곳에서 물을 긷게 했다.

섭한은 물을 긷다가 얻은 물고기를 그릇에 담아 키우다가 너무 커져서 연못에 놓아주었다. 물고기는 섭한이 오면 물 밖으로 나와 반겼다. 다른 사람들이 가면 절대 나오지 않았다. 계모가 섭한의 옷을 입고 가서 물고기를 칼로 찔러 죽여 요리해 먹고 뼈를 퇴비 밑에 숨겼다.

물고기가 죽은 것을 알고 섭한은 큰 슬픔에 빠졌다. 그때 하늘에서 내려온 사람이 퇴비 밑에 있는 물고기 뼈를 방에 숨겼다가 원하는 것을 빌면 이루어질 것이라고 했다. 섭한이 그 말대로 하니 보석, 옷, 먹을 것 등 원하기만 하면 무엇이든지 생겼다.

계모는 동(洞) 축제에 가면서 섭한에게 마당의 과실을 지키라고 했다. 섭한은 청록색 윗옷을 입고 금 신발을 신고 축제에 갔다. 섭한은 자신을 알아본 의붓 동생을 의식하고 부리나케 돌아오느라 신발 한 짝을 잃어버렸다. 동(洞) 사람이 주운 섭한의 신발은 털처럼 가볍고 돌을 밟아도 아무 소리가 나지 않는 신기한 신발이었다. 동 사람은 그 신발을 타한국에 팔았다.

임금은 그 신발의 주인을 수소문했다. 신발 주인을 찾은 끝에 섭한의 발에 신기니 신발이 딱 맞았다. 섭한은 왕에게 자초지종을 말했다. 계모와 의붓 동생은 징검돌에 맞아 죽었다. 그 무덤을 '오녀총(吳女塚)'이라 불렀다. 타한국 왕은 물고기뼈와 섭한을 데리고 왕국으로 돌아와 섭한을 왕비로 삼았다.

1) 자문화 이해 - 자기 존중·내재적 가치 추구

콩쥐는 차별 속에서도 굳건히 자신의 할 일을 한다. 섭한은 대가 없는 노동을 통해 생명을 돌본다. 땅에 대한 노동과 가여운 생명을 돌보는 일은 자기 안에서 나온 내재적 가치 실현을 통해서 가능하다. 이는 자기 존중, 내재적 가치에 대한 긍정적 인식을 나타내는 것이다.

콩쥐와 섭한은 잃어버린 자기 신발을 찾는다. 콩쥐와 섭한이 잃어버린 신을 찾고자 하는 것은 자기 내면의 목소리에 따라 행동하는 당당함의 표현이다. 콩쥐와 섭한은 타인의 시선, 권력, 자본을 추구하면서 외재적 가치를 따르는 타인들의 횡포 속에서 굳세게 자기 길을 걸어 나간다. 이들은 자기 자신을 사랑하여 자기화를 실현한다.

반면 의붓 자매들은 자신의 신발이 아닌 타인의 신발을 찾고 있다. 자신의 신발이 아니라는 것을 알면서 타인의 신발에 억지로 발을 끼워 넣는다. 이러한 행위는 '자신'을 찾기 위한 것이 아니라 타인의 것을 자신의 것으로 만들려는 과한 욕망이다. 타인의 욕망을 따르는 새어머니, 의붓 형제들은 내재적 가치가 아니라 외재적 가치를 따르는 자들이다. 마땅히 주인에게 돌아가야 할 신발 찾기는 바로 자기 아닌 것, 자신의 것이 아닌 것에 헛된 욕망을 두지 말라는 경계로 읽을 수 있다.

다문화 교육은 일차적으로 자문화에 대한 이해, 자기 민족, 자기 전통에 대한 이해를 목적으로 한다. 콩쥐와 섭한이 자기 실현을 통해 내재적 가치를 추구하는 과정은 다문화 교육에서 추구하는 자문화에 대한 이해와 존중의 필요성을 환기시킨다.

2) 타문화 이해 - '차이' 인정을 통한 소통과 공존, 다양성 존중

콩쥐와 섭한은 동물과 소통하면서 공존을 지향한다. <콩쥐팥쥐>에서 암소는 밭을 갈고, 두꺼비는 깨진 항아리를 몸으로 막아낸다. 새는 작은 입으로 나락을 깐다. 인간에 비해 제한된 능력을 가지고 있는 동물들이 콩쥐가 할 수 없는 일을 통해 콩쥐를 위기에서 구해낸다. 인간과 동물, 인간과 자연의 상호 이해와 우정을 바탕으로 한 공존은 '우열'이 아닌 '차이'를 보여준다.

섭한은 계모의 학대와 힘든 노동 속에서도 물고기를 기른다. 다른 생명을 돌보는 행위는 섭한이 힘든 상황에 매몰되지 않고 자신의 삶을 꿋꿋이 지켜내면서 외적인 세계와 연관을 맺고 있다는 반증이다. 동물은 인간과 함께 세계 내에 존재해 왔지만 인간의 욕망에 의해 많은 희생을 강요당하고 소외되어 온 '자연'이다.

▷ 나카자와 신이치 「곰에서 왕으로-국가, 그리고 야만의 탄생」

나타자와 신이치는 인간과 동물 사이의 대칭 관계에 주목하였다.

인간의 '문화'와 동물의 '자연'이 서로 대칭 관계에 있어 존중하는 것이 가장 이상적이며 대칭성의 균형을 상실한 것이 '문명'과 '야만'이다. 인간과 동물이 상호 변용 가능한 '친족'이며 '친구'라는 사고는 '인간적인 마음', 즉 타자에 대한 공감으로 가득 찬 이해이다. 친구 사이인 곰과 인간은 서로 보답을 바라지 않는 선물을 주고받음으로써 깊은 상호이해와 우애로 맺어져 있다(나카자와 신이치, 「곰에서 왕으로-국가, 그리고 야만의 탄생」, 동아시아, 2014, 89-93, 15-39, 103-109).

'동물'은 서구, 권력, 자본 중심의 주류 문화에 의해 소외되었던 비주류 문화에 대한 은유로 읽을 수 있다. 동물이 인간과 다른 것이 아니라 상호이해와 우정으로 만나야 하는 관계라는 다문화적 인식이다.

나가기

- 상호문화 능력(Intercultural Competence)은 "다른 문화의 대표적인 행동, 태도, 기대를 만났을 때 충분히 유연한 방식으로 행동하는 사람의 능력(Meyer, 1991)"이다. 또한 심리적으로 외국인에 대한 개방성, 낯선 것에 대한 열린 마음, 상대의 의사소통 스타일에 의연하게 대처하는 능력이다.
- 콩쥐와 섭한은 공동체 속으로 들어간다. 공동체 안에서는 자기 사랑의 확대된 개념으로서의 타자와의 소통이 전제된다. 자문화와 타문와에 대한 이해와 존중으로 이어질 때 건강하고 온전한 다문화 능력의 지평이 열릴 것으로 전망한다.

더 읽을거리

"현행 다문화 교육은 타문화 체험에 그쳐… 상호문화 교육 필요"

"현행 다문화 교육은 타문화에 대한 지식과 정보를 학습하고 체험하는 것에 그쳐요. 상생을 위해서는 다문화 가족과 비(非) 다문화 가족 자녀가 차이를 긍정적으로 바라볼 수 있게 상호문화 교육을 해야 해요."

여성가족부가 운영하는 '다문화 가족 참여회의' 위원인 김미래(22) 씨는 4일 서울 종로구 정부서울청사에서 열린 '2023년 다문화 가족 참여회의'(의장 이기순 여가부 차관)에 참석해 다문화 자녀 지원 사업에 관한 의견을 이렇게 밝혔다.

다문화 가족 참여회의는 다문화 가족이 직접 관련 정책 및 사업에 대한 의견을 제안하는 회의체로 2015년에 발족했다. 다문화 가족 자녀인 김씨를 비롯해 총 21명이 제6기 참여위원으로 활동하고 있다.

김씨는 이중언어 사업과 국제교류 활동 등 다문화 자녀의 글로벌 역량을 높일 수 있는 사업을 통해 다문화에 대한 긍정적인 인식을 높이고, 성인이 된 다문화 자녀가 장점을 살려 사회 경제활동을 하도록 연계시스템이 구축돼야 한다고 말했다.

또 초등학교 교육과정에 제2외국어 영역을 추가해 청소년들이 어린 시기부터 언어와 문화의 다양성을 접하고 받아들일 수 있는 환경을 만들 필요가 있다는 의견도 제시했다.

연합뉴스, 성도현 기자, 2023.7.4.

(https://www.yna.co.kr/view/AKR20230704113300371?input=1195m)

제20장

외국 학생들의 자문화 소개하기 활동

들어가기

- 유학생들의 자문화와 한국 문화 비교 활동을 본 적이 있는가?
- 한국 문화가 외국인들에게 인식되는 방식을 알고 이를 통해 상호문화능력을 신장시킬 수 있는가?

상호문화란 서로 다른 문화나 국가 간에 상호 작용을 촉진하고 이해하는 것이다. 즉 다양한 문화 간의 대화와 상호작용을 촉진하여 사회에 존재하는 여러 문화를 적극적으로 수용하고 발전시키는 것을 의미한다. 이 장에서는 <마가 모델>을 활용하여 외국인 유학생들이 어떻게 상호문화 역량을 키우게 되는지 살펴볼 것이다. 첫 번째에서는 한국과 중국의 맥도날드를 비교한 유학생의 사례를 소개할 것이다. 두 번째에서는 한국과 도미니카 공화국의 도서관의 차이를 비교해서 소개할 것이다. 학생들의 작문을 최대한 살려서 실었기 때문에 문장이 매끄럽지 못한 부분도 있다.

1 장한업(2006). 이제는 상호문화 교육이다, 교육과학사, 151-154.

▷ 마가(H.Maga)의 상호문화 교육절차[1]

① 자문화 인식: 학습자들이 자신의 문화에 대해 살펴보고 자신의 문화를 비판적으로 바라보도록 지도한다.

② 타문화 발견: 학습자들이 자문화와 다른 문화가 있음을 인식하고 그 문화의 특징적인 것을 찾아 가르치라고 교사들에게 제안한다.

③ 문화적 행동 분석: 학습자들이 의사소통 속에서 나타나는 문화적 사실을 찾아내고 분석한다. 학생들로 하여금 거리를 두고 '비스듬하게 비껴'보게 한다.

④ 고정관념(fixed idea)에 대한 성찰: 학생들로 하여금 왜 그런 고정관념이 생겼는지 생각해 보게 한다.

⑤ 자문화-타문화 관계 설정: 자문화와 타문화 사이에 나타나는 여러 가지 관점을 통해 다양한 문화를 이해하고 상대성을 인식하도록 하게 한다.

⑥ 타문화 인정 및 존중: 문화를 내면화하여 자문화와 타문화 모두 중요하게 생각하고 수용하도록 하게 한다.

1 한국과 중국의 맥도날드 비교

중국인 유학생이 한국과 중국의 맥도날드의 차이를 조사하면서 관찰한 세 가지 현상은 다음과 같다.

▌그림 20-1 한국과 중국의 맥도날드

VS

첫째, 중국의 맥도날드에서는 음식 쓰레기를 다 웨이터가 정리하고 치우는데 한국의 맥도날드에서는 음식 쓰레기를 자기가 직접 치운다.

둘째, 중국의 맥도날드에서는 여러 가지 치킨통이 있다. 예를 들면 새해 치킨통, 크리스마스 치킨통, 단오 치킨통 등이다. 그리고 테마 치킨통도 있다. 예를 들면 미니언즈 치킨통, HELLO KITTY 치킨통 등이 있다. 그런데 한국의 맥도날드에서는 없다.

셋째, 중국의 맥도날드에서는 가족 생일 파티를 열고 친구 생일 파티도 하는데 한국의 맥도날드에서는 가족 생일 파티를 열지 않는다.

다음은 위에서 발견한 현상을 바탕으로 중국인 유학생이 <마가 모델>을 활용하여 정리한 내용이다.

① 자문화 인식

- 우리 나라(중국)는 셀프 서비스가 아니라 웨이터가 음식 쓰레기를 치웁니다.
- 우리나라의 맥도날드의 주요 소비 대상은 어린이입니다.
- 우리나라의 맥도날드의 가격이 다른 음식의 가격보다 좀 비싸서 파티를 자주 엽니다.

② 타문화 발견

- 한국의 맥도날드는 셀프서비스이기 때문에 소비자들이 음식 쓰레기를 직접 치웁니다.
- 한국의 면적이 작아서 땅값이 좀 비쌉니다. 어린이의 놀이 구역을 건설하는 것보다 주요 소비 대상이 젊은이인 것이 유리합니다.
- 한국 사람들은 생일 파티를 하면 패스트푸드점에서 열지 않습니다. 생일 때는 더 행복한 느낌을 갖고 싶어서 맥도날드보다 등급이 더 높은 식당을 선택합니다.

③ 문화적 행동 분석

한국 사람은 처음부터 셀프서비스였기 때문에 자기가 직접 음식 쓰레기를 치웁니다. 이런 습관은 오늘까지 이어지고 있습니다. 중국은 인건비가 낮고 계층의 소득 격차가 크기 때문에 청소부에 맡기는 것이 셀프서비스보다 적당합니다. 중국의 면적이 너무 커서 땅값이 한국보다 쌉니다. 한국의 맥도날드에서는 자리가 좁고 패스트푸드점에서는 생일 파티를 안 한다고 합니다. 그리고 한국의 맥도날드에서 생일 파티를 하면 좀 창피한 것 같다고 합니다. 옛날에 물가가 모두 낮아서 맥도날드에서 생일 파티를 열었는데 지금은 물가가 서서히 오르고 있어서 맥도날드에서 생일 파티를 하면 좀 저렴하다고 합니다. 지금은 한국 사람들은 생일 때 행복감을 얻고 싶어서 좀 비싼 음식점을 선택합니다.

④ 고정관념(fixed idea)에 대한 성찰

저는 중국에 있을 때 맥도날드에서 생일 파티를 하는 것이 당연하다고 생각했습니다. 한국 맥도날드에서 생일 파티를 하는 것을 본 적이 있습니다. 그런데 한국 사람에게 물어보니 옛날에 물가가 낮을 때는 생일 파티를 했지만 지금은 맥도날드에서 생일 파티를 하면 좀 저렴한 것 같아서 생일 파티를 하지 않는다고 합니다. 그래서 제가 맥도날드를 이용하는 식문화가 다르고 한국 사람은 생일 때 더 행복감을 얻고 싶어서 생일의 장소를 중시한다고 생각합니다.

⑤ 자문화-타문화 관계 설정

이번 조사를 통해 중국과 한국의 맥도날드에 대해서 습관, 풍속, 전통의 차이를 알게 되었습니다. 맥도날드는 양국의 국가 상황, 전통에 따라 본국의 식문화가 발전했다는 것을 알게 됐습니다. 서로 다른 국가는 서로 다른 식문화가 있습니다.

⑥ 타문화 인정 및 존중

각 나라의 문화는 모두 자신의 발전의 산물입니다. 서로 다른 문화에는 이질적인 요소가 있기 때문에 사소한 일에 반영하는 것도 다릅니다. 우리는 다른 나라의 문화를 존중해야 합니다. 사물의 정수를 골라 취하고 찌꺼기는 버립니다. 서로 다른 문화 차이를 존중하는 것은 바로 우리나라를 존중하는 것입니다

2 한국과 도미니카 공화국의 도서관 비교

▌그림 20-2 도미니카 공화국 유학생의 발표 자료

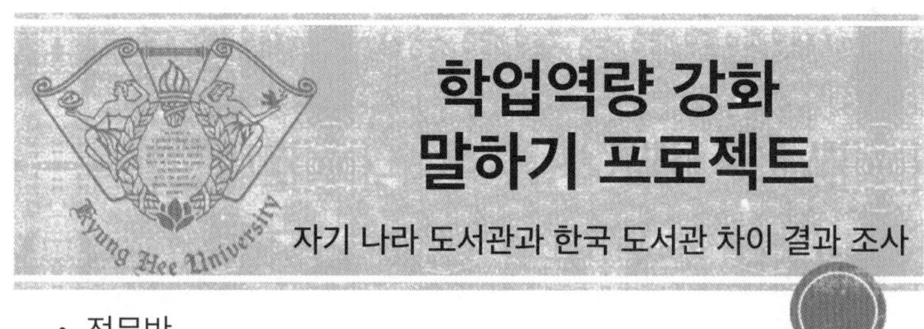

- 정문반
- 무역학과
- 멜리사 세데뇨. Melissa Cedeño

다음은 도미니카 공화국 유학생이 한국의 도서관과 자국의 도서관의 차이점을 발견한 것을 정리한 것이다.

첫째, 도미니카 공화국 도서관보다 한국 도서관이 시설이 좋을 뿐만 아니라 한국의 면학 분위기가 더 좋다. 한국 도서관에서 사람들은 조용히 공부하지만 도미니카 공화국 도서관에서 사람들은 공부할 때 너무 시끄럽다. 왜냐하면 사

람들이 타인의 공부 시간을 존중하지 않기 때문이다.

둘째, 보통 한국 사람들은 도서관에서 가끔 나가 흡연도 하고 커피도 마시고 식사도 한다. 도미니카 공화국에서 보통 학생들은 공부를 마칠 때까지 도서관 안에 머물러 있는 경우가 많다.

셋째, 도미니카 공화국의 교육 시스템은 수업 시간에 집중하고 집에서 공부하게 되어 있다. 한국 교육 시스템은 수업이 끝난 후 더 많은 것을 공부하려 하고 있으며 일부 학생들은 과외로 수업을 듣기도 한다.

넷째, 한국에서 수업 시간과 도서관에서 음료수를 먹을 수 있는데 도미니카 공화국은 수업 시간과 도서관에서 음료수를 먹을 수 없다. 한국 도서관에선 밖에 음료 자판기가 있는데 도미니카 공화국에서는 대부분 없다.

다섯째, 한국 도서관에 들어가려면 학생들은 학생증을 사용해야 한다. 도미니카 공화국에서는 대학생이든 아니든 상관없이 들어갈 수 있다. 한국에서 깨달은 또 다른 것은 학기 초반에 도서관이 가득 차 있지는 않지만 시험 기간에는 항상 가득 차서 학생들은 자리를 예약해야 한다는 것이다. 우리나라에서는 씁쓸하게도 항상 비어 있다.

위의 내용을 바탕으로 유학생 스스로가 <마가 모델>에 적용하여 정리하였다.

① 자문화 인식

우리나라(도미니카 공화국)의 도서관 시설은 한국 도서관보다 시설이 부족하다. 우리나라 사람들은 타인들의 공부 시간을 존중하지 않고 너무 시끄럽다. 우리는 공부하는 동안 아무것도 마시지 않는다. 가끔 물만 마시는 정도이다. 우리는 도서관에 있을 때 외출하지 않는다. 우리는 공부를 마칠 때까지 도서관에 머물러 있다.

② 타문화 발견

조사를 한 날에 많은 사람들이 공부하려고 도서관으로 가는 것을 보았다. 나는 그들에게 설문 조사를 할 시간이 있는지 물었을 때 그들 중 대부분이 수업이 있다고 말했다. 나는 그들이 수업이 시작할 때까지 도서관에 머물러 있다는 것을 깨달았다. 대부분 한국인들은 집중력 때문에 커피를 마시지 않는다. 단지 경향이기 때문이다. 한국인들이 공부할 때나 시험을 앞두고 있을 때 담배를 더 피운다는 것을 알게 되었다.

③ 문화적 행동 분석

공부 습관은 어릴 때부터 비롯된다. 많은 학생들이 열심히 노력하더라도 자신보다 항상 성적이 우수한 사람이 있다는 것을 인정하기 꺼린다. 학생들이 이런 기분이 들면 공부를 멈추고 싶다고 느낀다. 학생들이 도서관에 남아 있지만 집중하지 않는 원인이라고 볼 수 있다. 모든 학생들은 도서관에 자주 가지 않으며 일부 학생은 가지 않는다. 그러나 도서관을 사용하는 학생은 종종 학습 시간에 주의를 더 기울이는 경향이 있다. 그들이 집중하기 때문이다.

④ 고정관념(fixed idea)에 대한 성찰

도미니카 공화국에 있었을 때 도서관에서 사람들을 찾기 힘들었다. 그런데 한국 도서관에서는 많은 사람들이 보인다. 그래서 한 한국 사람에게 물어보니 "우리 문화는 매일 열심히 공부하려고 하는 경향이 있다."라고 말했다. 그래서 지금은 저도 매일매일 열심히 공부하게 됐다. 또, 우리나라 있었을 때 사람들이 친구하고 공부했는데 한국에서는 보통 혼자 공부한다. 다른 사람에게 물어보니 "혼자 있으면 집중할 수 있다."라고 말했다. 그래서 나의 생각이 바뀌었다.

⑤ 자문화-타문화 관계 설정

이 조사를 통해 많은 것을 깨달았다. 예를 들어 대부분의 한국 사람들은 거의 매일 도서관을 사용한다는 사실이다. 또한, 재미있는 점은 타인들이 커피를 마시는 것 때문에 그들 중 일부는 커피를 마시는 것이다. 또, 매일 공부의 중요성을 이해했다.

⑥ 타문화 인정 및 존중

세상에 존재하는 문화의 다양성 안에서는 누구도 다른 이들보다 우월한 사람이 없다. 각자는 그들의 조상이 유산으로 남긴 아이디어, 신념, 지식, 종교를 배우게 된다. 제 의견으로는 모든 문화가 존중되어야 하며 절대로 얕보지 말아야 한다. 왜냐하면 문화는 차별을 당하지 않아야 하고 제한의 이유가 되어서는 안 된다. 그러므로 우리는 모든 사람들이 어디서 왔든지 존중해야 한다.

나가기

상호문화 비교를 위한 마가 모델

- 자문화 인식
- 타문화 발견
- 문화적 행동 분석
- 고정관념(fixed idea)에 대한 성찰
- 자문화-타문화 관계 설정
- 타문화 인정 및 존중

더 읽을거리

[다문화 칼럼 함께하는 세상] 손짓의 문화적 의미

사람의 손짓에는 의미가 담겨 있다. 그러나 그 의미는 나라마다 다르다. 미국인은 자기 쪽으로 주먹을 쥐고 검지만 펴서 위로 향하게 하고 까닥까닥 움직이며 '이리 오라'는 손짓을 한다. 한국 사회에서 이러한 손짓은 무례한 행동이다. 국어사전은 '손가락질하다'의 의미를 '손가락으로 가리키다'와 함께 '얕보거나 흉보다'라고 풀이하고 있다.

한국인은 '이리 오라'거나 '저리 가라'라는 의미의 손짓을 할 때 손가락이 아니라 손바닥을 사용한다. 한국인은 '이리 오라' 또는 '저리 가라'는 의미로 손바닥을 아래로 향하게 펴고 '엄지를 제외한 네 손가락'을 여러 차례 아래위로 움직인다. '이리 오라'는 의미의 손짓은 자기 쪽으로 당기고, '저리 가라'는 멀리 내치는 형태를 취하지만 멀리서 보면 그 차이가 뚜렷하지 않다. 즉, 멀리서 손짓하는 사람의 입 모양을 보지 못하고 행동만 보면 가라는 것인지 오라는 것인지 헷갈릴 때가 있다.

한국인의 이러한 손짓을 미국인은 '저리 가라'는 의미로 사용한다. 미국인은 '이리 오라'는 의미의 손짓으로, 손바닥을 위로 향하게 하고 '엄지를 제외한 네 손가락'을 자기 쪽으로 여러 차례 움직여 표현하기도 한다. 한국인은 이러한 동작을 강아지에게 하지 사람에게는 절대로 하지 않는다. 이 손짓의 의미를 한국·중국·일본 사회가 공유하고, 미국·영국·프랑스·독일 사회 역시 다른 의미로 공유한다. 그런데 이탈리아·스페인·포르투갈·그리스 사람은 '이리 오라'는 의미의 손짓을 한국인과 같은 방식으로 하고, '저리 가라'는 의미의 손짓은 한국인이 강아지를 부를 때 하는 동작으로 한다. 즉, 이 사회에서 '이리 오라' 또는 '저리 가라'는 손짓은 미국 사회와 정반대 의미가 있다.

다른 문화를 가진 사람과 원활하게 소통하기 위해서는 손짓, 몸짓 등 '비언어 행동'의 차이를 인식하고 적극 대처해야 한다. 자기 문화를 기준으로 외국인의 행동을 해석할 경우 오해를 초래하고, 때로는 그로 인한 갈등 상황에 봉착하거나 사고를 당하기도 한다. 주한미군 부대에 파견돼 근무했던 한 한국인 병사가 '저리 가라'는 의미의 미군 장교의 손짓을 '이리 오라'는 의미로 해석하고 그에게 다가갔다가, 지뢰가 터져 다친 사례가 전해지기도 한다. '비언어 행동'은 언어만큼이나 소통에 큰 비중을 차지한다. 그러므로 '비언어 행동' 교육을 강화해야 한다. 특히 다른 나라에 이주하려는 사람은 그 사회에 고유한 '비언어 행동'과 문화적 배경을 학습해야 한다. 그것은 외국어 학습과 문화 학습이 분리될 수 없음을 가리킨다.

이는 외국인 대상 한국어 교육에서도 마찬가지다. 재한 외국인 대상 한국어와 한국문화 교육 프로그램이 마련돼 있지만, '비언어 행동'을 포함한 문화교육이 체계적으로 이루어지고 있는지는 의문이다.

외국인이 일방적으로 한국문화를 학습하도록 하는 방식보다 그의 출신국과 한국의 문화를 비교하면서 상호 이해를 도모하는 방식이 좋다. 손짓과 몸짓에 담긴 의미를 찾아내고, 그것을 나라별로 비교하며 해석하는 가운데 외국인과 한국인은 '차이의 이면'에 존재하는 공통점을 확인할 수 있다. 외국인은 한국 사회에서 금기로 삼는 손짓이나 몸짓을 발견하면 자연스레 삼가게 될 것이고, 한국인 역시 외국인이 독특한 행동을 하더라도 문화적 맥락을 고려해 이해할 수 있게 될 것이다. 이는 광범위한 문화접변의 시대에 상대방의 문화에 대한 오해를 불식할 수 있는 원동력이 될 것이다.

세계일보, 설동훈 전북대 사회과학연구소장, 2019.12.25.

(https://www.segye.com/newsView/20191225505559?OutUrl=naver)

제21장

외국 학생들이 바라본 K-일상

들어가기

- K-일상 문화에 대해 알고 있는가?
- 외국인이 알고 싶어하는 K-일상 문화를 통해 한국인이 미처 보지 못한 부분을 성찰할 수 있는가?

※ 이성희(2022). 한국어교육에서 K-컬처 교육: 'K-일상 문화교육'을 위한 제언, 돈암어문학, Vol.22, 돈암어문학회, 89-115. 이 장은 이 논문을 수정, 보완한 것이다.

 서론

2020년 한국 문화콘텐츠 소비 영향력은 영화 55.1점, 음악 52.9점, 방송 50.7점 순으로 영화와 음악에 대한 한류의 영향력이 크다. 특히 드라마 53.5%, 영화 51.8%, 예능 51.5%, 게임 50.2%, 웹툰 48.5% 등의 순으로 영상 콘텐츠의 비율이 비교적 높다.

그림 20-1 한류의 한국 문화콘텐츠 소비 경향

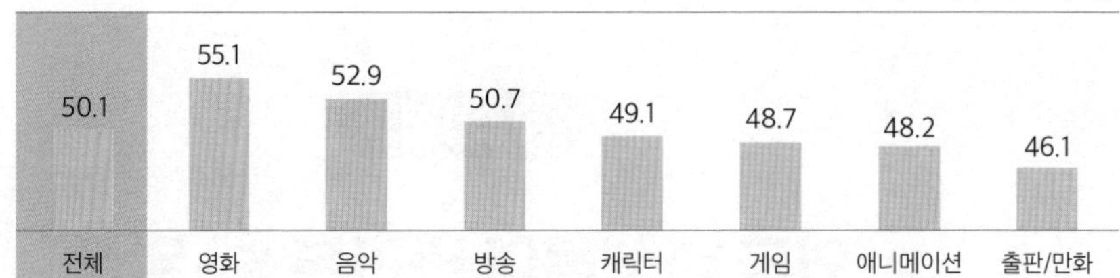

* 전체는 7개 콘텐츠 평균

K-컬처의 영향력은 한국어 학습자의 증가로 이어져 왔고 K-컬처를 통한 한국어 학습자들의 수요는 앞으로 더 많아질 것이다.

다음은 2020년 세종문화아카데미 한국문화 수업 주제 선호도 조사 결과를 살펴본 것이다.

▌표 20-1 한국 문화 수업 주제 선호도 순위(2020년, %)

구분	1	2	3	4	5	희망 주제
세종 학당 관계자	한식 (21.5)	케이팝 (17.5)	한복 (13.3)	문학 (11.9)	한글 캘리 그라피 (11.5)	한국경제, 한국의 IT, 문화, 한국 역사, 드라마 및 영화, 태권도, 난타, 한국의 전통, 예의범절, 전통가옥, 한국의 지리와 환경 및 유명지, 한국 전래동화, 부채춤
운영기관 학습자	한식 (22.6)	한글 캘리 그라피 (14.3)	문학 (14.1)	케이팝 (13.4)	케이 뷰티 (12.4)	연예기획사의 비즈니스 시스템, 한국의 역사, 한국의 악기, 전통놀이, 한국영화, 드라마, 한국의 식사예절
미운영 기관 학습자	한식 (22.3)	한글 캘리 그라피 (15.7)	문학 (12.7)	케이팝 (12.5)	케이 뷰티, 한복 (11.7)	한국의 명절, 궁중문화, 한국의 패션, 직장 문화, 배달문화, 한국의 법, 국악, 한국의 스포츠 문화

학습자들이 선호하는 주제는 K-일상 항목이다. 한국어와 한국 문화 학습이 어느 정도 진행된 학습 기관에서는 '한국의 일상'이 새로운 관심사로 부상하고 있다. K-일상 문화는 '지금·여기'를 살아가는 한국인들이 향유하는 문화이다. 한국 문화 교육의 초점은 일상에 맞춰져야 한다. 한국어를 배우는 목적은 한국어를 통한 의사소통이고 그 소통의 대상은 지금, 여기, 대한민국에서 살아가고 있는 한국인이기 때문이다. 일상을 살아가고 있는 한국인과 소통하기 위해 한국의 일상 문화를 배우는 것이 필요하다.

2 한국어 교육에서 K-일상 문화

1) 고급 수준 학습자가 알고 싶은 K-일상 문화

마가(H. Maga)는 상호문화능력 발달을 위해서는 자문화와 타문화와의 관계 설정이 중요하다고 보았다. 그리고 상호문화능력 발달 모델을 '자문화 인식-타문화 발견-문화적 행동 분석-고정관념 관련 활동-자문화·타문화 관계 설정-타문화 내면화'의 6단계로 설정했다.[1]

1 장한업(2014). 이제는 상호문화교육이다, 교육과학사, 152-154.

마가가 제시한 '자문화 인식'과 '타문화 발견'은 크람쉬(Kramsch)가 제기한 '제3의 공간'과 상통하는 개념이다. 제3의 공간이란 자문화만 알고 있던 학습자가 타문화를 접했을 때 비로소 자문화를 새롭게 인식하고, 이를 통해 타문화를 발견하여 둘의 관계를 새롭게 정립하게 되는 공간이다. 상호문화적인 소통은 한쪽의 일방적인 것이 아니라 나와 너, 자문화와 타문화라는 두 영역의 설정에서부터 비롯되어야 한다. 나와 너의 문화를 동등한 관계로 놓고 시작하겠다는 태도에서 비롯되는 인식이라 할 수 있다. 자문화 속에 살면 자문화를 볼 수 없다. 타문화를 접하게 될 때 비로소 오랫동안 자신이 속해 있던 자문화를 '인식' 할 수 있게 된다.

한국에서 유학하는 한국어 학습자들의 제3의 공간에서 형성된 '알고 싶은 한국 문화' 항목은 한국 문화 속에 살고 있는 한국인들이 발견할 수 없는 것이기에 중요하다.

조사 내용을 표로 정리하면 다음과 같다.

▌표 20-2 한국학반 학습자들이 알고 싶은 한국 문화

구분	성명	국가	항목 1	항목 2	항목 3
1	○ 티화	베트남	술 문화, 예절	다양한 미신	침뱉기
2	○ 이란		술 문화, 술게임	지역별 음식	발효·전통음식
3	○ 웬티안		보자기 선물 포장	추석 차례	밥그릇 놓고 식사
4	○ 이아		반찬이 많음	시에스타 없음	맛집 줄 길
5	○ 튀안		친절함	사우나 탈의	밤길이 안전함
6	○ 웬짜티엔		선후배 위계	오토바이 속도	화장실에서 양치
7	○ 지월		지하철 화장실에서 양치, 화장하기	카페에서 이성에게 메모 주기	지하철 에스컬레이터 질서 지키기
8	○ 린		모든 사람에게 두루 인사함	"언제 한번 밥 먹자"	많이 걸어 다님
9	○ 영	중국	찬물 마시기	뒤풀이, 회식, 첫 만남 술문화	장소 불문 양치하기
10	○ 자기		아이스커피 선호	화장실에서 양치	전자 도어락 사용
11	○ 결		남자들 대부분이 군대 감	슬리퍼 신기	매일 화장하기
12	○ 몽진		길에서 슬리퍼 신기	길에 쓰레기통 없음	지하철에서 헤어롤 하기
13	○ 옌친		여름에 실내 온도 너무 낮음	시위, 투표 자유화, 민주화	24시 마켓, 밤에 환함
14	○ 이츠잉	홍콩	투명한 쓰레기통	장소 불문 양치하기	슬리퍼와 양말 함께 신기
15	○ 리		성범죄자 형량 낮음	회식, 사적 만남	침 뱉기
16	○ 란발렌	프랑스	남자친구끼리 손잡고 다니기	인종차별적 단어 사용	교수에 대한 이중적 태도
17	○ 마오카	일본	버스 탈 때 복잡함	0교시와 야간자율 학습	
18	○ 피데	스웨덴	일을 빨리 끝냄	외국인에게 지나친 질문	

2) K-일상 문화 영역

학습자들이 알고 싶은 한국 문화는 한국인의 일상에 관한 것이다. 학습자들은 타문화인 한국 문화를 접하면서 자문화를 인식하게 되어서 자연스럽게 비교하는 과정을 겪게 된다. 알고 싶은 한국 문화 중 가장 많은 항목은 한국 사람들의 잦은 술자리, 회식, 뒤풀이, 첫 만남에서도 일상적으로 이루어지는 술 문화에 대해서였다.

한국인들에게 습관적으로 굳어진 인사에 대해 외부적 관점에서 바라보는 시선은 날카롭다. 언제 밥 한번 먹자는 한국인의 인사를 있는 그대로 해석하여 난감했던 경험은 많은 외국인들이 겪는 어려움 중 하나이다.

한국인의 일상식인 라면도 외국인 학습자에게는 놀라움의 대상이다. 한국 사람들이 건강에 좋지 않은 라면을 자주 먹어서 놀랐고 또한 한국에 라면 종류가 많아서 놀란다.

많은 학습자들이 궁금해 하는 것 중에 하나가 한국인의 양치 습관이다. 지하철, 학교 등 개방된 장소에서 양치하는 것이 매우 이질적이라는 것이다.

한국 문화를 관찰하고 탐색하던 학습자가 문화를 체험한 뒤 태도가 바뀌는 경우가 있다. 시끄럽게 떠들고 게임을 하는 대학생들의 문화를 이질적으로 느끼던 학습자가 자신의 생각이 바뀌게 된 계기를 다음과 같이 서술했다.

> *반 친구들과 함께 모임에 참여한 뒤 제 생각도 바뀌었습니다. 시끄럽게 떠들고 게임을 하는 문화는 불건전한 것이 아니라 사람과 사람들 사이에서 낯설고 어색한 분위기를 깨뜨리고 모든 사람들을 연결해주는 자리라고 깨달았습니다. 그래서 어떤 문화가 겉으로 보면 이상하다고 생각할 수 있는데 직접 경험해보면 그때부터 제가 가지는 관점과 생각이 바뀌고 흥미를 느낄 수도 있습니다.*
>
> *(○이란, 베트남)*

한국에서 1년 이상 유학한 유창한 한국어 수준 학습자들이 궁금해하는 한국 문화는 한국의 일상 문화이다. 이들은 한국에 거주하면서 한국 사람들이 미처 인식하지 못한 한국의 문화를 외국인의 관점에서 날카롭게 파악했다. 이들이 궁금해하는 한국문화에 대해 답해 주는 것이 한국 문화 연구자의 몫일 것이다.

③ 한국어 교육에서 K-일상 문화 교육

1) K-일상 문화 교육의 필요성

문화 소비의 주체인 인간 행위에 대한 탐구는 일상성에 대한 연구로부터 출발할 수 있다. 일상생활의 사회학이 관심을 두는 생활세계는 이론적 표상 그 이전의 것이며, 집합적인 경험에 바탕을 두고 있는 것이다.

독일의 인류학자 크리스토프 불프(Christope Wulf)는 인간의 학습과 인지 과정은 문화적 맥락 속에서 이루어진다고 주장한다. 한 시대, 사회, 개인이 가지는 인성 구조는 인류의 오래된 전유 결과이며 역사성과 사회성, 심리 문화적 성격들이 혼합되어 이머전스의 형태로 표출되는 것이다.

외국인 학습자들은 K-일상을 인식하고 자문화를 발견하고 고정관념에 대한 성찰을 통해 K-일상을 내면화하는 단계에 이를 수 있다. 이러한 과정은 학습자 개인의 제3의 공간을 통해 어느 정도 이루어질 수 있지만 한국어 교육 연구자들의 정치한 교수·학습 계획을 통해 효과적으로 성취될 수 있을 것이다.

2) K-일상 문화의 교육 방법

① 한국학과 교육과정의 연계

학습자의 지적 욕구가 도우미, 한국 친구, 인터넷 정보를 통해 충족될 수 없는 학문적인 접근이 필요한 경우가 있다. 일상을 관찰하고 연구하는 일은 상당히 밀도 있는 연구가 필요하다. 일상은 과거, 현재와 우리 것과 외래의 것이 긴밀하게 얽혀서 구성된 것이기 때문이다. 따라서 일상을 한국 문화 연구에 도입할 때는 다층적 접근이 필요하다.

심도 있는 K-일상 문화 교수를 위해서는 한국학 연구와의 긴밀한 공조가 필요하다. 일찍이 스턴(H. H. Stern)은 '사회과학과 언어 교수의 상호작용'에 다음과 같이 도식화했다.[2]

2 스턴(H. H. Stern)(2002). 언어교수의 기본 개념 3쇄, 도서출판 하우, 276.

▌표 21-3　스턴(H. H. Stern)의 사회 과학과 언어 교수의 상호작용

단계	내용
1	인류학·사회학·사회언어학(이론-개념-보편성)
2	S2(Society2)와 C2(Culture2)에 대한 연구
3	S2와 C2에 대한 민족지학적 기술
4	S2와 C2에 대한 사회문화적 교육적 지침
5	S2와 C2의 사회문화적·사회언어학적 구성 성분 분석
6	교재에 사회문화적 양상 반영

[표 21-3]을 K-일상 문화 교육 과정에 적용해 보면 다음과 같다. 1단계는 인류학, 사회학, 사회언어학 등 연구의 이론, 개념, 보편성 등을 연구하는 단계이다. 2단계에서는 한국 사회와 한국 문화에 대한 연구, 3단계에서는 민족지학적 기술, 4단계에서는 교수·학습을 위한 지침 개발 단계, 5단계에서는 K-일상의 사회문화적·사회언어학적 구성 성분 제시, 6단계에서는 5단계까지의 내용을 종합하여 교재에 사회문화적 양상을 교수·학습 단계와 차시에 맞게 안배하는 작업이 필요하다.

② 한국 문화 객관화

다문화 사회에서 문화적 맥락이 다른 외국인과 소통하기 위해서는 한국 문화를 객관적으로 보는 자세가 필요하다. 우리에게는 당연한 것이 외국인들에게는 낯선 것이 될 수 있기 때문이다.

한국인들도 모르는 한국인들의 특성이 있다. 이러한 것은 기존의 문화 간 비교 연구 성과를 참고할 수 있다. 한국인들의 심리적 특성, 한국인만의 가치관 등은 한국인들이 잘 의식하지 못하고 있는 경우가 많다. 하지만 한국에 거주하는 외국인 학습자들은 한국인의 특성을 민첩하게 알아차린다.

③ K-일상 문화의 연구 방향

K-일상 문화는 그 오랜 전통만큼이나 다양한 콘텐츠가 축적되어 있다. 또한 외국의 문화를 받아들여 융합하고 새로운 것을 창출해 내는 한국 문화의 융합 지

향성, 유연성 때문에 한국 문화에는 다양한 외래 문화가 녹아 있다. 따라서 일상 문화를 전통과 현대, 우리 것과 그들의 것이라는 좌표를 통해 자리매김하는 자세가 필요하다. 우리가 일상을 교육한다면 지금 여기에서 한국인들이 즐기고 있는 문화를 교수해야 한다.

4 결론

본책에서는 한국어 고급 과정 학습자들의 요구에 부합하는 K-일상 문화의 교수 필요성을 제기하고 '지금, 여기'의 K-일상 문화 제시를 통해 한국어 의사소통 능력을 신장시킬 수 있는 방안을 제시했다. 외국인 학습자들이 알고 싶어 하는 K-일상 문화는 한국인이 미처 보지 못하는 부분에 대한 성찰이 가능하다. 자문화와 타문화인 한국문화 사이에서 발생하는 제3의 공간에서 발생한 차이를 통해 이들이 제기한 문제들은 한국인들에게는 신선한 자극과 도전이 된다.

학습자들이 제안한 K-일상 문화를 활용한 교육과정 설계, 체계적인 답변 목록 사례 제시 등은 앞으로 해결해야 할 과제이다.

나가기

- K-컬처의 영향력은 한국어 학습자의 증가로 이어져 왔고 K-컬처를 통한 한국어 학습들의 수요는 앞으로 더 많아질 것이다. 한국어 교육에서 K-컬처를 활용한 일상 문화 교육에 대한 연구가 필요하다.

더 읽을거리

"한국하면 '이것' 떠올라"… 외국인에 물어본 한국, 결과는

해외에서 가장 많이 소비된 K콘텐츠는 웹툰이었다. 그러나 한국하면 떠오르는 이미지는 K팝이 6년째 1위를 고수했다.

10일 문화체육관광부와 한국국제문화교류진흥원은 지난해 11~12월 해외 26개국 2만 5000명 대상으로 온라인 설문을 한 '2023 해외 한류 실태조사' 결과를 발표했다. 지난해보다 대상 국가를 8개국 늘리고 표본 수도 3배가량 확대해 조사한 결과다.

한국 문화콘텐츠 중 소비 비중이 가장 큰 분야는 웹툰(28.6%)과 뷰티(28.6%)였고 드라마(28.5%), 예능(27.6%) 등이 뒤를 이었다. 소비 비중은 항목별 소비 시간과 지출액을 조사한 결과다.

이번에 항목을 분리해 조사한 웹툰은 월평균 소비 시간이 16.1시간으로 K-콘텐츠 평균(15.2시간)보다 높았고, 최근 3년간 월평균 소비 시간 증가율도 20.9%로 높았다.

그러나 웹툰 이외 분야별 소비 비중은 전년보다 1.1~3.1% 감소세였다. 코로나19 완화로 외부 활동이 늘고, 2021년 '오징어게임'처럼 세계적으로 주목받은 콘텐츠가 적었던 영향으로 분석된다.

한국 하면 떠오르는 연상 이미지는 K-팝(14.3%)이 6년 연속 1위를 차지했다. 그 뒤를 이어 한식(13.2%), 한류스타(7.4%), 드라마(6.6%), 정보기술(IT)제품/브랜드(5.6%) 순이었다.

한국 문화콘텐츠 경험률은 음식(72.3%)이 가장 높고 영화(67.7%), 음악(63.2%), 드라마(61.2%) 순으로 나타났다. 음식의 경험률과 인기도가 대부분 권역에서 가장 높았지만, 지리적으로 거리가 먼 남미와 중동 등은 영화나 음악, 드라마 경험률이 높았다.

분야별 선호 콘텐츠로는 드라마는 '오징어게임'과 '이상한 변호사 우영우', 영화는 '기생충'과 '부산행', 가수는 방탄소년단과 블랙핑크, 게임은 '배틀그라운드'와 '라그나로크'를 꼽아 전년과 비슷했다.

K-콘텐츠를 소비하는 주요 경로는 온라인·모바일 플랫폼이었다. 2016년엔 이용률이 40% 선이었지만, 이번엔 85%를 넘어섰다. 드라마(67.6%)와 영화(70.0%)는 넷플릭스, 예능(67.6%)과 음악(81.1%)·애니메이션(66.1%)은 유튜브를 주로 이용했다.

무엇보다 K-콘텐츠 소비로 한국에 대한 인식이 변화됐다. 응답자의 60.3%는 K-콘텐츠를 경험한 후 한국에 대한 인식이 '긍정'으로 바뀌었다고 답했다. 부정적으로 바뀌었다는 비율은 4.9%였다.

K-콘텐츠로 높아진 국가 이미지는 연관 산업에도 긍정적인 영향이 나타났다. 응답자의 57.1%는 K-콘텐츠가 한국산 제품과 서비스의 구매·이용에 영향을 미친다고 했다. 브랜드 인지도가 낮더라도 한국산이면 구매할 의향이 있다는 답은 37.2%였다.

매일경제, 이한나 기자, 2023.3.10.
(https://www.mk.co.kr/news/culture/10676569)

제22장

민속을 통한 다문화 교수·학습의 실제

들어가기

- 이주여성 대상 다문화 교수·학습의 필요성과 의의를 설명할 수 있는가?
- 이주여성 대상 다문화 교수·학습의 실제를 파악할 수 있는가?

※ 이성희(2016). 다문화 결혼이주여성을 위한 상호 문화교육 방안 — '동화'를 넘어서 '통합'을 위한 문화 교육의 설계, 온지논총, 48집, 온지학회. 이 장은 이 논문을 수정, 보완한 것이다.

1 결혼이주여성 대상 다문화 민속 교육

1) 필요성

결혼이주여성 수의 폭발적 증가는 한국의 다문화적 상황을 절실하게 보여준다. 국제 결혼 이민자 중 여성의 비율은 가파르게 높아졌다. 2023년 12월 출입국 외국인 정책 본부 자료에 의하면 국제결혼 이민자는 174,895명이다. 이 중 결혼이주여성은 140,369명으로 남성 34,526명보다 압도적으로 많다.

국민의 배우자(결혼이민자) 체류 현황을 살펴보면 다음과 같다.

1 출입국·외국인정책 통계월보. 2023년 12월호, 출입국 외국인 정책 본부.

표 22-1 국민의 배우자(결혼이민자) 연도별 증감추이[1]

(단위: 명)

연도	2018년	2019년	2020년	2021년	2022년	'22년 12월	'23년 12월
인원	159,206	166,025	168,594	168,611	169,633	169,633	174,895
전년대비 증감률	2.4%	4.3%	1.5%	0.01%	0.6%		3.1%

표 22-2　국민의 배우자(결혼이민자) 국적별·성별 현황[2]

(2023.12.31. 기준, 단위: 명)

구분＼국적	총계	중국	*한국계*	베트남	일본	필리핀	태국	미국	캄보디아	기타
전체	174,895	60,048	(21,343)	39,956	15,662	12,557	8,669	5,093	4,794	28,116
	100.0%	34.3%		22.8%	9.0%	7.2%	5.0%	2.9%	2.7%	16.1%
남자	34,526	14,039	(8,284)	4,475	1,325	610	140	3,484	788	9,665
	19.7%									
여자	140,369	46,009	(13,059)	35,481	14,337	11,947	8,529	1,609	4,006	18,451
	80.3%									

2 출입국·외국인정책 통계월보. 2023년 12월호, 출입국외국인 정책 본부.

국민의 배우자의 출신 국가로는 중국이 가장 많았으며, 그다음으로 베트남, 일본, 필리핀 순이다.

결혼이주여성에 대한 정책은 순혈주의에 근거한 동화주의 원칙을 고수하고 있으며 다문화 사회의 대등한 주체로 평가하지 않고 있다. 다문화 상황이 한국 문화와 세계문화를 이해하는 중요한 코드가 되었다. 결혼을 통해 자신의 모국을 떠나 한국에서의 삶을 선택한 결혼이주여성을 위한 더욱 적극적인 문화교육 방안을 모색해야 하는 시점이다.

2) 목표

이 활동은 결혼이주여성들이 자문화(Culture1, C1), 목표문화인 한국 문화(Culture2, C2), 다른 국가 출신 이주여성들의 자문화인 타문화(Culture3, C3)에 대한 지식을 확장하는 학습을 통해 자기 이해를 실현하고 민족적 정체감과 자아정체감을 신장시키는 것을 목적으로 한다. 다양한 국가 출신의 이주여성들의 서로 다른 문화에 대한 이해를 도모하는 활동을 통해 상호문화능력을 신장하고 궁극적으로 한국 사회에 '통합'되는 적응 양상을 지향할 수 있다.

한국인들뿐만 아니라 다른 이주민들과 지속적으로 상호 소통하면서 살아가야 하는 다문화사회에서 이주여성들에게 필요한 상호문화능력을 신장하고 제3의 공간을 형성하도록 도울 수 있다.

3) 방법

'지금 · 여기'의 현재적 삶과 연관되는 한국의 민속과 결혼이주여성 출신국의 민속 항목을 함께 선정하여 상호문화 교수 · 학습 방안 설계한다.

학습자 스스로 가설을 세우고 이를 탐구해 가는 과정 중심, 학습자 중심 활동으로 구성할 것이다.

이주여성의 자문화(C1)와 목표문화인 한국 문화(C2), 그리고 타국 출신 이주여성들의 자문화인 타문화(C3)를 함께 학습하도록 한다.

4) 의의

결혼이주여성들이 지금 · 여기 삶의 현장에서 맞닥뜨리는 민속을 활용한 문화 교육 설계가 필요하다.

민속은 한 민족의 뿌리를 대변해 주는 것이며 문화의 원류이다. 민속은 에스닉적 전통을 지니고 살아가는 현대인의 삶의 심층부에서 지속적으로 영향을 미치고 있다.

다양한 에스닉적 전통을 가진 다문화 구성원들이 타문화인의 민속과 민속적 의미를 이해함으로써 상대방을 더욱 깊이 이해할 수 있다.

2 이주여성 대상 통합 교육의 필요성

1) 동화에서 통합으로

▌표 22-3 베리(Berry)의 문화 적응 전략 유형

구분		새로운 문화에 참여하고 접촉에 대한 상대적 선호	
		그렇다	아니다
모국 문화와 정체성 유지에 대한 상대적 선호	그렇다	통합 (Integration)	분리 (Separation)
	아니다	동화 (Assimilation)	소외(주변화) (Marginalization)

자신의 고유문화를 유지하는 차원과 주류 사회의 문화에 적응하는 수준에 따라 문화 적응의 유형을 구분한다.

개인이 주류 사회와 긍정적인 관계를 유지하면서 자신의 민족적 정체성, 전통을 유지하는 것이 '통합(integration)'이다.

자신의 문화적 정체성을 잃어버리고 주류 문화와의 상호작용을 추구하거나 선호하는 것이 '동화(assimilation)'이다.

자신의 고유문화에 대한 강한 정체성을 가지며 다른 집단과의 접촉을 피하려는 것이 '분리(segragation)'이다.

자신의 민족 집단과 주류 사회 모두와 문화적, 심리적 접촉을 피하는 것이 '주변화(marginalization)'이다.[3]

문화 적응 유형은 모국 문화와 정체성을 중요하게 생각하는 문화적 유지, 새로운 문화에 대한 접촉과 참여 정도에 따라 달라진다. 결혼이주여성이 한국에 이상적으로 적응하기 위해서는 이주여성의 모국 문화를 버리고 일방적으로 한국문화를 학습하게 하는 '동화'에서 벗어나 '통합'을 지향하는 문화교육 방안이 요구된다. 모국 문화와 정체성을 중요하게 생각하는 문화적 유지, 새로운 문화에 대한 접촉과 참여가 동시에 이루어져야 한다.

3 Berry, J. W. Immigration (1997). Acculturation, and Adaptation, Applied Psychology: *An International Review*, vol 46, no.1, 9.

3 결혼이주여성을 위한 다문화 교수·학습 방안의 설계

1) 개요

<민속 자료 학습>[4]

① 대상: 한국어 중급 결혼이주여성

② 목표

이주여성이 자문화(C1)·목표문화(C2, 한국 문화)·타문화(C3, 다른 국가 출신 이주여성의 문화)에 대한 지식을 확장하는 학습을 통해 다음의 목표를 성취할 수 있다.

4 오매기오 해들리의 '공예품 학습'을 참조하여 상호문화 능력 신장을 중심으로 재구성하였다. Alice Omaggio Hadley(1993), *Teaching Language in Context*, Heinle & Heinle, 401.

• 자기 이해를 실현하고 민족적 정체감과 자아 정체감을 신장시킬 수 있다.
• 한국 문화와 다른 국가 출신 이주여성의 문화(C3)를 학습함으로써 '제3의 공간'을 형성하고 상호문화능력을 신장시킬 수 있다.
• 최종적으로 한국 사회와 긍정적인 관계를 유지하면서 자신의 민족적 정체성, 전통을 유지하는 '통합'의 적응 양상을 지향할 수 있다.

③ 방법

학습자들을 3~4명의 그룹으로 구성하여 토론을 진행한다.

• 목표문화(C2, 한국 문화) · 타문화(C3, 다른 국가 출신 이주여성의 문화) 자료에 대한 가설을 세우고 이에 대한 근거를 마련한다.
• 자신이 세운 가설과 다른 학습자들이 세운 가설을 비교하여 추론한다.
• 목표문화 및 타문화에 대한 가설에 작용한 자신의 오류를 발견하고, 이에 대한 자신의 고정관념을 분석한다.

2) 활동

① 준비

교사는 이주여성들에게 다문화 사회에서 자문화와 타문화에 대한 차이를 발견한 경험, 타문화에 대해 알고 나서 신기했던 경험, 타문화에 대해 오해했던 경험에 관한 질문을 한다. 언제, 어디서, 누구와 함께 경험했는지 등을 통해서 앞으로 진행할 활동에 대한 관심을 모은다.

② 제시

문화 자료에 대한 사진이나 그림을 PPT를 통하여 소개한다. 학습자들은 사진이나 그림 중 자문화 항목이 아닌 것 중에서 '알고 싶은 문화 그림' 2~3개를 선택한다.

교사는 상세한 설명을 하지 않고 학습자가 추론하게 한다. 제시 단계에서는 그림만 보여주고 상세한 설명은 ⑤ '마무리'에서 진행한다.

수업 시에 사용되는 문화 자료들은 학습자의 수준을 고려하여 교사가 자율적으로 선정할 수 있다.

현재 한국에 거주하는 결혼이주여성들의 분포는 '중국-베트남-일본-필리핀-캄보디아-타이-몽골' 순이다. 수적 분포와 함께 상대적으로 적은 수를 차지하는 국가에 대한 고려, 그리고 문화 변용의 상황을 고려하여 문화 항목을 설정할 수 있다.

▌그림 22-1 상호문화 이해 그림

몽골 텐트 게르(ger)

한국 돌잡이상

미국 피냐타(piñata)

일본 오세치 요리

• **몽골 텐트 게르**(ger): 몽골 텐트 게르는 요즘 한국 사회에서 유원지나 야영지에 많이 설치되어 익숙해진 문화 항목이다. 게르의 사용처, 사용 방법에 대한 설명을 듣게 되면 학습자들은 몽골의 기후, 유목민의 삶의 방식 등에 대한 정보를 확장할 수 있게 될 것이다.

• **돌잡이상**

- 돈·쌀: 부자가 된다.

- 실: 수명이 길다.

- 붓 · 색연필 · 종이: 공부를 잘하여 학자가 된다.

- 활 · 화살 · 총: 장군이 된다.

- 자 · 바늘: 바느질을 잘 하게 된다. 손재주가 뛰어나게 된다.

- 칼: 음식 솜씨가 뛰어나게 된다.[5]

※ 위의 정보 제공 후에 학습자에게 첫돌의 의미를 제시할 수 있다.

5 안은희(1982). 의례생활, 한국민속대관1, 고려대 민족문화연구소, 559. 최운식 외(1998.) 한국민속학개론, 민속원, 140에서 재인용.

• **미국 피냐타**(piñata): 미국 어린이들의 생일 파티에 사용되는 피냐타는 멕시코 이민자들의 문화가 미국 문화에 영향을 끼친 문화 변용(acculturation)의 예이다.

• **일본 오세치 요리**: 일본 오세치 요리는 일본인들이 설에 먹는 음식이다. 주바코(重箱)라는 찬합에 다양한 종류의 음식을 담아서 먹는데 각 반찬마다 의미를 가지고 있다.

③ 질문에 답하기

표 22-4 상호문화 이해 질문

1	모양을 상세하게 설명해 보세요.
2	어떻게 만들어졌을 것 같습니까? 손으로 만들어졌을까요? 기계로 만들어졌을까요? 어떤 재료로 만들어졌을까요?
3	용도는 무엇일까요? 언제 사용하는 것일까요?
4	이것은 해당 문화에서 어떤 역할을 할까요? 어떤 사회적인 의미가 있을까요?
5	만약 당신의 것이라면 이것으로 무엇을 하고 싶으세요?

한국의 돌상과 일본의 오세치 요리는 음식이 주된 구성으로 되어 있다는 점에 있어서는 차이가 없다. 그러나 이러한 표면적 모습은 문화적 함의와는 일정한 거리가 있다. 학습자들은 대상에 대해 가설 및 근거를 세우는 과정을 통하여 표면적 모습과 문화적 함의의 차이를 보여줄 수 있다.

④ 가설과 근거 수립

위의 답변을 중심으로 가설과 근거를 수립한다.

▌표 22-5 상호문화 이해를 위한 가설과 근거

번호	항목	가설	근거
1	용도		
2	역할		
3	문화적 영향력		
4	기타		

가설과 근거를 수립하는 것은 ③ '질문에 답하기' 과정을 통해 학습자들의 논리적 추론의 결과로 이루어지는 것이다. 그룹별 토론을 통해 가설을 세우는 과정에서 학습자들이 자기 문화에서 형성된 자신만의 고정관념이 어떤 방식으로 반영되는지를 깨닫게 될 것이다. 자신의 고정관념을 인지하는 과정을 통해 자문화와 타문화의 비교를 통한 제3의 공간을 형성할 수 있다.

⑤ 마무리

각 그룹에서 토론한 가설과 근거를 발표한다. 교사와 각국 이주여성들은 해당 민속 항목에 대해 설명한다. 다른 이주여성들은 자신들의 가설과 근거를 확인한다. 마지막으로 자신들의 가설과 근거에 어떤 방식으로 자신들의 문화적 고정관념이 작용했는지 이야기한다.

3) 평가

정리 단계에서 '자기평가지'를 만들어 평가하거나 개인별 소감을 말하도록 한다. 이 단계에서는 한국문화와 타문화에 대한 고정관념을 파악할 수 있다.

나가기

- 결혼이주여성이 한국에 이상적으로 적응하기 위해서는 이주여성의 모국 문화를 버리고 일방적으로 한국문화를 학습하게 하는 '동화'에서 벗어나 '통합'을 지향하는 문화교육 방안이 요구된다. 모국 문화와 정체성을 중요하게 생각하는 문화적 유지, 새로운 문화에 대한 접촉과 참여가 동시에 이루어져야 한다.

더 읽을거리

"결혼이주여성 27.4% 우울증 경험… 한국 여성의 2배"
소득↓ 한국어 구사능력↓ 우울 증상 경험 비율 높아

한국 남성과 결혼하기 위해 우리나라로 이주한 외국인 여성의 우울증 경험률이 한국 여성보다 2배가량 높은 것으로 나타났다.

질병관리청 국립보건연구원이 1일 공개한 '수치로 보는 여성 건강 2023'에 따르면, 2021년 결혼이주여성의 우울 증상 경험률은 27.4%로 한국 여성(14.1%)보다 약 2배 높았다. 결혼이주여성의 우울 증상 경험률은 2015년 36.7%에서 2018년 27.9% 등 감소 추세를 보이고 있지만, 10% 초·중반대인 한국 여성의 우울 증상 경험률과 비교하면 여전히 높은 편이다.

2015년 조사에서 결혼이주여성의 우울 증상 경험률은 젊은 연령에서 가장 높고 연령대가 높아지면서 점차 감소하다가 60살 이후 고령층에서 다시 높아지는 '유'(U) 자형 패턴이 나타났는데, 이번 조사에서는 연령에 따른 차이가 발견되지 않았다. 이번 연령별 우울 증상 경험률은 20대 28%, 30대 27.3%, 40대 27.4%, 50대 27.3%, 60대 26.6%였다.

소득이 적고, 한국어 구사 능력이 낮을수록 우울증을 경험하는 비율이 높았다. 월 가구소득이 200만 원 미만인 결혼이주여성의 37.9%가 우울 증상을 경험했다고 답했으며, 월 가구소득 200~299만 원은 29.3%, 300～399만 원 26.4%, 400～499만 원 24%, 500만 원 이상 22.5%였다.

한국어 구사 능력이 낮은 결혼이주여성의 31.8%가 우울 증상을 경험한 반면, 한국어 실력이 높은 결혼이주여성은 23.2%가 우울 증상을 경험했다고 답했다.

출신 국가별로는 필리핀에서 온 여성의 우울증 경험률이 31.5%로 가장 높았고, 타이(30.2%), 캄보디아(30.1%), 중국(27.9%), 베트남(25.9%), 일본(23.6%), 한국계 중국(23.3%) 순이었다. 한국 거주기간에 따른 우울 증상 차이는 거의 없었다.

우울 증상 경험률이란, 최근 1년 동안 연속 2주 이상 일상생활에 지장이 있을 정도로 슬프거나 절망감을 느낀 적이 있다고 응답한 사람의 비율이다. 국립보건연구원은 여성의 생애주기를 고려한 건강행태, 만성질환, 성·재생산건강 등을 파악하기 위해 2014년부터 '수치로 보는 여성 건강' 통계집을 발간하고 있다.

한겨레, 장수경 기자, 2024.1.1.

(https://www.hani.co.kr/arti/society/women/1122479.html)

제23장

교육연극을 통한 다문화 상황 이해

들어가기

- 교육연극의 학습 원리 및 기법을 설명할 수 있는가?
- 교육연극의 원리를 적용한 학습 방안을 이해하고 활용할 수 있는가?

1 교육연극이란?

1) 교육연극 교수 학습 원리[1]

자신을 타인의 입장에 놓는 공감의 원리(Putting Yourself into Other's Shoes, Dorothy Heathcote)[2]는 교육연극에서 중요한 개념이다. 교육연극에서 학습자는 관객이 아닌 직접적 참여자로 가상의 상황과 타인의 입장을 마주함으로써 공감의 경험을 하게 된다. 이는 학생들의 적극적인 참여와 상상력을 촉진하여 학습자의 생각과 감정을 적극적이고 구체적으로 표현할 수 있다. 따라서 교육연극에서 역할 경험은 타인의 정서와 감정을 구체화하며 공감을 발달시키는 핵심적 원리이다.

1 백인경, 김낙흥(2017). 유아를 위한 다문화 교육연극 프로그램개발 및 적용효과, 유아교육연구, 제37권 4호, 한국유아교육학회, 501-531.

2 정성희(2006). 교육연극의 이해, 연극과 인간.

2) 교육연극의 개념

▌그림 23-1 교육연극의 개념

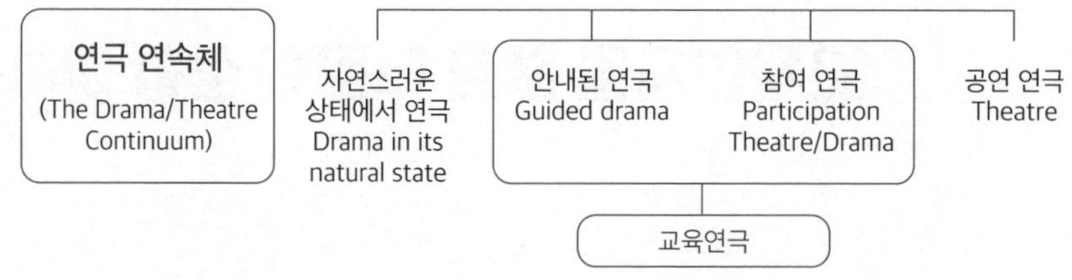

교육연극이란 연극에서 사용하는 다양한 기법을 교육 분야에 활용하여 교육 목적을 달성하기 위한 수단이나 매체로 활용하는 것을 말한다. 교육연극에

서는 특정 문제 상황을 제시하고 학습자들이 주체적이고 능동적으로 참여할 수 있게 한다.

3) 교육연극의 기법[3]

3 정성희(2006). 교육연극의 이해, 연극과 인간.

① 마임(Mime)

말을 하지 않고 움직임이나 몸짓과 신체를 사용하여 극의 정황을 만들며 사물 상황 감정 등을 표현하는 것이다.

② 즉흥극(Improvisation)

미리 연습하지 않고 즉흥적 대화와 행동으로 연극을 만드는 기법이다. 교사는 참여와 극적 긴장감을 조성하고 이야기 전개를 통한 학습의 기회와 극적 상황을 연출한다.

③ 전문가의 외투

교사가 학습자들에게 특정 상황을 제시하고 그 상황에서 학습자에서 전문가의 역할을 부여하고 조언을 구하거나 교사가 전문가가 되어 학습자들에게 필요한 정보를 제공하는 것이다. 학습자들은 자신이 맡은 전문가의 역할에 따라 지식과 경험을 습득하고 새로운 아이디어를 제시할 수 있다.

④ 곤경에 빠진 사람

교사가 해결해야 할 문제를 가진 사람을 소개하거나 그 사람이 되어 학습자들로 하여금 전문가로서 또는 도움을 주는 사람으로서 문제를 해결하는 방법을 찾게 하는 것이다.

⑤ 핫시팅(Hot Sitting)

교사나 학습자가 이야기나 극중 인물이 되어 다른 학습자들과 대화하며 인물의 감정이나 견해를 직접 들어보는 것이다. 진행할 때 인물에 대한 충분한 사전 조사와 준비가 필요하다.

⑥ 회의

교육연극 중 극에 관련하여 학습자들이 토론하고 추론하고 문제를 해결해 가도록 촉구하는 극 중 토의 시간을 가진다.

⑦ 편지

학습자들이 역할을 맡지 않은 상태에서 등장인물들과 내적으로 교류하는 활동이다.

⑧ 타블로(Tableau)

정지동작, 스틸 이미지, 조각상을 만들어 특정 주제를 표현한다. 교사나 학습자들이 '터치'하면 해당 상황에 맞는 대사나 소리, 간단한 움직임을 추가할 수 있다.

2 이주여성 대상 교육연극의 실제

1) 전문가의 외투

교사가 학습자들에게 전문가의 역할을 부여하고 조언을 구하거나 교사가 전문가가 되어 학습자들에게 필요한 정보를 제공하는 것이다.

예시 1

흐엉: 저는 베트남에서 온 새댁이에요. 한국말도 서툴고 한국 친구도 없어요. 남편은 한국 사람이라서 무뚝뚝하고 재미도 없어요. 베트남에서 남편 한 사람만 믿고 한국에 왔지만 막상 한국에 오니 모든 것이 낯설고 힘들어요. 한국어도 배우고 친구도 사귀고 싶어요.

교사가 학습자에게 '전문가의 외투'를 주고 흐엉에게 적절한 조언을 하도록 한다. 이야기를 들어주는 것도 좋고, 적절한 기관을 안내해 주는 것도 좋다.

2) 곤경에 빠진 사람

교사가 해결해야 할 문제를 가진 사람을 소개하거나 그 사람이 되어 학습자들로 하여금 전문가로서 또는 도움을 주는 사람으로서 극적 상황으로 초대하는 것이다.

예시 2

교사가 한 사람을 소개한다. 이 사람은 일본에서 온 여성으로 아직도 가끔 지하철이나 공장소에서 한국 할아버지들이 일본을 비하하는 발언 때문에 힘들다. 특히 광복절이 되면 밖에 다닐 수가 없다. 자신은 한국을 싫어하지 않고 오히려 한국을 좋아하는 사람인데도 모든 일본 사람이 똑같이 한국을 괴롭혔다고 생각하는 한국 사람들의 편견 때문에 힘들다.

교사는 학습자들에게 이 사람에게 전문가로서 도움을 줄 사람을 요청한다. 학습자는 이 여성에게 자신이 생각하는 태도, 마음가짐, 해결 방법 등에 관해 말한다.

3) 핫시팅(Hot Sitting)

교사나 학습자가 이야기나 극중 인물이 되고 다른 학습자들이 그 인물에게 질문하며 인물의 감정이나 견해를 직접 들어보는 것이다.

예시 3

치치: 이번 춘절에 저는 중국에 가야겠어요. 오랫동안 못 갔으니 한 달 정도 중국에 가서 쉬었다 올게요.

시어머니: 얘, 그게 말이 되니? 춘절이라고 한 달이나 놀겠다는 것도 이상하고, 시집온 사람이 시댁에서 할 일이 있는데 친정에 가서 마냥 놀겠다고?

치치: 중국에서는 춘절에 온 가족이 다 모여서 논단 말이에요. 저는 시집온 지 3년이 되도록 친정에도 못 가고 있었잖아요.

시어머니: 아니, 설에 할 일이 얼마나 많은데, 며느리가 가버리면 이 많은 일은 누가 다 하란 말이냐?

치치: 어머니가 하시면 되잖아요. 저도 설마다 맛있는 중국 음식도 못 먹고 맛없는 떡국만 억지로 먹었어요. 이번에 고향에 가서 고향 음식도 실컷 먹고 식구들과 재밌게 놀다 오고 싶어요.

시어머니: 동네 사람들에게 물어봐라. 누가 그렇게 하나? 시집왔으면 이 집 귀신이 돼야지. 친정으로 쪼르르 달려가겠다고?

치치: 저도 동네 사람들에게 물어보고 싶네요. 며느리가 명절 음식 만드는 시댁 종인가요?

여기서 교사는 학습자 한 사람을 핫시팅 의자에 앉히고 치치의 입장이 되어 치치의 감정 견해를 들어본다.

나가기

- 교육 연극의 원리는 자신을 타인의 입장에 놓는 공감의 원리이다.
- 교육 연극에서 역할 경험은 타인의 정서와 감정을 구체화하며 공감을 발달시키는 핵심적 원리이다.
- 다문화 이주여성을 위한 교육 현장에서 교육연극의 공감의 효과를 통하여 타인에 대한 이해, 자기 자신의 상황에 대한 객관적 이해를 실현할 수 있다.

"안성시, 감성교육 '우린 연극으로 배워요'"

안성시는 지난 4월 24일 광덕초등학교를 시작으로 청소년의 올바른 인성 함양을 위한 '찾아가는 감성교육' 프로그램을 실시한다.

'찾아가는 감성교육'은 학생들의 흥미를 유발하고 자연스러운 감정이입과 정서적 이해를 통해 교육 효과를 높일 수 있도록 기존의 주입식 교육이 아닌 교육적 요소에 문화적 요소를 접목시킨 연극 형태의 스토리텔링 교육으로 기획됐다.

프로그램의 주제는 총 2가지로 구성돼 있으며, 초등학교 저학년(초 1~3)을 대상으로는 '우리 함께'라는 제목으로 사람 간 올바른 인간관계 형성법에 대한 내용이고, 초등학교 고학년(초 4~6)과 중학생 대상으로는 '가족 하모니'라는 제목으로 가족 간 관계 개선을 위한 행동 변화와 관련된 내용이다.

이날은 광덕초등학교 저학년 학생들과 선생님들이 함께 '우리 함께'라는 주제로 전문 작가와 연출, 실력있는 배우들이 참여해 수준을 높인 감성교육 연극을 관람했다. 자연스럽게 이어진 감성 강의에서는 학생들이 직접 참여하여 가족, 친구 등 주위 사람들 간의 갈등 극복의 구체적인 사례를 소개하고, 올바른 관계 맺음에 대해 다시 생각해 보는 시간을 가졌다.

위클리오늘, 박종국 기자, 2024.4.26.

(https://www.weeklytoday.com/news/articleView.html?idxno=622603)

제24장

PBL을 통한 한·중 단오 여행 프로그램 만들기

들어가기

- 한국과 중국의 단어의 공통점과 차이점을 알고 있는가?
- 다문화 사회 상호문화능력 신장을 위한 PBL 제작의 원리를 이해하고 있는가?

1 한국과 중국 단오 민속 교육의 필요성

지속적인 외국인 유학생의 증가는 한국 대학의 교수·학습 양상에도 영향을 미치게 될 것이다. 유학생이 한국에 와서 겪게 되는 문화적 영향뿐만 아니라 한국 학생들이 겪게 되는 문화적 영향 또한 배제할 수 없다. 다른 어떤 곳보다도 한국 대학에서 다문화적 상황이 계속해서 진행되고 있으며, 민속 교육 또한 이에 맞는 적절한 교수·학습 방법을 개발해야 할 중요한 시점에 와 있다.

모든 사람들이 다문화인으로서 세계인으로서 살아가야만 하는, 다가오는 다문화 시대에 자신의 역량을 최대한 펼칠 수 있는 국제적 지식과 능력을 겸비한 세계인으로서 기능하기 위해서 상호문화능력(Intercultural Competence) 배양이 필수적이다. 특별히 다문화 사회에서 요구되는 성공적인 상호문화능력을 획득하기 위해서는 민족 간 상호문화 이해의 근간이 되는 민속 교육에 교수·학습 방안에 대한 설계가 필요하다.

대학생들이 민속 지식을 구성적으로 이해하며 실제 직업 세계에서의 문제해결력을 기르고, 다문화 시대 세계인과 효율적으로 의사소통을 하면서 업무를 진행할 수 있는 능력을 신장할 수 있도록 PBL(Problem-Based Learning)의 교육공학적 방법을 적용한 수업을 설계해야 한다. 가장 많은 유학생들의 출신국인 중국과 한국의 민속을 상호문화적 시각으로 이해하고, 실제 세계와 연관된 체험적 지식으로 이끌기 위해 양국의 '단오(端午)' 민속을 비교해 보고, 상호 이해할 수 있는 구성주의적 교수 방안을 설계해 보도록 하겠다.

현재 한국에서 유학하고 있는 외국 학생들의 경우 학교 외의 현장에서 한국인들과 심도 있는 만남을 갖기 어렵다. 외국 학생들은 한국 학생과 함께 하는 이러한 활동을 통해서 한국인들에 대한 심층적인 이해를 도모하게 될 것이다. 한국 학생들은 외국 학생들과 팀으로 활동하면서 한국 민속을 타자의 시각으로 조망해 보는 새로운 경험을 하게 될 것이다.

2 상호문화능력 신장을 위한 민속 교육의 설계

1) 다문화 사회에서의 상호문화능력 신장

호미 바바(Homi K. Bhabha)는 현대 포스트콜로니얼 연구 분야에서 가장 중요한 인물 중의 하나이다. 그의 이론에 의하면 모든 사회, 집단, 문화 안에서 작용하는 힘의 역학은 일방적인 것이 아니라 양가적으로 이해되어야 한다는 것이다. 식민 지배자와 피지배자의 접촉은 상호 변형과 상호 침투 가능성을 지니고 있는 것이다. 주변과 중심, 자아와 타자, 식민 지배자와 피지배자 등은 일방적으로 영향을 주거나 받는 것이 아니라 상호 침투한다.[1]

상호문화능력(Intercultural Competence)은 '다른 문화의 대표적인 행동, 태도, 기대를 만났을 때 충분히 유연한 방식으로 행동하는 사람의 능력(Meyer, 1991)'[2]이다.

1 박홍순(2006). 포스트콜로니얼 성서해석, 예영비앤피, 121.

2 Hinkel, E.(ed.)(1999). *Culture in Second Language Teaching and Learning*, Cambridge University Press, 198.

2) 상호문화능력 신장을 위한 민속학적 접근의 필요성

한국인들의 개별적 행동은 단순히 하나의 행동에서 끝나는 것이 아니고, 일정한 패턴을 가진 '행동 양식'으로 나타난다. 이러한 행동 양식은 하루아침에 이루어진 것이 아니고, 오랜 시간 동안 '한국인'으로 살아 오면서 지속적으로 전승된 것이다.

이것은 현재 한국인들의 윗세대, 또 그 윗세대를 통해서 오랜 시간 동안 형성되어 온 집단주의적 경험이며, 민속이다. 민속은 한 민족의 뿌리를 대변해 주는 것이며, 문화의 원류이며, 대를 이어 전승되는 것이면서, 집단 무의식을 형성하는 것이다.

다국적 의사소통 능력, 상호문화능력은 자기 문화에 대한 이해와 함께 타민족의 집단주의적 경험을 효과적으로 이해할 때만이 획득될 수 있는 것이다. 여기서 '집단주의적 경험'은, 곧 한 민족이 오랜 시간 동안 살아오면서 형성한 정신적, 물리적 경험의 집합체로서 대를 이어 전승되는 민속을 말한다고 할 수 있다.

삶의 뿌리를 대변해 주는 '민속'에 대한 교육은 현 다문화 연구에 대해 더 심도 있는 접근을 가능하게 한다.

상호문화능력은 다양한 에스닉적 전통을 가진 다문화 구성원들의 표면적 문화뿐 아니라, '뿌리'에 해당하는 이면적 문화, 즉 '민속'을 연구함으로써 가장 이상적으로 실현될 수 있다.

3 다문화 사회 민속 교육의 PBL적 적용

1) PBL을 통한 상호문화능력 신장

구성주의에 따르면, "절대적 지식" 혹은 "절대적 진리"란 존재하지 않으며 오히려 지식이란 개인의 사회적 경험에 의거하여 구축되어지는 인지적 작용의 결과이며, 이것은 개인이 사회적 참여를 통하여 지속적으로 구성과 재구성을 반복해 나간다고 본다.[3]

3 강인애(1997). 왜 구성주의인가? - 정보화시대와 학습자중심의 교육 환경, 문음사, 63.

복잡하고 불확실한 현실에서 필요한 것은 단순하고 정형화된 지식의 습득보다는 "계속적으로 외부 상황에 적응할 수 있는 내적 기능의 형성"이다.

다문화적 상황은 하루가 다르게 빨리 변화하고 있고, 이에 대한 지식도 유동적으로 변하고 있다. 사람살이의 양상을 공시적, 통시적으로 다루고 있는 민속학의 경우 삶의 현장을 도외시한 연구는 유효성을 갖기 어렵다. 특히 민속학은 삶의 다양한 양상에 대한 고찰이 필요한데, 이러한 경우 구성주의적 방법을 적용하여 학습자 스스로 가설을 세우고, 이를 탐구하여 종합해 보는 실천적 방법을 제시할 필요가 있다.

▷ PBL 학습의 구성 원리

첫째, 체험학습
둘째, 자기 성찰적 학습,
셋째, 협동학습,
넷째, 실제적(authentic) 성격의 과제 제시,
다섯째, 과정 중심적 평가[4]

2) 한국과 중국의 단오 민속 이해를 위한 PBL 학습

① 프로젝트 진행

- 과목명: 한국의 민속(교양)
- 진행 기간: 학기 중 3주(수업 중 9시간 및 과제 제시)
- 예상 인원: 전공 구분 없이 60명
- 조별 구성: 외국인과 한국인의 비율 조정, 단 각 조에는 한국인과 중국인이 꼭 들어가도록 편성한다. 현재 한국대학에서 유학하고 있는 다양한 국적의 외국 학습자들을 한국 학습자들과 한 팀으로 구성하여 과제를 해결하도록 구성한다. 한 팀에서 같은 한국의 민속에 대해서 자문화의 시각(C1)과 타문화의 시각(C2, C3…)을 비교함으로써 자연스럽게 다문화적 시각을 확보할 수 있을 것으로 기대한다.

② 활동의 목표

표 24-1 중국과 한국 '단오' 민속 이해를 통한 상호문화능력 신장의 목표[5]

구분	목표
지식	중국의 단오와 한국 단오의 공통점과 차이점에 대해서 배운다.
	서로 다른 양국의 단오의 가치와 그 기원에 대해 배운다.
	현재 전승되고 있는 양국 단오의 양상, 현재적 의의에 대해서 배운다.
기능	서로 다른 민속에 대해서 이해하며 이를 수용할 수 있다.
	다른 문화적 전통에 있는 구성원들과 소통 · 협상 · 협력할 수 있다.
	차이에서 발생할 수도 있는 갈등을 성찰 · 중재 · 해결할 수 있다.
	'단오'를 경제적, 문화적 다른 제반 지식과 연계하여 현대적으로 적용할 수 있다.

4 강인애 외(2007). PBL 수업을 위한 길라잡이, PBL의 실천적 이해, 문음사, 25.

5 Georgi, V.의 이문화교육의 목표와 과제를 수업 내용에 맞게 구성하였다. Georgi, V.(2008). Citizenship and Diversity, Georgi, V. (ed.), *The Making of Citizens in Europe: New Perspectives on Citizenship Education*(Bonn: Bundeszentrale fuer politisdhe Bildung), 84 참조. 허영식, 정창화(2009). 다문화사회에서 간문화교육의 현장착근방향 - 유럽과 독일의 동향을 중심으로, 한독사회과학논총, 제19권 제3호, 한독사회과학학회, 47에서 재인용.

가치·태도	서로 다른 단오 민속에 대해서 존중할 수 있는 다문화적 역량을 기른다.
	타국 민속에 대한 공감 능력을 기른다.
	자국 단오의 현재적 가치를 명료화하고 성찰한다.
	타국 단오의 현재적 가치를 명료화하고 성찰한다.
	단오의 다양성의 긍정적인 면을 인정하고 평가하려는 태도를 기른다.

지식을 확장하는 작업을 통하여 양국 단오에 대한 객관적 인식을 획득하여 감정적인 논쟁에서 벗어나 상호 이해를 기반으로 한 공동의 이해 기반을 마련할 수 있을 것으로 기대한다. 또한 기능 및 가치 · 태도의 측면에서 서로 다른 문화에 대한 상호 이해와 존중을 통하여 공감하는 능력을 기르는 것을 통하여 상호문화능력을 신장할 수 있을 것으로 기대한다.

③ 한 · 중 단오 체험 여행의 PBL 활동

표 24-2 과제 수행 계획서 양식

1	PBL 과제명	한.중 단오 체험 여행 기획하기	모둠명	
2	가설/해결안(ideas)			
3	이미 알고 있는 사실들(facts)			
4	더 알아야 할 사항들 (learning issues)			
5	학습일정	일자	과제 수행내용	
6	역할분담			
7	참고자료			

• **과제 제시**

여러분은 한·중 협력 여행사의 직원입니다. 올 상반기 특별 프로젝트로 유럽과 미국에서 오는 관광객을 대상으로 '한국과 중국의 단오 체험하기'라는 여행 프로그램을 만들어야 합니다. 이 여행 프로그램은 음력 단오 명절에 맞춰 한시적으로 진행될 예정입니다. 관광객들은 동양의 문화적 전통에 많은 관심을 가지고 있으며, 특히 한국과 중국의 전통을 비교 체험하기를 원합니다. 또한 가능한 다양한 단오 활동에 참여하기를 원합니다.
이 여행에 소요되는 기간은 일주일이며, 비용은 한화로 약 250만 원 정도(왕복 교통비 제외, 한국와 중국과의 항공료 제외)입니다. 이들에게 아름다운 추억을 선사할 수 있는 여행 상품을 만들어 보십시오.

• **가설 세우기**

2	가설/해결안(ideas)	• 한국과 중국의 단오에 대한 연구 서적을 찾아서 양국의 단오를 분석하면 단오에 대해 알 수 있을 것이다. • 여행사 홈페이지를 통하여 기존에 나와 있는 단오 여행 상품이 어떤 것이 있는지 조사하면 아이디어를 얻을 수 있을 것이다. • 한국과 중국 학생들이 같이 일하면 갈등이 생기는 부분도 있을 것이다. 이를 위한 해결책이 필요하다.

• **알고 있는/알아야 할 내용**

3	이미 알고 있는 사실들 (facts)	• 한국의 강릉단오제는 1967년 중요 무형문화재 13호로 지정되었고, 2005년 유네스코 인류구전 및 무형 유산 걸작으로 등록되었으며, 2007년 사단법인 강릉단오제 위원회를 구성하여 조직적인 운영을 하고 있다.[6] • 강릉단오제는 파종제로서의 제천의례적 성격, 물맞이 창포 머리 감기와 씨름, 그네뛰기 등의 세시풍속적 성격, 수로왕 제사에서 비롯된 조상신 숭배의 성격을 가지고 있다. • 중국 단오는 용과 관련되어 있다.[7] • 5월 5일 멱라수에 빠져 죽은 굴원을 위로하기 위해 쭝즈(粽子)를 먹는다.[8]

6 장정룡 외(2002). 아시아의 단오민속 -한국·중국·일본-, 국학자료원, 10-11.

7 장정룡 외(2002). 위의 책, 같은 쪽.

8 장정룡 외(2002). 위의 책, 같은 쪽.

4	더 알아야 할 사항들 (learning issues)	• 효율적인 여행사 운영 방법(기능) • 한국와 중국의 단오 풍속의 기원, 전승, 현황(지식) • 한국과 중국의 단오 풍속 중 여행상품 기획(지식, 기능) • 유럽과 미국 관광객들이 선호하는 체험 상품 개발(지식, 기능) • 실현 가능한 경제적 대안을 마련(지식, 기능) • 한국인과 중국인이 함께 일할 때 갈등을 유발할 수 있는 민족적 특성을 효과적으로 극복할 수 있는 문화 간 의사소통 능력에 대해 학습(태도)

• 개인 조사

5	학습일정	일자	과제수행내용

더 알아야 할 내용은 학습자들이 각각 역할을 분담하여 조사한다. 개인 조사에서는 자신이 학습한 내용에 대한 자기 평가표를 작성해서 어떤 사실을 새롭게 알게 되었는지 적고, 도움을 받은 서적과 자료를 기록한다.

• 협동학습

6	역할분담		

• 결과물 제출 및 평가

나가기

- 한국과 중국의 민속을 상호 문화적 시각으로 이해하고, 실제 세계와 연관된 체험적 지식으로 이끌기 위해 양국의 단오 명절을 비교해 보고, 상호 이해할 수 있는 PBL(Problem-Based Learning)의 교육 공학적 방법을 적용한 구성주의적 교수 방안을 설계하였다.
- 학습자들이 여행사 직원이 되어 '한국과 중국의 단오 여행 상품'을 제작하는 PBL 문항을 제시했다. 학습자들이 타문화의 단오에 대해서 알아가는 과정에서 같은 비중을 가지고 비판적으로 검토할 수 있는 기회를 가져야 한다.
- 앞으로 다양한 민속 지식에 관한 후속 연구들이 진행되어 한국 대학생들과 외국 대학생들이 진정으로 타 민속을 이해하며 상호 소통할 수 있는 계기들이 민속 교육 현장에서 이뤄져야 한다.

"설과 대보름·한식·단오·추석·동지… 우리 명절 5개, 국가무형문화재 됐다"

온 가족이 함께 모여 음식을 나누고 조상에 예를 올리는 설과 추석 등 우리 대표 명절이 무형 유산이 됐다. 명절이 국가 무형 유산으로 지정된 건 처음이다.

문화재청은 '설과 대보름', '한식', '단오', '추석', '동지' 등 5개 명절을 국가무형문화재(내년 5월부터 국가무형유산으로 통용)로 지정한다고 18일 밝혔다.

문화재청 관계자는 "지난해 한복 생활, 윷놀이에 이어 가족과 지역 공동체의 생활 관습으로 향유·전승돼 온 명절을 국가무형유산으로 지정하게 됐다"라고 말했다.

이번에 지정되는 우리 명절은 현지 조사와 문헌조사, 관계전문가 자문 등으로 조사한 결과다.

문화재청이 지정한 5개 명절은 음력 정월 초하루에서 보름까지로 한 해의 시작을 기념하는 '설과 대보름', 동지 후 105일째 되는 날이자 성묘, 벌초, 제사 등의 조상 추모 의례를 중심으로 전해 내려온 '한식', 음력 5월 5일로 다양한 놀이와 풍속이 전승되어온 '단오', 음력 팔월 보름인 날로 강강술래부터 송편까지 다양한 세시풍속을 보유한 '추석', 24절기의 22번째 절기로 1년 가운데 밤이 가장 길고 낮이 가장 짧은 '동지'이다.

문화재청은 "삼국시대에 명절 문화가 성립해 고려시대에 제도화된 이후로 지금까지 고유성과 다양성이 전승되고 있으며, 의식주·의례·예술·문화상징뿐만 아니라 전 세계의 명절 문화와의 비교 등 다양한 학술연구 주제로 확대될 가능성이 있다는 점을 고려했다"라고 말했다. 또 "달 제사를 지내는 중국, 일본과 달리 조상 숭배 의례가 이루어지는 '추석', 팥죽을 나눠 먹으며 액운을 막고 가족 공동체의 화합을 도모하는 '동지' 등과 같이 우리 고유성과 대표성을 확인할 수 있다는 점 등을 고려해 평가했다."라고 설명했다.

경향신문, 임지선 기자, 2023.12.18.
(https://www.khan.co.kr/people/people-general/article/202312182136005)

제25장

북한이탈주민 이해하기

들어가기

- 북한이탈주민의 현황을 알고 있는가?
- 속담의 문화적 의의와 효용을 알고 있는가?

1 북한이탈주민 현황

1) 북한이탈주민이란?

북한이탈주민이란 북한에 주소·직계가족·배우자·직장 등을 두고 있는 사람으로서, 북한을 벗어난 후 외국의 국적을 취득하지 않은 사람을 말한다. 북한이탈주민은 90년대 중반, 북한의 식량 사정 악화를 계기로 꾸준히 증가하기 시작하였으며, 2002년 1천 명을 넘어선 이래 2006년에는 2천 명을 초과하였으며, 2007년 2월 북한이탈주민 총입국자 수가 1만 명을 넘어섰고, 2010년 11월에는 2만 명, 2016년 11월에는 3만 명을 넘어섰다. 2023년 12월 기준으로 34,078명(女 72%, 男 28%)이다.[1]

1 관계부처 합동(2024). 제4차 북한이탈주민 정착지원 기본계획(2024~2026).

2) 북한이탈주민 입국 현황[2]

북한이탈주민의 입국 추이는 북한이탈주민으로서 국내 입국한 인원을 말하며, 국내 입국한 시점을 기준으로 집계한다. 북한이탈주민의 국내 입국 추세를 살펴보면 2000년대에 이후 지속 증가하여 2003~2011년에는 연간 입국 인원이 2~3천 명 수준에 이르렀다. 그러나 2012년 이후 연간 평균 1.3천 명대로 감소, 2021년에는 63명 입국, 2022년에는 67명 입국했다. 여성의 입국 비율은 꾸준한 증가 추세를 보이다가, 2002년을 기점으로 남성 비율을 넘어서 전체 약 72%를 차지하고 있다.

2 통계청. e-나라지표(http://www.index.go.kr/potal/main/EachDtlPageDetail.do?idx_cd=1694).

▌표 25-1 북한이탈주민 입국 현황

구분	~'98'	~'01	'02	'03	'04	'05	'06	'07	'08	'09	'10	'11	'12
남(명)	831	565	510	474	626	424	515	573	608	662	591	795	404
여(명)	116	478	632	811	1,272	960	1,513	1,981	2,195	2,252	1,811	1,911	1,098
합계(명)	947	1,043	1,142	1,285	1,898	1,384	2,028	2,554	2,803	2,914	2,402	2,706	1,502
여성 비율	12.2%	45.8%	55.3%	63.1%	67.0%	69.4%	74.6%	77.6%	78.3%	77.3%	75.4%	70.6%	73.1%

구분	'13	'14	'15	'16	'17	'18	'19	'20	'21	'22	'23	합계
남(명)	369	305	251	302	188	168	202	72	40	35	32	9,542
여(명)	1,145	1,092	1,024	1,116	939	969	845	157	23	32	164	24,536
합계(명)	1,514	1,397	1,275	1,418	1,127	1,137	1,047	229	63	67	196	34,078
여성 비율	75.6%	78.2%	80.3%	78.7%	83.3%	85.2%	80.7%	68.6%	36.5%	47.8%	83.7%	72.0%

3) 북한이탈주민 인구학적 특징[3]

① 성별

현재 대한민국에 거주하는 북한이탈주민의 성별은 남성이 24.7%, 여성이 75.3%이다. 연령대별로 살펴보면 남성은 '15~19세'에서 49.6%로 가장 높았으며 여성은 '40대'와 '50대'가 동일하게 80.7%를 차지하며 가장 높게 나타났다. 모든 연령대에서 여성 비율이 과반 이상을 차지하였다.

3 남북하나재단(2023). 2023 북한이탈주민정착실태조사.

▌그림 25-1 북한이탈주민의 성별, 연령대

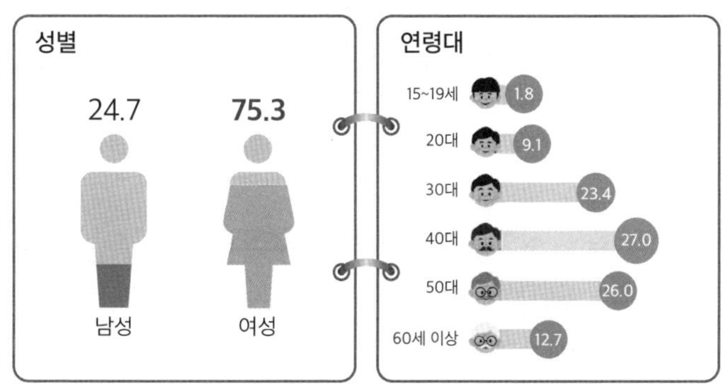

② 연령

북한이탈주민은 '40대'가 27.0%로 가장 높은 비율을 차지하고 다음으로 '50대'(26.0%), '30대'(23.4%) 등의 순이다. 여성은 '40대'(29.0%)가 가장 높고 남성은 '30대'(25.3%)가 가장 높게 나타났다.

③ 남한 거주기간

거주기간은 '10년 이상'이 72.0%로 가장 높고 다음으로 '5~10년 미만'(19.9%). '3년 미만'(6.8%) 등의 순이다. 수도권에서 '10년 이상' 거주 중인 북한이탈주민은 '인천'이 78.1%로 가장 높았고, 서울(73.8%), 경기(66.2%)의 순이다.

④ 남북통합학력

남북통합학력은 '중고등학교 졸업 이하'가 64.4%로 가장 높고, 다음으로 '대학교 재학 이상'(17.5%), '전문대학 졸업 이하'(14.3%) 등의 순이다. 아래 표를 보면 남한 거주기간이 길수록 학력 수준이 높아진다는 것을 알 수 있다.

표 25-2 북한이탈주민의 남북통합학력

(단위: %)

Base=전체		초등학교 졸업 이하	중고등학교 졸업 이하	전문대학 졸업이하	대학교 재학이상	기타/무응답	계
2023년		3.4	64.4	14.3	17.5	0.4	100.0
남한 거주 기간	3년 미만	3.7	68.2	4.6	15.5	8.0	100.0
	3~5년 미만	5.8	74.8	9.0	6.6	3.9	100.0
	5~10년 미만	6.7	66.1	14.6	12.7	0.0	100.0
	10년 이상	2.2	62.9	14.9	19.9	0.0	100.0

⑤ 탈북 동기

주된 탈북 동기로는 '식량이 부족해서'가 21.6%로 가장 높고 다음으로 '북한체제의 감시·통제가 싫어서(자유를 찾아서)'(20.4%), '가족(자녀 등)에게 더 나은 생활환경을 주려고'(10.7%) 등의 순이다.

연령대별로 살펴보면, 10대와 20대는 '먼저 탈북한 가족을 찾거나 함께 살기 위해', 30대는 '북한 체제의 감시·통제가 싫어서', 40대 이상은 '식량이 부족해서'가 1순위를 차지하였으며, 연령대가 높을수록 '식량이 부족해서'가 차지하는 비율이 높게 나타났다.

표 25-3 탈북 동기(1순위, 상위 5순위)

(단위: %)

Base=전체		식량이 부족해서	북한 체제의 감시·통제가 싫어서(자유를 찾아서)	가족(자녀 등)에게 더 나은 생활환경을 주려고	돈을 더 많이 벌고 싶어서	먼저 탈북한 가족을 찾거나 함께 살기 위해
2023년		21.6	20.4	10.7	9.8	8.9
연령대	15~19세	3.5	3.1	8.8	0.5	10.7
	20대	4.4	11.4	7.1	6.4	20.1
	30대	13.6	19.3	10.5	10.7	14.3
	40대	24.4	23.5	12.1	11.0	5.1
	50대	29.7	22.7	11.9	12.2	1.8
	60대 이상	29.0	20.1	8.7	4.2	12.8

⑥ 북한에서의 직업

북한에서 '직업이 있었음'은 58.1%, '직업이 없었음'은 41.9%이다.

북한에서 직업이 있었던 경우, '노동자, 봉사원'이 32%로 가장 높고, 다음으로 '농장원(협동농장/국영농장)'(7.6%), 사무원(5.7%) 등의 순이다.

직업이 없었던 경우, '학생'이 18.9%로 가장 높고, 다음으로 '주부(부양)'(8.6%), '장사'(7.6%) 등의 순이다.

성별로 살펴보면 남녀 모두 직업이 있었다는 응답이 과반 이상을 차지하였으며, 남성 중 '군인' 8.9%로 여성 중 '군인' 2.1%보다 4배 이상 높고, '직업이 없었다.'는 응답자 중 '학생'이었다는 응답은 남성이, '주부(부양)'와 '장사'였다는 응답은 여성이 높게 나타났다.

표 25-4 북한에서의 직업

(단위: %)

Base =전체		직업 있었음	노동자, 봉사원	농장원 (협동농장/ 국영농장)	사무원	군인	교원, 연구사	직업 없었음	학생	주부 (부양)	장사
2023년		58.1	32.0	7.6	5.7	3.8	2.2	41.9	18.9	8.6	7.6
성별	남성	60.1	30.9	5.1	5.1	8.9	1.2	39.9	25.9	0.3	2.8
	여성	57.4	32.4	8.4	5.9	2.1	2.6	42.6	16.6	11.3	9.2

※ '직업 있었음'의 직업 유형은 상위 5순위, '직업 없었음'의 유형은 상위 3순위만 표기함

4) 남한 생활 적응 현황

① 남한 생활 만족도

남한 생활 만족도에 대해 '만족한다'('매우 만족' 27%+'만족하는 편임' 52.3%)가 79.3%로 가장 높고, 다음으로 '보통이다'(18.1%), '불만족한다'(2.6%) 순이다.

연령대별로 살펴 보면 '만족한다'의 경우 '15~19세'(89.8%)가 가장 높았고, '60대 이상'(83.9%), '20대'(82.9%) 등의 순으로 나타났다.

■ 표 25-5 남한 생활 만족도

(단위: %)

Base=전체		만족한다	매우 만족	만족하는 편임	보통이다	불만족한다	불만족하는 편임	매우 불만족	계
2023년		79.3	27.0	52.3	18.1	2.6	2.0	0.7	100.0
2022년		77.4	27.9	49.5	20.2	2.5	1.4	1.0	100.0
연령대	15~19세	89.8	33.2	56.5	10.2	0.0	0.0	0.0	100.0
	20대	82.9	31.1	51.8	15.5	1.6	1.6	0.0	100.0
	30대	78.5	24.3	54.2	18.3	3.2	2.0	1.2	100.0
	40대	79.4	27.6	51.8	18.4	2.2	1.9	0.3	100.0
	50대	75.6	23.1	52.5	21.5	2.9	2.4	0.6	100.0
	60대 이상	83.9	34.6	49.3	12.9	3.2	1.9	1.2	100.0

② 남한에서의 사회경제적 지위

남한에서의 사회경제적 지위에 대해, '중간층(중상층 22.0% + 중하층 34.7%)이 56.6%로 가장 높고, 다음으로 '하층(종합)'(40.5%), '상층(종합)'(2.8%) 순이다. 남한 거주기별로 살펴보면 거주기간이 짧을수록 '상층(종합)'이 차지하는 비율이 높게 나타났다.

■ 표 25-6 남한에서의 사회경제적 지위

(단위: %)

Base=전체	상층 종합	최상층	상층	중산층 종합	중상층	중하층	하층 종합	하층	최하층	계
2023년	2.8	0.7	2.1	56.6	22.0	34.7	40.5	31.8	8.8	100.0
2022년	2.7	0.6	2.1	54.3	22.8	31.5	43.0	35.2	7.8	100.0

남한 거주 기간	3년 미만	5.7	3.0	2.7	35.8	6.3	29.4	58.5	44.5	14.0	100.0
	3~5년 미만	3.9	0.7	3.2	48.7	19.1	29.6	47.4	38.3	9.2	100.0
	5~10년 미만	3.1	0.4	2.6	52.5	19.4	33.1	44.4	33.3	11.1	100.0
	10년 이상	2.6	0.7	1.9	58.9	23.2	35.7	38.5	30.5	8.0	100.0

③ 개인의 사회경제적 지위 개선 가능성

개인의 사회경제적 지위 개선 가능성에 대해 '높음'(매우 높음 20.9% + 비교적 높음 50.4%)이 71.3%로 가장 높고 다음으로 '낮음'(16.9%), '잘 모르겠음'(11.8%) 순이다.

연령대별로 살펴보면 '높음' 응답은 연령대가 낮을수록 상대적으로 높았고, '낮음' 응답은 연령대가 높을수록 상대적으로 높았다.

표 25-7 개인의 사회경제적 지위 개선 가능성

(단위: %)

Base=전체		높음			낮음			잘 모르겠음	계
			매우 높음	비교적 높음		비교적 낮음	매우 낮음		
2023년		71.3	20.9	50.4	16.9	14.5	2.4	11.8	100.0
2022년		69.6	22.5	47.1	17.6	15.1	2.6	12.7	100.0
연령대	15~19세	78.2	31.9	46.3	8.1	8.1	0.0	13.7	100.0
	20대	83.2	31.5	51.7	8.9	8.1	0.8	7.9	100.0
	30대	75.1	26.6	48.5	12.8	12.4	0.4	12.0	100.0
	40대	73.9	19.2	54.6	16.1	14.0	2.1	10.0	100.0
	50대	63.4	15.0	48.4	22.6	18.1	4.5	13.9	100.0
	60대 이상	65.4	16.6	48.8	21.5	17.7	3.8	13.0	100.0

5) 북한이탈주민의 정착 지원

① 하나원

북한이탈주민정착지원사무소의 별칭으로, 북한이탈주민의 초기 사회 적응 교육을 하는 통일부 소속기관이다. 이 기관은 1999년 7월 8일에 개소하였다. 북한이탈주민은 하나원에서 3개월간 사회적응교육을 받는다.

하나원은 각각 여성 특화교육과 남성 특화교육을 진행하고 있다. 이곳은 가급 국가보안시설로 지정되어 있어 정확한 위치나 건물 등이 언론에 공개되어 있지 않다.

② 남북하나재단

북한이탈주민의 성공적 정착과 생활 안정을 지원하기 위해 북한이탈주민의 보호 및 정착지원에 관한 법률에 따라 2010년 9월에 설립된 기관이다. 기존의 명칭인 북한이탈주민지원재단은 법률 이름으로, 남북하나재단은 대외 별칭으로 사용하고 있다.

③ 북한이탈주민의 보호 및 정착지원

「북한이탈주민의 보호 및 정착지원에 관한 법률」에 따라 이루어지고 있다. 이 법률은 1997년 1월 14에 제정되었고 2023년 3월 28일에 일부개정되었다. 북한이탈주민을 위한 주요 지원 내용은 다음과 같다.

- 거주지 보호(5년): 북한이탈주민이 정착지에서 안정적으로 생활할 수 있도록 보호한다.
- 사회적 안전망 편입(생계·의료급여 지급): 생계와 의료 지원을 통해 기본적인 생활을 유지할 수 있도록 한다.
- 일자리 지원: 취업, 창업, 영농 관련 교육훈련, 취업 알선, 자격인정 등을 통해 경제적으로 지원한다.
- 교육지원: 특례 편입학 및 등록금 지원을 통해 교육 기회를 제공한다.
- 보호담당관: 거주지, 취업, 신변 보호 담당관이 북한이탈주민을 지원하고 관리한다.

북한이탈주민의 안전과 안정적인 정착을 위해 이러한 지원 정책이 체계적으로 운영되고 있다.

④ 그 외

- 2012년에는 북한이탈주민정착지원사무소(제2하나원) 시설을 확충하고, 교육프로그램으로 여성특화교육을 강화하고 심리적 안정 및 건강회복 지원을 강화하고자 노력하였다.
- 조속한 자립·자활을 지원하기 위해 북한이탈주민이 가장 큰 애로를 호소하는 취업 문제 해결을 위해 노동부·기업 등과 유기적 협력관계를 구축하고 '북한이탈주민 일자리 창출 사업'을 진행하고 있다.
- 정부는 외국에 체류하고 있는 북한이탈주민이 한국행을 희망하는 경우, 인도주의와 동포애 차원에서 전원 수용한다는 원칙 아래에 국내법과 UN 난민협약 등 국제법에 부합되게 이들을 보호 수용하고 있다.

2 북한 이탈 고등학생의 한국어 능력[4]

4 백목원·권순희(2006). 북한 이탈 고등학생의 국어 능력 진단 평가, 학습자중심교과교육연구, Vol.16(7), 753-781.

북한 이탈 고등학생의 한국어 능력을 평가하기 위해 북한 이탈 고등학생 82명과 일반 고등학생 82명에게 국어 평가를 실시하였다. 그 결과 두 집단이 국어 능력에 있어 이질 집단으로 드러나 유의미한 차이를 보였다. 평균 점수는 북한 이탈 학생이 일반 학생에 비해 12.8점이 낮았다. 북한 이탈 학생이 일반 학생에 비해 문법 인식 능력, 문학 지식 능력, 비판적 사고 능력, 평가 문항 구조를 파악하는 능력이 저조하게 나타났다. 그러나 기본적인 모어 능력, 사실적 독해 능력에서 일반 학생과 큰 차이를 보이지 않았다.

북한 이탈 고등학생의 국어 능력 향상을 위한 대안으로 다음과 같이 제시하였다.

첫째, 남북한 교과서에서 사용하는 어휘의 차이 및 문법 차이, 그리고 문학 작품을 목록화한 교재를 개발해야 한다.

둘째, 비판적 읽기 교육 및 민주적 의사소통에 대한 교육이 필요하다.

셋째, 생애 주기별 평가 문항에 대한 이해를 위한 매뉴얼 개발과 평가 실습 교육이 마련되어야 한다.

그리고 '비판적 읽기 교육 및 민주적 의사소통에 대한 교육'에서 더 확장하여 남한 학생, 남한 주민들과 효율적으로 의사소통하기 위한 상호문화교육 방안 필요하다.

3 속담의 문화적 의의와 효용

1) 속담의 특징[5]

속담은 사회적 소산이다. 속담이 사람들의 공감을 얻지 못하면 전승되지 못한다. 사람들이 누구나 체험하고 느끼던 사실을 짧은 형식 속에 간결하게 전승해 오는 것이다.

속담은 부단한 시행착오의 체험을 통하여 얻어진 일반화를 거쳐 만들어졌다. 그래서 속담은 더욱 실감 나게 느껴지고 직접적으로 이해된다. 속담에는 처세의 교훈이 있고, 신념이 있으며, 세태의 풍자가 있고, 인생관이 있다.

속담의 형식은 간결하다. 속담은 꽉 짜여져 있는 토막말로서 더할 수도 덜할 수도 없다. 속담은 비유와 상징으로 쓰여 있어 언어생활을 윤택하게 한다.

5 장덕순 외(2006). 구비문학개설, 일조각, 252-261.

2) 속담 비교의 방법

▷ 영어와 만딘카(Mandinka)족의 속담 비교[6]

① 의미와 표현이 비슷한 경우
- 영어: 사람들이 많이 다니는 길에서는 풀이 자라지 않는다.
- 만딘카: 사람들이 많이 다니는 길에서는 풀이 자라지 않는다.

② 의미가 비슷하지만, 표현이 다른 경우
- 영어: 우유가 쏟아진 후에 울어 봐야 소용없다.
- 만딘카: 쏟아진 물은 주워 담을 수 없다.

③ 표현이 자국 문화의 속담과 비슷하지만, 의미가 다른 경우
- 영어: 말이 도망간 이후에 외양간을 잠그지 마라. (예방이 상책이다)
- 만딘카: 뱀이 도망간 후에 뱀의 흔적을 따라가 봐야 소용없다. (잃어버린 기회, 부적절한 타이밍에 대한 암시)

6 Alice Omagio Hadley(1993). *Teaching Language in Context*, Heinle & Heinle, 394-406.

④ 자국 문화 속담에 없지만, 의미가 이해될 만한 경우
- 영어: 없음
- 만딘카: 앉아 있는 노인이 서 있는 아이보다 멀리 본다.

⑤ 사국 문화 속담에 없고, 의미도 이해 안 되는 경우
- 영어: 없음
- 만딘카: 칼이 똑바로 서 있지도 않고, 누워 있지도 않다. (요청과 관련된 몇 번의 기회를 거절함)

4 북한과 남한의 속담 비교를 통한 상호문화 능력 신장 방안

- 고등학생 대상 속담 비교 사전 편찬 PBL 프로젝트

1) 과제 제시

▌표 25-8 과제 수행 계획

1	PBL 과제명	남북 속담 사전 제작하기	모둠명	
2	가설/ 해결안(ideas)			
3	이미 알고 있는 사실들(facts)			
4	더 알아야 할 사항들 (learning issues)			
5	학습일정	일자	과제 수행내용	
6	역할분담			
7	참고자료			

▷ **과제 제시**

여러분은 남한과 북한에서 선출된 속담 사전 제작 프로젝트팀원입니다. 남한과 북한 문화의 이질성을 극복하고 상호 이해를 도모하기 위해 속담을 제작하려고 합니다.
속담 자료를 활용하여 남한과 북한의 상호문화 이해에 도움이 될 수 있는 속담 사전을 제작해 보십시오. 속담 사전 제작 기간은 2주이며 이 자료는 각각 남한과 북한 고등학생의 국어 및 사회문화 교육 자료로 활용될 예정입니다.

- 오매기오 해들리(Alice Omagio Hadley)의 5가지 속담 비교 방법을 활용할 수 있습니다.
- 남한과 북한의 속담 사전 및 자료를 활용할 수 있습니다.
- 분석 방법 및 해설은 팀원들의 자유로운 아이디어를 반영할 수 있습니다.

▷ **남한과 북한의 속담 사전 및 자료**

- 고재환(1999). 제주도 속담사전, 민속원.
- 이기문(2014). 속담사전(제3판), 민중서관.
- 한국속담사전 편찬위원회 편저(2001). 한국속담사전, 여강출판사.
- 과학백과사전종합출판사(2000). 조선의 민속전통-구전문학, 대산출판사.

2) 북한 속담 예시

① 의식주, 살림살이와 관련한 속담

- 금강산도 식후경
- 수염이 석 자라도 먹어야 한다.
- 먹는 것이 하늘이다.
- 밥이 약이다.
- 오는 떡이 커야 가는 떡이 크다.
- 떡 줄 사람은 생각도 안 하는데 김칫국부터 마신다.
- 옷이 날개
- 집 떠나면 고생
- 소같이 벌어서 쥐같이 먹어라.
- 밑빠진 독에 물 퍼붓기

② 윤리와 민족성에 대한 속담

- 돈 모아 둘 생각 말고 자식을 가르쳐라.
- 황금 천 냥이 자식 교육만 못하다.
- 세 살 버릇이 여든까지 간다.
- 그 아버지에 그 아들
- 집안에서 새는 바가지 들에 나가서도 샌다.
- 귀한 자식 매로 키운다.
- 아이를 귀해 하면 어른 머리에 상투 튼다.
- 친구는 옛 친구가 좋고 옷은 새 옷이 좋다.
- 팔백금으로 집을 사고 천금으로 이웃을 산다.
- 물이 아니면 건너지 말고 인정이 아니면 사귀지 말라.
- 개도 주인을 알아본다.
- 나 먹자니 싫고 개 주자니 아깝다.
- 곡식 이삭은 여물수록 고개를 숙인다.
- 첫 새벽에 문을 열면 오복이 들어온다.

③ 농경 생활에 깃든 속담

- 쌀독에서 인심 난다.
- 가뭄 끝은 있어도 장마 끝은 없다.
- 가을비는 떡비

④ 사회와 정치 생활을 반영한 속담

- 지렁이도 밟으면 꿈틀한다.
- 앉아 있는 양반보다 얻어먹는 거지가 낫다.
- 사모 쓴 도적놈(봉건 관료 비유)
- 양반이 김칫국 먹듯
- 부자 하나면 세 동네가 망한다.
- 부자가 될수록 욕심이 늘어난다.

나가기

- 북한이탈주민이란 북한에 주소·직계가족·배우자·직장 등을 두고 있는 사람으로서, 북한을 벗어난 후 외국의 국적을 취득하지 않은 사람을 말한다.
- 정부는 외국에 체류하고 있는 북한이탈주민이 한국행을 희망하는 경우, 인도주의와 동포애 차원에서 전원 수용한다는 원칙에 따라 국내법과 UN 난민협약 등 국제법에 부합되게 이들을 보호 수용하고 있다.
- 북한이탈학생이 남한 학생, 남한 주민들과 효율적으로 의사소통하기 위한 상호문화교육 방안으로 속담 사전 편찬 PBL 진행을 통해 문화적 거리감을 줄이고 문화 이해를 도모할 수 있다.

통일부, 국민통합위 특위 출범식에서 "북한이탈주민의 날, 7.14.로 제정 추진" 발표

▷ 김영호 통일부 장관은 지난 1월 16일 윤석열 대통령이 국무회의에서 지시한 '북한이탈주민의 날' 제정과 관련하여, 7월 14일을 '북한이탈주민의 날'로 제정 추진한다고 발표하였다.

- 김영호 장관은 2월 21일(수) 국민통합위원회 '북(北)배경주민과의 동행 특별위원회' 출범식에 참석, 인사말을 통해 북한이탈주민 등 시민사회와 정부 유관 부처 의견을 종합하여, 현재 북한이탈주민의 법적 지위와 정착지원 정책의 근간이 되는 「북한이탈주민의 보호 및 정착지원에 관한 법률(이하 북한이탈주민법)」이 시행된 의미와 상징성을 고려하였다고 밝혔다.

※ 국민통합위원회 '북(北)배경주민과의 동행 특별위원회'는 오늘 출범식을 시작으로 '북한이탈주민과의 동행'을 주제로 북한이탈주민 정착지원 정책에 대해 종합적인 검토를 거쳐 5월 말까지 개선방안을 마련 예정이다.

▷ 「북한이탈주민법」은 김영삼 정부 시절인 1996년 12월 여야 합의로 국회를 통과하여 1997년 7월 14일부터 시행되었다.

- 북한이탈주민의 입국은 1993년 이전까지는 연평균 10명 이내였으나, 1994년을 기점으로 연 50명 내외로 증가하였으며, 1997년 당시에는 누적 약 848명에 불과한 시점에서 법률이 제정되었다.
- 당시 정부는 북한이탈주민 정책을 인도적 측면과 통일정책의 전반적 구도 하에서 접근하여, 통일 이후 남북주민 통합을 위한 경험의 축적 차원에서 이루어질 필요가 있다고 판단하고, 원호처(현 국가보훈부)와 보건사회부(현 보건복지부)로 소관을 오가던 탈북민 정책을 당시 통일원(현 통일부)으로 일원화하였다.
- 또한, 종래 여러 법률에 흩어져 있던 북한이탈주민 관련 규정을 현 「북한이탈주민법」으로 통합하여, 북한이탈주민이 모든 생활영역에서 신속한 사회적응과 정착을 하는데 필요한 보호 및 지원이 가능하도록, 체계적인 탈

북민 정책의 기틀을 마련하였다.

- 김영호 통일부 장관은 또한 관계기관 협조를 거쳐 상반기 내 「각종 기념일 등에 관한 규정(대통령령)」을 개정하여, 올해 7월 14일에 제1회 '북한이탈주민의 날' 기념행사를 개최하고, 이를 계기로 탈북과정에서 희생된 북한이탈주민들을 기억할 수 있는 기념공간(기념비, 기념공원 등)도 함께 조성하겠다고 밝혔다.

통일부 보도자료. 2024.2.21.
(https://www.korea.kr/briefing/pressReleaseView.do?newsId=156616442)

제26장

이주노동자의 삶 이해하기

들어가기

- 대한민국에 거주하는 이주노동자들의 통계를 알고 있는가?
- 이주노동자들의 출신국에 대한 기초적인 정보를 알고 있는가?

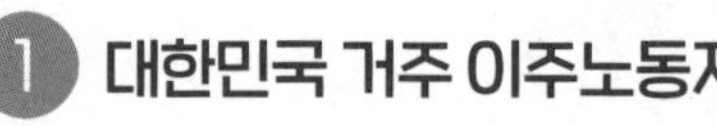

1 대한민국 거주 이주노동자 이해하기[1]

1 통계청, 법무부(2023). 이민자 체류실태 및 고용조사 결과.

1) 체류 실태

2023년 5월 기준 15세 이상 외국인 상주인구는 143만 명으로 남자는 81만 3천명(56.8%), 여자 61만 7천명(43.2%)이다. 국적별로는 한국계중국(47.2만 명), 베트남(20.1만 명) 순이다. 귀화허가자 상주인구는 5만 1천명으로 남자는 9천 명(18,3%), 여자는 4만 2천 명(81.9%)이다. 귀화 이전 국적별로는 베트남(2.1만 명), 한국계 중국(1.7만 명) 순이다.

그림 26-1 외국인·귀화허가자 상주 인구

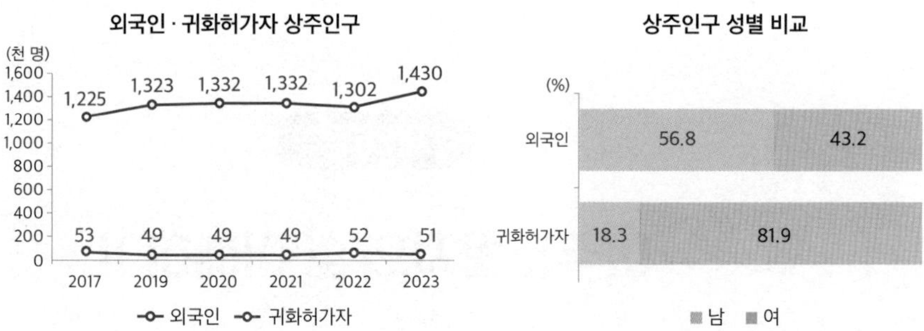

외국인의 경제활동참가율은 68.2%로 경제활동인구는 97만 5천 명이다. 국적별 취업자는 한국계 중국(32.6만 명), 베트남(10.4만 명) 순이다. 고용률은 64.7%로 92만 3천 명이다. 귀화허가자의 경제활동참가율을 70.7%로 경제활동인구는

3만 6천 명이다. 귀화자의 귀화 전 국적별 취업자는 베트남(1.4만 명), 한국계 중국(1,2만 명) 순이다.

▌그림 26-2 외국인 취업자·고용률

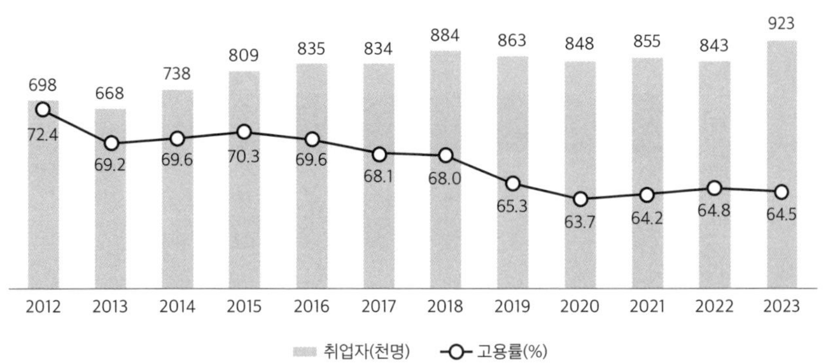

고용률은 67.4%로 취업자는 3만 4천 명이다. 외국인의 체류자격별 취업자는 비전문취업(26.9만 명), 재외동포(25만 명), 영주(9.8만 명) 순이다. 성별로 보면 남자는 비전문취업(39.2%), 재외동포(24.3%) 순이고, 여자는 재외동포(32.7%), 결혼이민(16.7%), 영주(14.8%) 순이다.

한국인 근로자와 근로 시간, 임금, 업무량을 비교해 보면 다음과 같다. 외국인은 비슷한 일을 하는 한국인 근로자와 비교할 경우, 근로 시간은 78.5%, 임금은 67.7%, 업무량은 78.1%가 한국인과 비슷하다고 응답하였다. 귀화허가자는 비슷한 일을 하는 한국인 근로자와 비교할 경우, 근로 시간은 83.6%, 임금은 79.4%, 업무량은 84.7%가 한국인과 비슷하다고 응답하였다.

외국인의 연령대별 취업자는 30대(30.8만 명), 15~29세(21.4만 명) 순이고 귀화허가자의 연령대별 취업자는 30대(1.5만 명), 40대(7천 명) 순이다.

외국인 임금근로자는 87만 3천 명으로 전체 취업자의 94.5%이며 상용근로자(56.6만 명), 임시·일용근로자(30.6만 명) 순이다. 귀화허가자의 임금근로자는 2만 9천 명으로 전체 취업자의 83.7%를 차지한다. 상용근로자(1.7만 명), 임시·일용근로자(1.2만 명) 순이다.

외국인 임금근로자의 임금 수준별로는 200~300만 원 미만(44.2만 명),

300만 원 이상(31.3만 명) 순으로 많다. 귀화허가자 임금근로자의 임금수준은 200~300만 원 미만(1.2만 명), 100~200만 원 미만(8천 명), 300만 원 이상(6천 명) 순이다.

■ 그림 26-3 임금근로자 월평균 임금

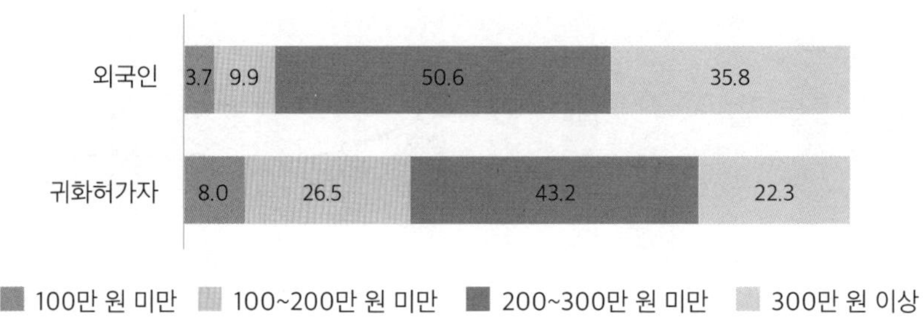

외국인의 산업별 취업자는 광 · 제조업(41.2만 명), 도소매 · 숙박 · 음식(17만 명), 사업 · 개인 · 공공서비스(14.3만 명) 순이다. 귀화허가자의 산업별 취업자는 광 · 제조업(1.3만 명), 도소매 · 숙박 · 음식(1.1만 명), 사업 · 개인 · 공공서비스(6천 명) 순이다.

외국인이 받은 교육 및 지원 서비스는 한국어 교육(28.6%), 출입국 및 체류 관련 교육(14.7%), 자격증 취득 및 취업 교육(13.1%) 순이고 교육 및 지원 서비스를 받지 못한 외국인 비중은 46.5%이다. 귀화허가자가 받은 교육 및 지원 서비스는 한국어 교육(45.0%), 임신, 출산 및 가족 관련 지원(20.8%), 자격증 취득 및 취업 교육(19.4%) 순이다. 교육 및 지원 서비스를 받지 못한 귀화허가자 비중은 29.7%이다.

외국인의 한국어 실력은 모든 부문에서 '매우 잘함' 비중이 가장 높았다. 부문별 '매우 잘함' 비중은 듣기(31.7%), 말하기(30.6%), 읽기(28.9%), 쓰기(26.5%) 순이다. 귀화허가자의 한국어 실력은 모든 부문에서 '매우 잘함' 비중이 가장 높았으며 부문별 '매우 잘함' 비중은 듣기(52.7%), 말하기(51.3%), 읽기(48.5%), 쓰기(44.6%) 순이다.

▌그림 26-4 외국인의 한국어 실력(매우 잘함의 비율)

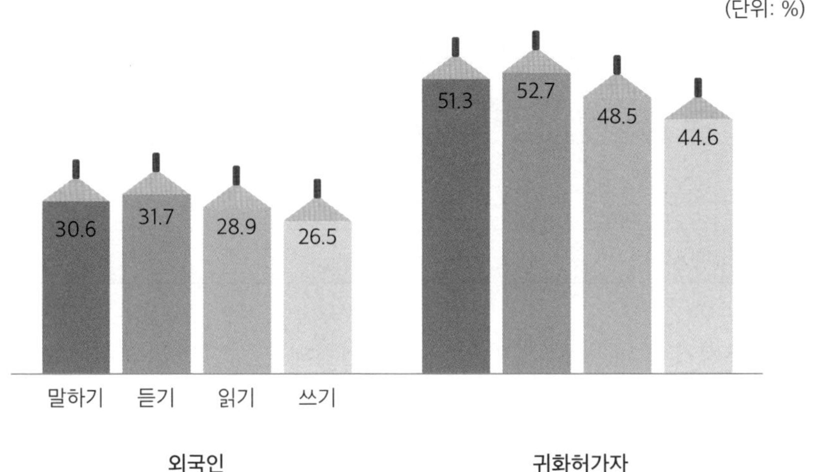

외국인 중에서 체류 기간 만료 후 계속 체류를 희망하는 외국인[2] 비중은 89.6%이고, 체류 연장 방법은 체류 기간 연장(52.8%), 영주 자격 취득(16.4%), 한국 국적 취득(10.3%) 순이다.

2 영주 체류자격 제외

2) 비전문취업(E-9) 외국인

비전문취업(E-9)은 외국인이 국내에서 비전문적인 분야에서 취업할 수 있는 체류자격이다. 체류기간은 최초 3년의 체류기간을 부여하며, 이후 3년의 범위 내에서 연장이 가능하다. 취업할 수 있는 활동 범위는제조업, 건설업, 서비스업 등의 분야에서 단순노무직에 종사할 수 있다. 자격요건은 대한민국 출입국관리법 시행령에 따라 일정한 요건을 충족해야 한다.

체류자격이 비전문취업인 외국인의 국적을 살펴보면 네팔(3.9만 명), 캄보디아(3.9만 명), 베트남(3.2만 명) 순이다.

▌표 26-1 국적별 비전문취업 외국인 상주인구(만 15세 이상)

(단위: 천 명, %)

구분	전체	캄보디아	베트남	네팔	인도네시아	태국	미얀마	필리핀	스리랑카	기타
비전문취업	269	39	32	39	30	23	23	24	20	40
구성비	100.0	14.5	11.9	14.5	11.2	8.6	8.6	8.9	7.4	14.9

체류자격이 비전문취업인 외국인의 연령대를 살펴보면 30대(12.3만 명), 15~29세(11.4만 명), 40대 이상(3.3만 명) 순이다.

▌표 26-2 연령대별 비전문취업 외국인 상주인구(만 15세 이상)

(단위: 천 명, %)

구분	전체	15~29세	30~39세	40대 이상
비전문취업	269	114	123	33
구성비	100.0	42.4	45.5	12.1

체류자격이 비전문취업인 외국인이 해외 취업지로 한국을 선택한 이유는 임금이 높음(72.2), 작업 환경이 좋음(10.2%), 한국 취업 경험이 있는 친구·친인척 권고(8.0%) 순이다.

표 26-3 해외 취업지로 한국 선택 이유

(단위: %, %p)

구분	합계	임금이 높아서	작업환경이 좋아서	한국 취업 경험 있는 친구·친인척 권고로	다른 국가에 비해 취업하기 쉬워서	기타
2020.5.	100.0	70.9	10.7	7.3	4.8	6.3
2023.5.	100.0	72.2	10.2	8.0	4.6	5.0
증감	-	1.3	-0.5	0.7	-0.2	-1.3

체류자격이 비전문취업인 외국인이 현재 직장으로 이직할 때 가장 어려웠던 사항은 옮길 직장에 대한 정보가 부족해서(14.3%), 새로운 직장을 찾는 데 필요한 외국어를 몰라서(10.7%) 순이다.

표 26-4 현재 직장으로 이직 시 가장 어려웠던 사항

(단위: %, %p)

구분	합계	이전 직장에서 동의해 주지 않아서	옮길 직장에 대한 정보가 부족해서	새로운 직장을 찾는 데 필요한 외국어를 몰라서	구직 기간 중 숙식 문제 때문에	힘들었던 점 없음	기타
2020.5.	100.0	9.5	14.4	13.0	8.4	48.8	6.0
2023.5.	100.0	8.7	14.3	10.7	7.0	54.4	5.1
증감	-	-0.8	-0.1	-2.3	-1.4	5.6	-0.9

② 퀴즈로 풀어보는 이주노동자들의 나라

Q1. 국가와 국기를 연결해 봅시다.

•   • 인도네시아

•   • 필리핀

•   • 스리랑카

Q2. 어느 나라일까요?

- 인구: 2300만 명
- 힌두교 90%, 불교 5%, 이슬람교 3%
- 세계에서 유일하게 국기가 사각형이 아닌 나라

A. 네팔

수도는 카트만두이며 히말라야 산맥의 최고봉들에 둘러싸인 숭고한 자연 경관과 절들, 그리고 가장 멋진 등산로를 가진 나라이다.

네팔의 국기는 세계에서 유일하게 사각형 모양이 아닌 국기로 위아래 양쪽으로 삼각형 두 개를 놓은 형태이다. 세로가 가로보다 더 긴 유일한 국기이다. 두 삼각형 모양의 붉은 기에 파란 테두리, 흰 태양과 초승달 문양이 있다. 파란색 테두리는 평화를 의미하며, 빨간색은 네팔을 상징하는 색이다.

Q3. 어느 나라일까요?

- 동남아시아 인도차이나 반도에 있는 입헌 군주국
- 인구 1500만 명
- 공식 종교는 상좌부 불교로, 국민의 95%가 믿고 있음

A. 캄보디아

태국, 라오스, 베트남과 국경을 접하고 있으며, 남서쪽에는 타이 만을 끼고 있다. 수도이자 가장 큰 도시는 프놈펜, 정치, 문화, 경제의 중심지이다. 크메르 제국의 유적인 앙코르와트가 유명하다.

Q4. 어느 나라의 물건과 이야기일까요?

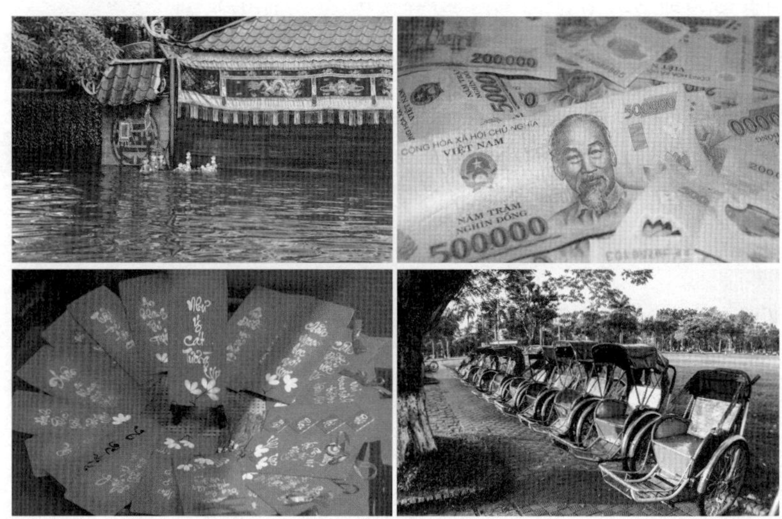

A. 베트남

• 세뱃돈 봉투

설날이면 온 가족이 모여서 함께 지낸다. 설날 아침에 어린이들이 할아버지, 할머니, 부모님께 세배를 드린다. 어른들은 새해에 한 살 더 먹는 것을 축하해 주며, 빨간 봉투에 건강과 행운을 담아서 세뱃돈을 준다. 빨간 세뱃돈 봉투에는 한자 '복(福)'이 그려져 있다.

• 수상 인형극

물 위에서 펼쳐지는 베트남의 전통 인형극이다. 예전에는 마을의 연못에 무대를 설치해서 공연했지만 지금은 주로 전문 극장에서 공연한다. 무대 뒤에 있는 사람들이 도르래와 줄을 이용해 인형을 조종한다. '쭈 떼우'라는 인형이 대표적인 인형인데, 조금 통통하고 항상 미소를 짓고 있다. 농사, 낚시, 용춤, 사자춤, 씨름, 소싸움, 축제, 옛이야기가 주제이다.

• 화폐

화폐 단위는 '동'. 베트남 사람들이 가장 존경하는 호찌민이 그려져 있다. 200동부터 500,000동까지 있는데, 10,000동부터는 지폐에 투명한 창이 있는 것이 특징이다.

• **호찌민**(1890~1969)

베트남 사람들이 가장 존경하는 사람이다. 프랑스 식민지에서 독립을 이루고 베트남사회주의공화국 최초의 주석이 되었다. 미국과 맞서 싸우던 1969년에 베트남의 승리를 보지 못하고 숨을 거두었다. 지금도 베트남 사람들은 호찌민을 '호 아저씨'라고 부르며 존경한다.

• **시클로**

자전거 앞에 사람이나 짐을 실을 수 있는 수레가 하나 더 달려 있다. 예전에는 도시의 주된 교통수단이었지만, 지금은 관광객들이 주로 이용한다.

▷ 한 가지 더 - 베트남의 옛날이야기

'떰과 깜'

옛날에 떰이라는 처녀가 새어머니와 이복동생 깜과 살고 있었다. 어느 날 새어머니가 물고기를 잡아 오라고 하자, 깜은 놀기만 하다가 떰이 잡아놓은 물고기를 몰래 가지고 집에 가 버렸다. 떰은 남아 있던 물고기를 연못에 놓아주며 동생으로 삼았다. 떰이 매일 물고기에게 밥을 주며 말을 시키자 그 모습에 심술이 난 깜이 물고기를 잡아먹어 버렸다. 떰이 슬퍼하자 물고기가 꿈에 나타나 자신의 뼈를 묻어달라고 했다. 며칠 뒤, 뼈가 묻힌 자리에 황금신발이 나타났는데 까마귀가 신발 한 짝을 물고 가서 궁궐에 떨어뜨렸다. 임금님은 그 신발의 주인을 찾아서 결혼하겠다고 하였다. 신발의 주인을 찾아다니던 임금님은 떰의 발에 신발을 신겨 보았고, 신발이 꼭 맞자 떰과 결혼하였다.

나가기

- 2023년 5월 기준 15세 이상 외국인 상주인구는 143만 명으로 남자는 81만 3천 명(56.8%), 여자 61만 7천 명(43.2%)이다.
- 외국인 중에서 체류 기간 만료 후 계속 체류를 희망하는 외국인 비중은 89.6%이고, 체류 연장 방법은 체류 기간 연장(52.8%), 영주 자격 취득(16.4%), 한국 국적 취득(10.3%) 순이다.
- 외국인의 체류자격별 취업자는 비전문취업(26.9만 명), 재외동포(25만 명), 영주(9.8만 명) 순이다.
- 이주노동자들에 대한 체계적 대책 및 이들의 삶에 대한 이해가 우선적으로 요구된다.

더 읽을거리

"이주 노동자는 인력 충원 도구가 아닙니다"

이른바 '외국인 계절노동자'가 겪는 문제를 상담하는 레지나 용인필리핀공동체 대표는 지난해 9월 겨울옷을 나눠 주기 위해 계절노동자들의 숙소를 찾았다가 안타까운 상황을 목격했다. 정부와 지방자치단체가 농어촌 인력난 해소를 위해 3개월 정도 초단기로 고용하는 이들이 받는 처우는 초라했다. 계절노동자 10여 명이 마을회관이나 컨테이너에서 생활하고 있었고, 숙박비 명목으로 매달 월급에서 40만 원을 떼이고 있었다. 이곳만의 문제가 아니었다. 건설 현장이나 선박에서 일하는 계절노동자들은 일당 15만 원에 계약했지만 실제로 받는 일당은 7만 원이었다. 나머지는 중개 브로커가 가져갔다.

정부나 공공기관에 도움을 요청해도 별 소용이 없었다. 임금 계산에 불만을 제기하면 고용주는 브로커에게 연락해 계절노동자를 조기 귀국시켰다.

레지나는 "시민단체에 연락해 권리를 주장하거나 회사를 떠나려고 하면 브로커는 계절노동자와 함께 입국한 5명을 모두 조기 귀국시킨다."라면서 "공동책임을 지게 돼 있어 부당한 취급을 받아도 문제를 제기하기 어렵다"라고 했다.

세계 인종차별 철폐의 날을 나흘 앞둔 17일 국내 이주노동자들과 인권단체가 서울역 광장에서 결의대회를 열고 정부의 이주민 정책이 후퇴하고 있다고 비판했다. 이들은 "정부는 인력 부족을 이유로 이주 노동자를 대폭 늘리겠다고 하지만 처우 개선이나 정책 지원은 없다. '권리 없는 인력 확대'가 이 정부의 노동정책"이라고 했다.

현장에서 만난 이주노동자들이 쏟아낸 이야기들은 2024년 대한민국의 이주 노동자 현실을 그대로 보여주었다.

이들은 먼저 현 정부 들어 이주 노동자들에게 거주 이전의 자유가 제한됐다고 했다. 지난해 10월 정부가 지역소멸 위기에 대응하겠다는 이유로 이주 노동자의 사업자 변경을 제한하는 정책을 시행했다. 우다야 라이 이주노동자노동조합 위원장은 "자유롭게 사업장을 선택할 권리가 이주 노동자에게는 보장되지 않는다."라면서 "고용허가제(E-9) 비자뿐 아니라 회화 강사, 선원 등 이주 노동자 대부분이 사업장 변경 제한이라는 기본권 침해를 당하고 있다."라고 했다.

한국은행이 지난 5일 돌봄·가사 이주 노동자에게 최저임금을 차등 적용해야 한다는 보고서를 발표한 것을 두고는 "이주 노동자를 도구로 보는 정책"이라고 비판했다.

미등록 이주 노동자를 향한 무분별한 단속이 늘고 있다고도 했다. 압둘 라티프는 "일부 사람들이 미등록 이주민들의 집에 허락 없이 들어가거나, 경찰에 허위신고를 하는 등 미등록 이주민의 인권이 침해되는 경우가 늘어나고 있다."라고 했다. 챗 디마아노는 "이번 총선에서 이주 노동자 단속을 적극 추진하겠다는 공약을 내놓은 후보도 있다."라며 "미등록 이주 노동자는 한국인의 적이 아니다."라고 했다.

정부의 이주 노동자 관련 정책 예산 삭감도 문제로 지적됐다. 고용노동부는 지난해 외국인노동자지원센터 예산을 전액 삭감했다.

서울이주여성상담센터에서 일하는 웬티현은 "정부는 이주 노동자 도입을 늘리겠다면서 외국인노동자지원센터는 폐지했다. 이주여성의 폭력 피해 신고가 늘어나고 있지만 이주여성상담소는 10곳뿐"이라고 했다.

이주여성상담센터 상담통계에 따르면 2023년 가정폭력 상담은 5,345건으로 2022년(4,416건)보다 20% 넘게 늘었다. 다누리콜센터 가정폭력 상담도 2022년 1만 778건에서 지난해 1만 4,133건으로 늘었다.

성착취에 노출된 이주여성을 보호할 제도가 제대로 작동하지 않는다고도 했다. 김조이스 두레방 활동가는 "미등록 이주여성은 성매매에 노출되는 경우가 많다"라며 "이들은 인신매매방지법의 대상으로 보호받아야 하지만 성매매처벌법에 따라 피의자로 처벌받을 수 있는 모순적인 상황에 처해 있다."라고 했다.

경향신문, 김세훈 기자, 2024.3.17.

(https://www.khan.co.kr/national/national-general/article/202403172054005)

저자 약력

이성희

경희대학교 국어국문학과 졸업 및 동 대학원 석사·박사

현) 총신대학교 호크마교양교육원 조교수

전) 경희대학교 국제교육원 객원교수

미국 인디애나대학교 동아시아학과 초빙교수(한국학중앙연구원 해외강의 파견교수)

미국 인디애나대학교 민속학과 방문교수

정현정

동국대학교 국어국문학과 졸업 및 동 대학원 석사·박사

현) 동국대학교 한국어교육원 한국어 강사

전) 법무부 사회통합프로그램 한국어, 한국사회이해 강사

법무부 사회통합프로그램 한국사회이해(기본, 심화) 집필진

법무부 사회통합프로그램 영주용 종합평가 출제자

다문화 사회 교수방법론

초판발행 2024년 9월 30일

지은이 이성희·정현정
펴낸이 안종만·안상준

편 집 이혜미
기획/마케팅 박부하
표지디자인 BEN STORY
제 작 고철민·김원표

펴낸곳 (주) 박영사
서울특별시 금천구 가산디지털2로 53, 210호(가산동, 한라시그마밸리)
등록 1959.3.11. 제300-1959-1호(倫)
전 화 02)733-6771
f a x 02)736-4818
e-mail pys@pybook.co.kr
homepage www.pybook.co.kr
ISBN 979-11-303-2118-9 93370

정 가 24,000원